KB238070

땅의 논리 인간의 논리

땅의 논리 인간의 논리

땅의 논리
인간의 논리

최창조의 풍수사상

민음사

머리말

1956년 국민학교에 입학한 이래 36년간 몸담아왔던 학교를 떠나 난생 처음으로 아무 곳에도 얽매이지 않은 자유를 누려보았다. 그리고 이곳저 곳을 돌아다녔다. 많은 생각을 해보기도 했다. 풍수사상에 대한 전반적인 반성을 할 기회가 되기도 했다. 그러면서 이제 대학 밖에서 풍수사상의 무엇을 어떻게 연구해 나갈 것인가에 대해서 궁리를 해보았다. 할 일에 대한 윤곽을 잡아놓고 떠오른 것이 지금까지 내가 풍수사상에 대해서 어떤 글들을 발표했는지를 정리해 보는 것이 좋겠다는 필요성이었다. 이 책은 그런 의도에서 엮은 것이다.

풍수적 사고기반과 풍수의 역사, 地氣와 풍수의 논리구조, 오늘의 묘지 문제와 음택풍수, 환경문제에 대한 풍수적 시각, 그리고 首都 및 국토문제와 풍수 등 5부로 나누어 그간 생각해 왔던 문제들을 정리하여 보았는데, 일부를 제외하고는 대부분의 글들이 발표 당시의 것을 수정 보완한 만큼 그 내용이 같지는 않다. 또한 부득이하게 극히 일부의 내용이 중복되는 것이 있다는 점을 밝히며 양해를 구한다. 글의 전개과정에서 유사내용이 들어가지 않을 수 없는 경우가 더러 있었다는 뜻이다. 때에 따라서는 주장하는 바를 강조하기 위해 의도적으로 두 번씩 이야기한 경우도 있었다.

이제 많지도 않은 40대 중반의 나이를 바라보며 정리 운운하자니 낯간지러운 감정이 없을 리 없다. 그러나 개인적인 입장에서 학교를 떠날 것을 결정하여 여러 가지 어려움을 겪고 있는 내 형편에서는 지금까지의 풍수사상에 대한 생각들을 정리하는 것이 매우 중요한 전환점 구실을 하리라고 믿었던 것이다. 우선은 정리를 하고, 그리하여 다음 연구작업에 밑바탕을 삼고자 하는 생각이 건방진 태도만은 아니라고 감히 자위해 본다.

서울대학교에 사표를 내고 여주에 모신 아버님 산소를 찾아뵈었을 때의 감회는 그저 죄스러울 뿐이었다. 산소를 바라고 들판을 가로지르던 새벽, 세찬 강풍 속에 휘젓는 바람소리는 그것이 아버님의 꾸중인지 격려인지를 분간할 수 없을 만큼 가슴속에서 소용돌이쳤었다. 꽁꽁 얼어붙은 논둑길을 따라 아들녀석을 앞세우고 희끄무레한 동녘 하늘을 바라보며 돌아가신 아버님으로부터 위안을 얻기 위하여 걷는 심정은 참담한 바가 있었다. 이제 영속되는 평안의 휴식 속에 계셔야 할 아버님을 번거롭게 해드릴 수는 없다고 다짐을 했었지만 그것이 쉽지는 않았다. 그러면서 수없이 많은 자문을 했다. 여러 가지 어려움을 무릅쓰고 풍수사상을 오늘의 우리 지리학이 지향해야 할 하나의 대안으로 계속해 나가야 하는 것인지를.

강원도 영월 김삿갓의 무덤이 있는 노루목에서 그의 생가가 있는 어둔이로 넘어가는 산길을 지날 때는 이미 내린 눈이 강산같이 쌓인데다가 그때까지도 눈발이 천지를 뒤덮을 듯 쏟아져 앞을 가릴 수가 없었다. 어둔이 김씨댁에서 얻어마신 낮술로 가슴이 더워져 풍수사상의 앞날은 무지개를 바라보는 듯 희망차게 여겨지기도 했다.

풍수사상이 처한 어려움과 희망, 그중 어느 쪽으로 진전될 것이냐 하는 것은 나나 제자들이 앞으로 얼마나 노력하는가에 달려 있는 문제이다. 우리가 풍수사상을 통하여 주장하고자 하는 골자는, 요컨대 이기적으로 타락한 엉터리 잡술 부스러기의 풍수를 불식하고 정통의 풍수사상가들이 가르침을 내렸던 大同的인 삶터 이루기에 나서자는 것이다. 더럽혀질 대로 더럽혀진 자연을 치유할 수 있는 방법을 풍수에서 배울 수 있기를 기대하는 마음도 들어 있다.

이 책에 전부 또는 일부가 수록되어 있는 글들의 출전은 다음과 같다.

「陰宅風水에서의 發蔭과 그 批判에 대한 考察」,《韓國喪葬禮》, 국립민속박물관, 1990. 11.

「積德이 明堂 만든다」,《월간조선》 1990. 12.

「조선 후기 實學者들의 風水思想」,《韓國文化》 11, 서울대 韓國文化研究所, 1990. 12.

「風水地理로 본 한반도 통일」,《매일경제신문》 1991. 1. 1.

「땅의 이치와 통일 한국」,《포럼 21》, 미래구상연구소, 1991. 1.

「세상이 변하면 國都도 바뀐다」,《월간조선》 1991. 1.

「氣는 感이지 논리 아니다」,《월간조선》 1991. 2.

「地氣는 어디서 오는가」,《월간조선》 1991. 3.

「땅은 우리의 어머니」,《새농민》 1991. 3.

「韓國 風水思想의 歷史와 地理學」,《정신문화연구》 통권 42호, 1991. 3.

「氣가 鬼에 감응하면」,《월간조선》 1991. 4.

「풍수사상과 반공해운동」,《말》 1991. 4.

「자연훼손 앞에는 명당이 없다」,《월간조선》 1991. 5.

「山川은 生體와 같은데도」,《월간조선》 1991. 6.

「방학동 은행나무터와 재앙」,《월간조선》 1991. 7.

「새로운 언어, 새로운 해석, 새로운 접근」,《월간조선》 1991. 8.

「풍수지리사가 본 호화분묘」,《말》 1991. 11.

「풍토와 추억」,《月刊에세이》 1992. 2.

「땅 이름은 문화의 화석이다」,《우리교육》 1992. 2.

「더 이상 느낄 수 없는 땅의 氣」,《책과 인생》 1992. 3(창간호).

「이 땅은 도대체 누구의 땅인가」,《문화저널》 1992. 4.

「문화재와 풍수」,《환경과 조경》 1992. 4.

각각의 편집자들에게 일일이 양해를 구하지 못한 점, 이 자리를 빌려 사과드린다.

　갑작스럽게 중단된 월급 때문에 생활에 대한 불안감이 없지 않던 차에, 선뜻 재정 지원을 해주신 선경의 최종현 회장님, 제자들과 함께 공부할 수 있는 공간을 충북 보은 땅에 마련해 주신 민음사 박맹호 사장님께 깊은 감사의 말씀을 드린다. 괴로울 때마다 아무런 스스럼없이 부모님처럼 나를 감싸안아준 강원도 영월군 하동면 일대의 山河와, 소식 없이 불쑥 찾아가도 마다하지 않고 밥을 지어주고 잠자리를 내주신 싸리골 김씨 아저씨와 최씨 아주머니 부부의 모습은 평생을 마음속에 깊이 간직해 둘 것이다.

　이 책은 단지 지금까지의 정리에 지나지 않는다. 앞으로 진정 풍수사상이 우리의 땅을 되살릴 名醫의 처방이 될 수 있을지에 대해서는 회의가 일 때도 많다. 모든 사람들이 더불어 사람답게 살아갈 수 있는 그런 명당을 이룰 수 있게 하기 위하여, 가진 자들의 발복풍수를 위해서 명당을 찾아나서는 것이 아니라 명당을 만들어나가는 〈모든 땅의 명당화〉를 위하여, 그릇된 지배계층의 이기적 술법풍수를 과거 선인들이 지니고 있던 대동적 민중풍수로 되돌리기 위하여, 정통의 풍수를 다시 세우고자 하는 출발점으로서 이 책을 터잡이로 세우고자 한다.

1992 여름

崔昌祚

땅의 논리, 인간의 논리

●

차례

제1부

풍수적 사고 기반과 풍수의 역사

1 인륜을 위주로 하는 지리학

1 풍수에 대한 일반인들의 오해

요즈음은 대부분의 사람들이 풍수를 산소자리 잡는 기술로 알고 있다. 그것도 철저히 이기적인 마음에서, 부모 산소 잘 쓰면 나와 내 자식 잘되는 것이라는 사고방식을 완강하게 고집하고 있는 형편이다. 절대로 그런 것이 아닌데도 불구하고 오랜 동안 우리나라 사람들은 그러한 왜곡된 풍수를 신앙 이상의 차원에서 신봉해 왔다.

나의 경험에 의하면 종교와 계층과 학력과 지방적 차이를 불문하고 사람들이 풍수를 믿고 있는 것으로 나타났다. 물론 말로는 아니라고 하지만, 일단 親喪을 당하거나 집안에 심각한 우환이 생기는 경우, 예외 없이 산소자리에 대하여 이러니저러니 말들이 많은 것을 목도해 왔다.

그러지 말라는 경고의 얘기들이 무궁무진하게 있어 왔음에도 불구하고 그 폐단은 조금도 줄지 않고 오늘에 이르렀다. 고관대작과 부호, 식자층들부터가 솔선하여 이 일에 가담한 것은 문제를 더욱 어렵게 하는 요소이다. 잘살고 잘되고 한 사람들이 많은 돈을 들여 계속 좋은 땅을 차지하고, 그 음덕으로 그들의 도덕성이나 윤리성에 관계없이 영원히 잘살게 된다면, 이것이 무슨 땅의 이치인 지리가 될 수 있겠는가.

많은 지도층 인사라는 사람들이 소위 당대 최고라고 알려진 地官을 시켜 吉地明堂을 찾아 호화 분묘를 쓰는 한편에서는, 돌아가신 아버님을 모실 한 뼘의 땅이 없어 시신을 방에 놓아둔 채로 도피를 해버리는 일이 벌어지고 있다. 동네사람들이 구청이나 동사무소 직원의 도움을 받아 부친의 시신을 화장 처리하는 모습을 숨어서 바라보는 자식의 입장이야 차마 필설로 형용할 것이 되지 못한다. 이런 불합리와 불평등, 괴리, 모순이 풍수라는 이름으로 벌어지고 있다는 것은, 천도와 인륜과 지리에 부합하고자 하는 정통 풍수가의 입장에서는 참을 수 없는 모욕이 아닐 수 없다. 사실은 풍수랄 것까지도 없는, 타락하고 변질되고 왜곡되고 그리고 이제는 잘려져 나가야 할 엉터리 풍수에 대하여 그러지 말라고 말하는 몇 가지 선인의 말씀을 정리해 보기로 한다.

茶山 丁若鏞은, 〈살아 계신 부모님이 자식 잘되라고 그 자식과 마주앉아 두 손 잡고 훈계해도 어긋나기가 쉬운데, 하물며 죽은 사람이 어찌 살아 있는 아들에게 복을 줄 수 있겠는가〉하였고, 湛軒 洪大容은, 〈중형을 당하여 옥에 갇힌 죄수가 옥에서 당하는 고초가 뼈를 깎는 것일 터인데도, 그 죄수의 아들이 아비가 받는 악형 때문에 몸에 악질이 들었다는 말을 듣지 못했거늘, 하물며 죽은 자의 혼백에 있어서랴. 어찌 죽은 아비가 산 아들에게 복을 내릴 수 있겠는가〉하였다.

돌아가신 부모님을 편안히 모시겠다는 마음에서가 아니라 자신이 그 음덕으로 복을 받아보겠다는 이기적인 자식들의 행동을 통렬히 비판한 지적이 아닐 수 없다.

2 인륜이 풍수지리

우리의 전통사상에 있어서 생사는 운명이고 부와 명예는 하늘이 내려주는 것이다. 仁者는 자신의 義를 굳게 하고 利를 도모하지 않으며, 자신의 도덕성을 드러내거나 장점을 내세우지 않는다. 아들이 부모를 묻을 때는 평안히 안치시키는 데 유의하는 것으로 족하다고 한다.

풍수의 應報說에 무엇인가가 있다 하더라도 그것은 인자와 효자들이 의도적으로 추구해야 할 것은 아니다. 길한 장소는 발견하기 쉽지 않고, 진정 숙련된 풍수가를 만나기란 특히 어렵다(『人子須知』에서).

풍수사가 얼마나 숙련되었는가에 관계없이, 그리고 그를 고용하는가 못하는가에 관계없이, 어떤 장소의 장점과 단점, 그리고 그것을 얻느냐 얻지 못하느냐의 여부는 하늘에 달려 있는 것이지 인위적으로 이루어지는 것이 아니다. 효도로써만이 그 문을 열 수 있는, 아득한 우주 속 저 멀리 있는 天은 의로운 사람들이 의도하지 않고도 우연히 찾아갈 수 있도록 자리를 마련함으로써 덕에 보답한다. 착한 사람은 천을 아버지처럼 믿고(天父), 자신의 덕과 가족의 덕을 돌보며, 하늘이 설계해 놓은 자연의 이치를 억지로 움직이려 하지 않는 법이다. 이 모든 문제에 있어서의 주된 관심사는 종교나 과학에서 말하는 바 추상적이고 배타적인 구성 그 자체가 아니라, 인간의 실제적인 체험과 그 의미인 것이다.

풍수사상 최대의 스승인 一行禪師는 이 문제에 관하여 다음과 같이 못을 박는다.

효자는 부모에게 좋은 산천의 땅을 구해 드려야 하는데, 그 이유는 葬事라는 것이 부모를 이승에서 마지막으로 보내드리는 일이기 때문이다. 이렇게 하여 부모의 유해가 편안해지면 효자의 마음도 편안해지는 것이다. 부모의 유해가 편안함으로써 복이 후손에게 흘러 그 음덕이 살아 있는 자손들에게 모이는 이치라고 한다면, 효자 아닌 자가 어찌 만에 하나라도 감히 그것을 바랄 수 있겠는가. 대대로 내려오는 효자는 부모님의 유해가 좋은 땅에 모셔짐으로써 진실로 복이 자신에게 접응하리라는 생각은 꿈에도 떠올리지 않는다. 그저 어리석고 천한 무리들이 음덕을 받는 것이 바로 땅의 이치라고 믿어버리고는, 살아가는 못된 꾀로서 좋은 터를 구함에만 급급해 있다. 오로지 부모의 유해가 편안함을 얻게 함이 풍수의 이치이니, 그 보람은 음덕을 입는 데 있는 것이 아니라 오직 부모님을 편안히 모실 수 있느냐를 근심함에만 있는 것이다

소위 당대 최고라는 지관들은 실수 없이 자리를 잡는가? 이 또한 별로 그렇지 못하다는 데 묘미가 있다.

조선 왕조는 누대에 걸쳐 풍수의 입장에서 왕릉 立地를 결정하여 왔다. 그러나 결과는 어떠한가. 특히 조선 초기에 풍수 유행이 혹심했음에도 불구하고 골육상쟁이 끊이지 않았음을 상기해 볼 일이다. 일류 地師들을 총동원하고, 쓰고 싶은 땅을 마음대로 골라 쓰게 했는데도 임금의 자손들이 겪은 일들은 오히려 참담한 바가 있으니 이는 어찌 된 일인가.

『世宗實錄』에 이런 기록이 있다. 李正寧은 세종 때 풍수학 提調로 있던 사람인데, 태종의 딸 숙혜옹주와 혼인하여 星原尉에 봉해졌던 당대의 풍수 고수였다. 그는 당시 세자였던 문종의 세자빈이 죽었을 때, 자신이 잡은 安山 옛 읍터가, 陵所의 來龍이 낮고 끊어진 데가 많아 흉하다는 睦孝智의 주장을 묵살해 버리고 그대로 결정한 적이 있는 인물이다. 그는 자신의 높은 신분과 명성을 등에 업고 사기를 치기까지 했는데도, 세종이 자신이 묻힐 壽陵地를 獻陵 서쪽에 定穴할 때에도 간여하였다. 그의 사기 행각은 단종의 胎室 문제로 인한 것이었고, 그것 때문에 파직을 당하기까지 하였다. 단종의 태실은 경상북도 星州에 있다. 그런데 이곳은 자신의 시조인 李長庚의 묘가 있는 곳이다. 만약 이곳에 단종의 태실을 마련하고 주위에 돌난간을 설치하게 되면 시조의 묘를 이장해야 하는 처지였다. 이때 이정녕은 풍수학 제조였고 尹統과 鄭秧이 풍수학 訓導로 있었다. 윤통은 아무리 풍수학 제조의 시조 묘라 할지라도 태실 난간을 설치하는 데 방해가 된다면 마땅히 이장시켜야 된다고 말하였다. 이 사실이 이정녕에게 알려지자 그는 그의 시조 산소를 지키기 위하여 윤통을 젖혀두고 정앙을 선발하여 그곳으로 파견하는 꾀를 부린 것이다. 후에 이 사실이 발각되어 정앙은 의금부에 하옥되고 이정녕은 파직을 당한 일이 있었다.

이런 행태는 결코 천도와 지리를 따르는 風水學人의 품도가 아닌데도

당대 고수 소리를 들었다니 실로 한심한 일이 아닐 수 없다. 그런데도 그는 단종 즉위년에 문종의 능자리가 좋지 않다는 목효지의 반론 때문에 정혈을 못하고 의론이 분분할 때, 喪中임에도 불구하고 조정의 부름을 받아 顯陵의 장지를 태조의 健元陵 옆에 정혈한 바가 있다.

그는 성격이 온순하지만 편협하고 재물에 인색하여 재상 재목이 못 된다는 평을 들었지만, 풍수지리에는 당대에 따를 자가 없는 대가였다는 설명이 『端宗實錄』[1]에 실려 있다. 인륜에 어긋나는 자가 어떻게 지리를 알 수 있다는 것인지, 당대 일급의 地師라는 세평이 안타까울 뿐이다.

앞서도 말한 바와 같이 세종대왕릉은 자신이 살아 있을 때 직접 잡아놓은 곳이다. 그러나 이곳은 壙中에 물이 드는 이른바 水廉의 땅으로 처음부터 반론이 있었다. 결국 예종 때 지금의 여주 영릉으로 이장을 하게 되는데, 鄭麟趾는 앞서의 장지도 좋다고 하였고 그 후의 장지도 좋다고 말하는 이중적인 태도를 보임으로써 사대부가 반드시 지녀야 할 恒心을 버리기까지 하였으면서도 풍수를 운위하였다.

당시 세종은 아버지 태종의 능인 헌릉 서쪽 가지(枝脈)에 묻히기를 원하였다. 이에 지관들의 반대가 있자, 내가 아버지 곁에 묻히고자 하는 것은 천륜인데 어찌 지리가 그것을 넘본다 할 수 있겠느냐 하며 그 땅을 고집한 바가 있다. 그런데도 반대가 끊이지 않자 우의정 河演, 예조판서 金宗瑞, 우참판 정인지 등을 보내어 그곳에 능을 정함이 어떠한지를 판단케 하였다. 정인지 등은 『拾遺』『疑龍經』『斷制粹言篇』『入式歌』『洞林照膽』등 여러 풍수서를 인용하여 그곳이 길지임을 상언하였다. 결국 그 자리에 세종은 묻혔다.

그러나 매장 19년 후에 이장을 함에 이르러서는, 전일 자신이 좋다고 했던 그 땅이 수렴이 든 곳임을 알지 못한 데 대해서는 일언반구도 없이 오히려 새로 마련된 땅에 대하여 수파장생(水破長生:명당으로부터 물길이 나가는 방위가 十二神煞方位 중 長生 방위에 들면 아주 흉하다고 봄)이 아님을 들어 찬성하고 있을 뿐만 아니라, 그곳을 쓰지 못하게 한 安孝禮

---

1) 『端宗實錄』 권14, 端宗三年 五月 乙卯條.

를 국문하자고까지 주청한 바가 있다. 세종의 시신은 묻힌 지 이십 년 가까이 되었는데도 수의가 썩지 않고 얼굴이 살아 있는 듯했다고 한다.

그런 자리는 生屍穴이라는 것으로, 말하자면 극도로 금기시하는 땅이다. 그 수많은 풍수서를 열람하고, 게다가 당대 최고의 고수들이 총집합하다시피 하여 정인지쯤 되는 사람이 괜찮다고 한 자리가 고작 그 정도인가를 생각하면 쓴웃음이 나온다. 물론 전설적인 인물도 실수를 할 수 있는 것이 이 분야이기는 하다. 그 유명한 南師古도 〈일즉 其親葬을 위하여 吉地를 求할새 及 其入葬한 後에 見하면 반다시 稱意치 못한지라 是以로 屢遷하야 最終에 一壙을 得하니 飛龍上天形이라. 大喜하야 移葬할새 한 役丁이 負土築瑩하며 歌曰, '九遷十葬 南師古야 飛龍上天만 넉이지 마라 枯蛇掛樹이 이 아닌다' 하거날, 師古가 聽하고 驚異하야 山形을 更察하니 果是 死龍이라. 急히 其役丁을 尋하니 因忽不見하거날 師古이 歎曰, '地各有主니 力으로 致키 難한 바라' 하고 드디어 僅可無害할 地에 移葬하니라〉라고 하였으니, 자신의 부친 산소자리를 정하기 위하여 九遷十葬까지 하였지만 결국은 죽은 뱀이 나뭇가지에 걸려 있는 산형을 용이 승천하는 것으로 헛보았다는 것에서 우리는 명당터의 운명성과 풍수지리 술법의 한계성을 엿볼 수 있는 것이다.

뿐만이 아니다. 세종의 初葬地에 대해서는 역시 당대 일류 풍수학인인 李陽達도 崔揚善이 주장한 문제 제기를 여러 이론으로 공박하며 그대로 쓰게 하는 데 일조를 했었다. 그는 태조의 수릉 택정에도 관여하였었고, 태종의 넷째아들 성녕대군의 장례일도 정했으며, 세종의 장인인 국구 심온의 장지도 왕명에 의하여 선정하였고, 그 외 여러 국사에서 터 잡는 일에 간여하기도 한 사람이다.

3 卜其宅兆

孔子가 이르기를 卜其宅兆는 安措라 하였다. 程子는 이것을 주석하기를

〈복기택조라 하는 것은 그 卜地함에 있어서의 아름답고 추함을 말하는 것이니, 땅이 아름다우면 신령이 편안하고 자손이 성할 것이며, 그 뿌리를 가꾸어 기른즉 줄기와 잎사귀가 성할 것이다. 부모와 자식은 같은 것이니, 이가 평안해야 그도 평안하고, 이가 위태하면 그도 위태하다〉고 하였다.

朱子도 유사한 말을 했다. 〈葬은 藏이니 그 조상들의 遺體를 갈무리하는(藏) 것이다. 자손으로서 그 조상의 유체를 장사지낼 때는 반드시 謹重誠敬한 마음으로 행하여야 할 것이니, 그래야 安固한 久遠之計가 되는 것이다. 그 形骸가 안정을 얻으면 신령이 안정되어 그 자손이 창성하게 되고 제사도 끊어지지 않을 것이다. 혹 葬宅이 부정하여 땅이 불길하면 반드시 물, 벌레, 바람 등으로 인한 해를 받아 形身을 불안케 하고 자손이 사망하거나 절멸의 걱정이 따를 것이니 심히 畏忌한다.〉

결국 부모의 유해를 편안케 모시라는 가르침이며, 그렇지 않으면 벌을 받으리라는 일종의 강압식 교육이다. 어디에도 땅 잘 쓰면 복받는다는 막된 논리는 나오지 않는다.

그렇다면 그 氣는 부모로부터 어떻게 하여 자식에게로 흐를 수 있는가. 東晉(A.D. 317-420)의 郭璞이 쓴 「錦囊經」을 본다. 〈대개 삶이란 기의 모임이다. 그것이 응결하면 骨을 이룬다. 골은 사람의 생기이다. 죽으면 골만 홀로 남는다. 따라서 장사란 기를 되돌려 골에 들임으로써 삶에 음덕을 입히는 이치인 것이다.〉

이에 대해서 일행선사는 이렇게 말했다. 〈사람의 생이란 특별한 기의 모임인데 기가 모이면 혈과 육이 되고, 그 가운데 응결한 것은 골이 되니, 따라서 사람이 죽으면 혈과 육은 소멸되어 버리고 오직 골만 홀로 남는다. 골도 본래는 기의 모임인데, 살아 있을 때까지는 같이 동류로서 기를 받아들이지만 죽어 장사 지내면 그 골은 다시 생기를 받아들임으로써 그 자손에게 음덕을 입히니, 자손은 이에 조상의 골의 나머지(遺骨)로 이루어지는 것이다.〉 즉 피와 살이 썩어 없어지고 뼈만 홀로 남는데, 이것이 遺體로서 즉 자식의 몸이 된다는 말이다. 또 〈무릇 精이 祥葬이 되면 골에 들어가는데, 정기가 결합하면 만물을 이루게 되는 것이니, 자손의 생은 부모의 골로부터 근본을 삼게 된다.

오랜 옛날부터 聖人의 슬기는 살아 있는 사람에게 복을 구하려 할 때 그 本(父母의 骨)이 음덕을 입게 하니 그것이 장사의 이치이다. 만물은 기로써 감응치 않는 것이 없고, 역시 기로써 화복과 길흉이 되지 않는 것이 없으니, 인간의 기쁜 일과 재앙은 비록 밖에서 와서 이르는(止) 것이지만 기실은 사람의 기로부터 생겨나는 것이다. 고로 기가 길하면 祥이요, 기가 흉하면 화가 되니, 자신의 몸으로부터 나오지 않는 것이 없다.

부모를 편히 모심이 本이요 그 음덕으로 복을 받음은 末이 됨을 門으로 삼으니, 福利 따위는 또한 神의 방편이다. 즉 오행의 생기와 땅의 생기와 葬骨의 생기, 이 세 가지가 합하여 하나가 되면 복이 生人에게 흘러 가게 될 것〉이다. 따라서 죽은 사람이 골이 있어야 생기를 받는 것이고, 골마저 모두 썩어 흙으로 돌아가 버린다면 생기가 무슨 소용이 되겠는가. 골이 土化되는 一世 삼십 년 후에는 기를 받아들일 本骸(즉 父母의 遺骨)도 없어질 것이니 산소도 무용의 것이 되고 만다.

즉 풍수의 근본원리를 준수한다면 훗날 산소를 정리하여 원래의 땅으로 환원시킬 수 있는 것이니, 풍수로 인하여 산소가 사회문제로 된다는 생각은 오해로 말미암은 것이라 할 수 있다.

땅은 거짓이 없고 용서도 없다. 명나라 초엽 徐善繼, 善述 쌍둥이 형제는 오십 년 踏山 끝에 『人子須知』라는 방대한 지리서를 썼다. 그 책에서 말한다. 〈人子가 葬親의 자리를 구함에는 마땅히 먼저 덕을 닦아야 옳은 바, 덕을 해하는 모진 마음으로는 비록 지리는 얻는다 하더라도 천리는 어찌 바랄 수 있으랴.〉 땅에서 나와 결국 흙으로 돌아가는 것이 사람인지라 땅의 이치인 지리를 전혀 무시하지는 못하고 있다.

그래서 산천을 눈으로 살펴 그 선악과 美醜, 진가를 판별코자 하는 노력은 풍수 출발 이래 끊임없이 지속되어 온 과업이었다. 그러나 그 어려운 이론들이 하나같이 추구하고자 하는 바는 결국 조화와 균형으로 대변되는 마음의 평화였다. 결코 물질의 풍요는 아니었다.

4 풍수의 논리체계

이제 이론을 떠나 어떻게 땅을 보면 좋은가를 생각해 보자. 먼저 산을 본다. 풍수학인은 산에 오르고 물을 건너는 수고(登涉之勞)를 마다해서는 아니된다. 그리고 무엇보다도 산에 대한 깊은 애정을 가지고 살아 있는 생명체로서 산을 대해야만 한다.

看山의 경험이 쌓이고 마음이 태고의 평정을 찾으면, 산은 한갓 흙과 돌무더기가 아니라 풍운조화를 일으키는 용으로 보이게 되는 것이다. 그렇게 되어야 풍수를 말할 수 있다.

그리고 사람들은 그 용을 찾아나선다. 거기에 기대어 자신의 기를 천지의 기에 동화시킨다. 산을 용으로 보기 위해서는 논리를 버려야 한다. 쓸모없는 지식은 모두 털어내 버리고 산에 일체화되어야 한다. 산을 자신 속으로 맞아들이는 것이다. 마음을 비우고 사심 없이 산을 대하면 산은 살아나서 말을 해준다. 그것이 풍수의 출발이다.

그런데 우리가 여기서 한 가지 깊이 반성해야 할 점이 있다. 어떠한 사람이건 마찬가지로 고귀한 것처럼 산에도, 더 넓게는 땅에도 나쁜 땅이란 없다는 것이다. 사람이 그 재주와 능력에 맞지 않는 일을 시키면 못난 사람이 되어버리는 것처럼, 땅의 용도를 잘못 고르면 피해를 입는 수는 있으나 그것은 사람의 잘못이지 땅이 나쁜 때문이 아니다. 풍수원칙에 멀리 벗어나는 이단의 자리이면서도 하늘이 내린 길지로 되는 예는 얼마든지 있을 수 있다는 점을 상기할 일이다.

풍수 원칙에 추호의 오차도 없는 교과서적인 모양을 갖춘 땅인데도 기가 없는 虛花라는 것도 있을 수 있다. 그 땅의 용맥이 어떤 기를 지니고 있느냐를 알아내는 일이, 좋은 땅을 찾는 일에 우선하는 것이다. 그것을 알아내는 가장 좋은 방법은 사심 없는 인간적 본능과 인륜에 어긋남이 없는 성심을 지니고 땅을 대하는 일이다.

퇴계가 말한 것처럼, 〈不仁한 사람은 사욕에 가리우고 갇혀 物我의 減

通과 惻隱之心의 推及을 알지 못하여 有我의 私를 깨뜨리고 無我의 公을 확대하여 돌처럼 완고한 마음을 융화하고 명철하게 함으로서 物我一體 의식 속에서 私意를 얻게 될 것〉이다. 그런 자세가 땅의 元氣를 몸 속에 영접할 수 있는 태도이다.

이제는 어느 품에 안길 것인가의 문제이다. 산룡이 사람을 끌어안을 자세를 갖추었을 때, 그 품안이 명당이 된다. 어머니가 아기에게 젖을 먹일 때, 아기를 양손으로 품안에 안고 아기 입에 젖꼭지를 물린다. 이 경우 어머니의 품이 명당, 젖무덤이 穴場, 젖꼭지가 穴處가 된다.

땅에 있어서도 마찬가지이다. 주위가 산과 강에 의하여 어머니의 품속처럼 안온하게 조성된 일정 장소가 명당이다. 그 명당 중에서 땅 기운이 집중되어 있는 좁은 범위가 혈장이고, 그 중에서 바로 地氣가 인체에 교류될 수 있는 지점이 혈처인 것이다.

우유통에 고무 젖꼭지를 달아 어머니가 아기를 품에 안고 우유를 먹인다면 그것은 명당은 있으되 혈처는 없는 꼴이다. 어머니 품속과 비슷한 인형을 만들어 놓고 그 속에 아기를 뉘어 우유통을 물렸다면 그것은 명당도 혈처도 없는 꼴이다.

겉보기에 품속 같으나 거기에는 어머니의 생명의 정기가 없다. 풍수에서는 그와 같이 모양은 갖추었으나 지기가 없는 땅을 가짜 꽃(虛花) 또는 거짓된 땅(假地)이라고 부른다.

생기 가득 찬 산룡이 명당을 이루었으면 그 명당의 주위와 속을 살펴볼 필요가 있다. 아기가 젖을 먹는 비유에서, 그 품안이 인자한 생모의 품안인지, 생모이기는 하지만 아기를 미워하는 어머니의 품안인지, 유순하고 정이 많은 계모의 품안인지, 악독한 계모의 품안인지, 유모의 품안인지, 고모의 품안인지를 알아야 한다는 것이다. 왜냐하면 그 품안이 어떤 품안이냐 하는 것이 그 아기의 인성 형성에 매우 중요한 작용을 할 것이기 때문이다.

그렇다면 그런 자리를 누가 어떻게 판단하는가. 자신이 직접 지기에 감응하여 판단하는 수밖에는 없다. 전문 지관이 있다고는 하나, 반대급부를 바라며 남의 땅을 골라준다는 것이 어찌 천도에 어울리는 일이겠는가.

나는 단언한다. 돈을 바라고 택지를 하는 地師는 결코 명혈 길지를 찾아낼 수 없다고. 욕심이 기를 가려버리기 때문이다. 그리고 당대 최고수들이 잡았다는 왕릉들의 경우 그 후손들이 어찌 되었는지를 상기해 볼 일이다. 겸손하라. 그리고 자신에 침잠하여 땅이 주는 소리를 듣도록 노력하라. 그리하여 땅과 일체를 이루었을 때 땅은 말할 것이다. 내 너를 받아들인다 하고.

그러나 그런 단계에 오른 사람이 얼마나 되겠는가. 그래서 이런 편법을 제공한다. 공연히 어려운 술법에 정신을 팔지 말고 주위 산룡이 이런 모양새를 지니고 있는지에나 신경을 쓰면 족할 것이다.

무엇보다 玄武는 主山답게 주위의 뭇 산들에 비하여 출중해야 한다. 기품이 있고 위엄이 넘치면 좋다. 그러면서도 有情함을 잃어서는 안 된다. 앙연히 곤추서서 다른 산들을 위압하는 자세의 것은 결코 바람직하지 못하다. 남편은 가장으로서의 위엄을 갖추되 자상함이 동반되어야 慈夫인 것과 마찬가지이다. 또한 주산이 너무 출중하여 주위 산들이 제대로 어울리지 못하는 것처럼 보이는 것도 좋지 못하다. 자식들은 범용한데 그 아비가 지나치게 행세를 해버리면 자식들이 주눅이 들어 좋지 않은 열등감을 가질 우려가 있는 것과 흡사하다. 요컨대 조화와 균형이다. 다만 너무 안정되어 생기를 잃을 정도가 되지 않도록 주의해야 한다.

명당에 앉아 보니 이렇듯 안락하며 쾌적할 수가 없구나 하고 느껴지면 좋은 것이다. 결코 大地를 바라서는 안 된다. 그것은 욕심이며, 땅의 기운(地氣)은 인간의 욕심을 허용치 않는다. 무릇 대지는 귀신이 맡은 바이기에, 진실로 조상 대대로의 음덕이 없다면 가히 엿볼 수 없는 것이 그런 땅인 것이다.

한 가지 주의할 점은 청룡, 백호, 주작 등 현무에 종속적인 산들이 주산을 背逆하는 자세를 취해서는 안 된다는 것이다. 특히 청룡, 백호가 주산을 질투하는 듯 돌아앉거나 서로 물어뜯을 듯 대치하는 것은 매우 좋지 않다. 청룡과 백호가 자기의 본분과 입장을 잊고 마치 주산인 양 기세 있게 좌정하고 있으면 그 자체에 좋은 혈도 맺지 못하면서 오히려 주산의 생기만 훔쳐갈 뿐이고, 경우에 따라서는 그 예리한 가지가 주산의 혈장을 찔러 煞이 될 수도 있는 것이기 때문이다.

물길은 어떠해야 하나.

첫째로 자리를 정함에 있어서는 정기를 공급해 주는 산뿐만 아니라 물도 반드시 있어야 함을 강조한다. 물을 찾아 옮겨다니는 유목민족이 아니라 한번 자리를 잡으면 대대로 눌러사는 것을 전통으로 삼는 정착 농경민이었기 때문에, 물을 터잡기의 필수조건으로 삼은 것은 조금도 이상한 일이 아니다. 이것을 남녀 相配하고 음양 相補하는 음양론의 입장에서 설명하는 것은 현상을 해석하기 위한 배운 자들의 현학에 다름아니다.

둘째, 산과 물이 만나는 자리는 우리 민족의 거주 입지조건이 알맞는 곳일 수밖에 없다는 점이다. 그런 곳은 경제적으로도 산이 우리에게 주는 것과 물이 우리에게 줄 수 있는 것을 고루 갖춘 장소가 된다.

물이 크면 교통에 유리한 점도 많다. 뿐만 아니라 물이 인간 심성에 끼치는 영향 또한 적지 않다. 물이 귀한 半건조지역 유목민들의 기질과 물가에서 농사를 짓는 우리 민족의 기질을 비교해 보는 것이 좋겠으나 이 점은 독자의 상상에 맡길 수밖에 없다. 유목민은 그들대로의 풍토 적응력이 있을 것이고, 그것은 그것대로 합목적적일 수밖에 없기 때문이다.

셋째, 정 물을 구할 수 없는 자리이면 물과 속성이 같은 길(道路)을 그 대용으로 하는 경우도 있다. 물이나 길이나 모두 흐름, 유동의 성질을 갖는 것이기 때문이다. 이것은 막히면 죽고 고이면 썩는다는 천리를 따르려는 노력이다. 땅에도 숨길이 있어야 순환이 이루어져 건강을 유지한다는 이치이다.

넷째, 물길은 부드럽고 유순하며 悠長한 것을 으뜸으로 친다. 물길이 혈을 향하여 내지르는 듯 쏘는 듯 달려드는 것은 불길하게 여긴다. 급류도 꺼린다. 불길하게 여겨 꺼리는 것들은 모두 사고의 위험을 지닌 물들이다. 그래서 산간 계류는 그야말로 山川景勝이라도 일시 머물러 관상할 대상은 되어도 거주할 곳은 아니라고 말한다.

그런데 아무리 물이 맑고 유장해도 분위기가 음냉한 곳은 역시 기피의 대상이다. 이런 곳은 사람이 잘못 들어갔다가 변을 당할 수 있는 곳인데, 대부분 이런 장소에는 물귀신이 있다는 얘기들이 인근 주민에 퍼져 있다. 물속에 渦流가 있거나 냉수대가 펼쳐져 있기 때문에 근처에 있던 사람을 잡아 끌거나 급격한 수온 차이 때문에 심장마비를 일으켜 그런 소문이 나돌게 되는 것이다.

다섯째, 인위적으로 물길을 바꾸거나 막는 것은 이 역시 물의 순리를 거역하는 것이라 부작용이 생길 수 있으므로 주의를 요한다. 요즈음 농촌에서 하천의 유로를 변경시키는 直江 공사를 많이 하는데, 거의 대부분 공사 후에는 하천 연안이 침식을 받아 둑이 허물어지고 수질이 혼탁해지는 피해를 받는다.

물길을 막는 경우의 피해는 훨씬 심하다. 막은 댐의 상류부는 거대한 물덩어리가 되어 안개가 심하고 이것은 흔히 病氣가 되어 주민들의 호흡기와 신경계를 괴롭히는 요인이 된다. 경관상으로도 심한 불균형과 부조화를 야기시킨다.

좀 다른 경우이기는 하지만 바닷가 갯벌을 막아 농경지화한 간척마을의 경우도 자연을 변개시킨 관계로 삶에 있어서 상당한 불편을 겪게 되는 수가 있다.

물길을 인위적으로 개발하여 피해를 입은 미국 플로리다주 캐시미강의 경우는 우리에게 많은 것을 생각게 해준다. 1992년 4월 4일자 《한겨레신문》의 기사를 인용하기로 한다.

홍수 조절을 위해 밋밋하게 만들었던 강을 원래의 구불구불한 모습으로 되돌리기 위한 대규모 토목사업이 미 육군 공병대와 플로리다주 정부 그리고 환경 단체의 합작으로 추진되고 있어 눈길을 끈다.

환경 복원을 위한 공사중 아마도 사상 최대가 될 이번 사업은 앞으로 15년간 3억6천8백만 달러를 들여 117km² 면적의 생태계를 되살리게 될 것이라고 《뉴욕 타임스》지가 최근 보도했다.

미국 플로리다 반도 한가운데를 흐르던 캐시미강은 전형적인 **蛇行川**으로 느릿느릿 굽이치는 강 주변에 습지가 발달해, 갖가지 물새와 희귀 동식물이 서식하고 있었다. 그러나 이곳에 정착한 농가와 목장이 홍수 피해를 호소하자 지난 1954년 주 정부의 요청을 받은 미 육군은 강바닥을 준설하고 강 흐름을 곧게 해, 배가 다니는 운하로 만들었다.

이름도 캐시미강에서 C-38로 바뀌었다. 그 결과 홍수 피해가 줄고 물살이 빨라졌지만 습지의 물은 메마르고 썩어갔다. 흰 해오라기와 푸른 왜가리 등 희귀 새가 사라졌고, 물새의 수는 10%로 대폭 줄었다. 맑은 물에 살던 많은 물고기도 자취를 감추었다.

直江化 공사가 끝난 지난 1983년부터 환경론자들의 항의가 시작됐다. 환경에 대한 관심이 드높아지자 미 육군도 방침을 바꾸었다. 육군은 오랫동안 공사에 반대하던 환경 단체 〈시에라 클럽〉과 손을 잡았다. 주 정부의 전폭적인 지원 아래 강을 원래의 모습으로 되돌리기 위한 연구가 시작됐다. 습지로 물꼬를 돌리는 시범사업은 성공적이었다. 벌써 사라졌던 생물이 돌아오기 시작했다.

운하의 일부를 흙으로 메우고 수문을 헐어내는 등의 사업을 통해 90km로 줄어든 강의 길이를 원래의 165km로 늘이는 한편, 다시 홍수 피해가 예상되는 263km² 면적의 범람원을 사들이는 것이 사업의 뼈대이다.

이런 복원사업을 통해 그 동안 사라져버린 200종의 새, 33종의 포유류, 35종의 파충류, 48종의 물고기, 그리고 헤아릴 수 없이 많은 무척추동물들이 다시금 습지에 깃들 것으로 기대하고 있다. 이 가운데는 나무황새, 대머리 독수리, 플로리다 팬더 등 멸종 위기종이 들어 있다.

이 사업이 비용이 지나치게 많이 든다는 비판도 제기되고 있으나, 환경만을 위한 대규모 토목공사가 민, 관, 군 합동으로 벌어진다는 점에서 환경에 대한 태도가 얼마나 극적으로 바뀌었나를 실감하게 하고 있다.

여섯째, 물은 도도하게 직류하는 것보다는 굽어 감돌아 부드럽게 곡류하는 것을 좋아한다. 직류처는 홍수 때에 범람의 위험이 높다. 그래서 그런 곳은 거주지는 못 되고 농경지로 이용될 수 있을 뿐이다.

　물은 산과 달리 영원불변이 아니다. 사람의 손이 안 가도 강이 흐르던 곳이 논밭이 되는 경우도 많다. 그렇기 때문에 이것을 대하는 안목도 유동적이 될 수밖에 없다. 이런 것이야말로 상식이다. 그런데도 사람들은 상식을 벗어나 더 욕심을 부려 많은 욕망을 채우려는 데서 문제가 생기고 어려움이 발생케 되는 것이다.

　이제는 자리도 잡았으니 어디를 향하여 좌정을 할 것인가가 문제가 된다. 소위 坐向論이다. 사람이 어떤 일정 방위에 장시간 노출되면 그 방위가 지니고 있는 모종의 힘에 의하여 영향을 받는다고 믿는다. 모종의 힘이 무엇인지는 분명치 않으나 地磁氣 체계가 그 중의 하나인 것은 틀림이 없다. 좌향은 자력 또는 기로써 융통될 수 있는 것이기 때문에 무엇보다 중요한 것은 기를 느끼는 일이다. 어떤 자리를 정했을 때, 좌향을 어디로 정할 것인가의 문제에 봉착했을 때는 공연히 24방위 길흉법을 따져 애를 쓸 필요가 없다.

　실학자 星湖 李瀷이 일찍이 지적하기를, 〈術書에는 풍수 좌향의 의의를 밝히지 아니하였고, 내가 術家들에게 물어보았으나 대답을 하지 못하였다〉고 했다. 하물며 오늘의 술가들에 있어서이겠는가.

　요는 마음으로 기를 살펴 同氣가 감응할 수 있는 곳을 향하여 그 뒤편으로 坐를 삼고, 그 앞으로 向을 삼으면 될 일이다. 오랜 동안 그곳에 있으면서 자신의 마음으로 그 땅의 기와 그 방위의 기와 그리고 그 사람의 기가 일체가 되는 좌향을 취하면 될 것이라는 말이다.

　당대 최고의 술사들조차 좌향의 기술을 말하였으되 그 의의를 논하지는 못하였다. 이제 좌향 술법에 관한 몇 줄의 글을 읽어놓고, 확신도 없이 그에 따른다면 몹시 위험한 일이라 아니할 수 없다. 그러니 氣感으로 좌향을 정하라고 권하는 것이다.

5 積德이 즉 명당

『心經』에 이르기를, 〈망망한 천지, 굽어보거나 우러러보거나 가이없구나. 사람은 그 사이의 조그만 몸이니, 이 몸의 작음이 마치 커다란 창고 속의 한낱 피난과도 같도다. 그러나 천, 지, 인 삼재의 일원으로 살아갈 길이 있으니, 마음이 그것이다. 고래로 누군들 이 마음을 갖지 않았을까마는 마음이 육신의 노예가 되어 짐승으로 떨어지고 마는구나. 이목과 수족과 동정의 욕망이 본심의 해이해진 틈 사이를 타고 들어와 마음의 병이 되는도다. 一心의 미약함을 육신의 욕망이 공격하니 남아 있는 것이, 아! 거의 없구나. 군자는 성의를 다하여 능히 생각하고 능히 敬하나니, 마음이 태연하며 몸이 명령을 따른다〉고 하였다. 모름지기 이런 마음으로 좌향을 결정할 일이다.

이렇게 하여 모든 면에서 일신을 의탁할 자리를 잡아놓고서도 사람들은 안심하고 만족할 줄을 모른다. 大地는 발복이 늦는 법이라고 하여도 그 말을 좇지 못하고 조급을 떤다. 그래서 이장을 한다. 더욱 좋은 자리를 찾아서. 도대체 무엇을 찾아서인가. 『人子須知』는 명백히 지적한다. 〈여의치 아니하게 이장을 하면 고칠수록 더욱 어긋나는 것이니, 이는 땅이 사람을 그르치는 것이 아니고 用心이 그릇되게 함인 것이다.〉

풍수 최고의 경전인 『靑烏經』은 이장의 가능함을 극히 제한하여 허가하고 있다. 〈地에는 五不禪이 있는바, 이러한 곳은 改葬함이 가하나 그렇지 않은 경우는 절대로 그 일을 피하라〉고 강조하고 있다.

『청오경』이 말한 오불선은 아마도 五不祥을 말하는 것일 게다. 오불상이란 산소가 스스로 무너져내리는 경우, 산소 위에 초목이 말라죽는 경우, 집안에 음란한 풍성이 있고 젊은 사람이 죽거나 청상과부가 나오는 경우, 남녀가 불효하여 顚狂劫害하고 刑傷疫疾인 경우, 인구가 死絶하고 家産이 耗散하며 官災가 쉬지 아니하는 경우 등인데, 이런 경우를 제외하고는 이장을 하지 말라는 가르침인 것이다. 즉 사람으로서 차마 못 당할 일을 겪지 않은 바에는 결코 효도 아닌, 산소에의 신경을 쓰지 말라는 얘기다.

하지만 程子는 현실적인 문제들을 감안하여 도로, 성곽, 도랑, 전답이 되는 경우와 貴勢에 의한 침탈이 염려되는 경우도 이장을 허용하고 있다.

그렇다면 하늘의 뜻만을 좇을 것이지 풍수가 웬말이냐는 반론이 있을 수 있다. 古人이 말한 바대로, 〈그렇다면 修德할 따름이지 擇地術은 어디다 쓸 것인가. 수덕하여서 하늘을 기다리고 택지하여서 人道를 병행한다면 悖逆은 아니되리니 仁人 孝子의 마음일 것이다〉.

당연히 그 논리를 인정한다. 그러나 누가 천도대로만 살 수 있다고 장담할 수 있으랴. 풍수는 사람의 불완전성이 오히려 출발이 된다.

그러나 이 말도 들어두라. 張子微가 『玉髓眞經』에서 지적한 〈帝王의 흥은 덕에 있지 力에 있는 것이 아니며, 그것을 지킴은 도에 있는 것이지 地에 있는 것이 아니라〉는 말이 바로 그것이다.

이러한 풍수를 공부하는 地師의 입장도 여간 어려운 것이 아니다. 玉龍子 道詵이 세상을 주유하다가 어느 날 어머니의 산소를 모신 후 이렇게 탄식하였다.

　　칠십칠 세 우리 모친 병환이 위중커늘
　　그날로 내려가서 불효를 못 면하고
　　天崩地痛 만난 후에 飛鳳抱卵 裁穴하니
　　石中土穴 이것이라 傳之無窮 바랐더니
　　하늘이 미워하시고 귀신이 作害하여
　　삼 년을 못 지내어 破傷之物 되단 말가.
　　절통하고 절통하다. 運數라 어찌할꼬.
　　어와 벗님내야 吉地를 얻을진대
　　아는 것도 쓸데없고 順天積德하여서라.

아무리 재주가 많고 간산택지가 도인의 경지에 이르렀다고는 하지만, 하늘이 길을 열어주지 않으면 아무 소용이 없더라는 고백이다.

그러면서 후세의 지관에게 훈계한다.

한평생을 돌아보니 積惡한 일 없었는데
사람으로 생겨나서 運數 어이 그러한고.
가슴이 답답하나 물을 곳이 전혀 없다.
理致라 하는 것은 禍福이 두 가지라.
공자 같은 대성인도 묘 못 쓰면 멸망하고
고수 같은 악한 이도 묘 잘 쓰면 舜을 나리.
구하기가 어렵건만 아니 구키 어렵도다.
길흉화복 두 가지를 부디부디 조심하소.

내 마음에 병된 것이 私慾밖에 다시 없네.
어와 세상 사람들아 내 말 자세 들어보소.
爲親하여 求山하면 富貴를 생각 말며
허욕을 내지 말고 體魄 안녕 생각하소.
春夏秋冬 四時 없이 힘을 들여 구산하되
잠시라도 잊지 말고 일심전력하여서라.
목마를 때 물먹기와 주릴 때 밥먹기는
사람마다 다 할 것이라.
구산하는 이 마음은 좀체로 못하리라.

근래 인심 살펴보니 제가 먼저 아노라고
積功 있는 사람을 냉소하고 비아냥하며
재물 두고 자랑한들 철석 같은 이 내 마음
誠之一字 짐작하여 재물 보고 회절할까.
하늘이 사람낼제 賢愚가 다를소냐.
그르친 것 물욕이요, 해로운 것 혈기로다.
사람 알아보는 법이 혈찾기와 같으리라.

만약에 그르치면 멸문지화 나느니라.

근래의 地師들이 一字不知無識으로
龍穴砂水 吉凶論에 담을 치고 앉아서도
혈을 안다 자랑하며 千金으로 사례받고
안전하다 영장하니, 無罪한 저 白骨이
水火廉貞 못 피할새 그 묘 자손 편할소냐.

　재물에 눈이 뜨이면 허욕에 마음이 막혀 기를 잃게 된다는 간곡한 애
기를 오늘의 지사들은 그야말로 명심불망하여서라.

2 우리 풍수사상의 역사적 전개과정

1 왜 風水史를 살피는가

풍수사상에 대한 연구가 본격적으로 학계에서 시작된 것은 아직 십 년이 되지 않는다. 그러나 지리학계를 비롯하여 조경학, 건축학, 역사학, 철학, 환경과학, 국문학, 민속학 등의 분야에서의 연구업적이 결코 적은 것이라고는 말할 수 없다. 그러한 연구결과에 대한 평가는 차치하더라도, 양적 업적이 적지 않다는 것은 같은 전공자의 입장에서 참으로 마음 든든한 일이라 생각된다.

아직도 풍수에 관한 일반의 인식이 산소자리잡기라는 정도에 머물고 있는 것은 심히 안타까운 일이나, 점진적으로 그것이 우리의 전통적인 지리적 지혜라는 것으로 알려지는 상황은 희망적이라 할 것이다.

따라서 이 글에서는 풍수사상의 일반적인 전개과정을 정리하고, 그것이 지리학과 어떤 연관성을 갖는지를 글의 전반에 걸쳐서 확인해 보기로 한다. 문제의 핵심이 어디에 있든간에 오늘날의 풍수가 전혀 본질을 망각한 채 사람들의 개인적인, 혹은 가문에 관계되는 이기적인 俗信으로서의 풍수만을 생각하는 경향은 불식되어야 한다는 것을 저변에 깔고 있다.

현재 한국의 풍수사상에 관한 논점은 대체로 다음의 몇 가지로 요약이 되는 듯하다. 첫째는 풍수사상이 과연 우리 민족의 지혜냐 아니면 쓸모없는 미신에 지나지 않는 것이냐 하는 문제이고, 둘째는 그것이 민족의 지혜라는 것을 인정했을 때 그가 지닌 사상성은 어떤 것이겠느냐 하는 것이다. 셋째는 풍수가 지니고 있는 땅에 대한 여러 가지 논리들이 과연 오늘날에 있어서도 유효할 수가 있겠느냐의 문제인데, 이 점은 풍수의 사상성과도 결부되어 논의되어야 할 성질의 것이다. 예컨대 풍수가 아무리 훌륭한 민족의 지혜라는 것이 판명되어진다 할지라도, 그러니 그것으로 그냥 무조건 돌아가자는 식의 주장은 전혀 설득력이 없을 것이기 때문이다.

위 세 가지 문제에 대한 학계와 일반인들의 견해는 어떤 점에서는 일치하고 어떤 점에서는 상반되는 경우가 있다. 대체로 풍수가 우리 민족이 지녀온 전통적인 지리관으로서 그에 내포되어 있는 지혜는 오늘에 되살려도 좋을 것이라는 견해에는 이견이 없으나, 일반인들이 주로 산소자리잡기의 陰宅風水에 거의 전적인 관심을 보이고 있는 데 대해서, 학계의 관심은 고을이나 마을의 터잡기 풍수인 陽基風水에 주로 관심을 보이고 있다는 것은 상반된 점이다.

그러나 풍수에 대한 학문적 관심이 전에 없이 커지고 그에 따른 연구의 양이 적지 않은 것은 사실이지만, 아직도 풍수 연구의 인력과 수준은 출발선 정도에 지나지 않는다. 게다가 대부분의 연구들도 주로 어떤 구체적인 마을들을 철저히 사례연구식으로 진행한 것이기 때문에 풍수의 역사적 흐름을 개괄적으로 이해할 수 있는 연구는 아직 나오고 있지 못한 것이 현실이다. 또한 풍수를 연구하는 학문의 분야도 다양하여, 이것이 지리학과 어떤 연관이 있는지를 따져주어야 지리학의 고유분야로 인정받을 수 있을 만큼 다변화되어 있는 실정이다. 전체적인 연구량으로만 판단하더라도 지리학 쪽보다는 다른 분야의 논문 수가 더 많은 편이다.

위와 같은 문제점들을 염두에 두고 이 글에서는 다음의 내용들에 대해서 정리, 해석해 보기로 한다.

첫째, 한국 풍수의 기원에 대한 여러 가지 설들을 요약하여 정리하고,

그에 관한 필자의 의견을 밝히기로 한다. 그러나 이것이 이 글에서 풍수 기원설에 대한 집중적 분석을 추구하겠다는 뜻은 아니다.

둘째 한국 풍수사의 시대구분을 시도하여 보기로 한다. 이것은 試論에 지나지 않는 것이기는 하지만 중요한 의미를 갖는다고 생각한다. 왜냐하면 풍수 역사는 왕조사의 시대구분과는 달리 왕조말과 신왕조초가 공통된 하나의 시대를 이루는 것으로 짐작되기 때문에, 훗날 한국 지리학사의 시대구분을 함에 있어서 중대한 시사를 던져줄 수 있는 사항으로 여겨진다.

셋째, 각 시대별로 그 시대의 특징적인 풍수사상, 풍수제도, 풍수적 사건, 풍수학인 등을 정리해 보기로 한다.

넷째, 그와 같은 과정 중에서 풍수사상이 과연 봉건적인 지배계급의 장식품에 지나지 않는 것인지, 아니면 민중적이고 유토피아 지향적인 혁명사상이었는지를 따져본다.

다섯째, 풍수지리에서 풍수와 지리가 상호 구분되어 이해되어야 한다는 설이 타당한 것인지를 검토하여 볼 것이다.

끝으로, 풍수사상이 예로부터 지금까지 지리학과 어떤 연관성을 맺으며 진행되어 왔는지를 살펴보기로 한다. 단, 이 경우는 그것을 하나의 독립된 항목으로 다루는 것이 아니라, 본문 전체에서 기회 있을 때마다 검토하여 보게 될 것이다.

2 풍수 기원에 대한 논의

풍수의 기원이 언제, 누구에 의하여, 어떤 식으로 이루어졌느냐 하는 문제는 먼저 풍수를 어떻게 정의할 것이냐 하는 문제가 선결되어야만 한다. 왜냐하면 그 정의에 따라서 기원은 얼마든지 달리 설명되어질 수 있는 성질의 것이기 때문이다. 그런데 풍수의 정의는 풍수의 기원과 마찬가지로 설이 구구하다. 그러니 논리 전개상 풍수의 기원을 알아보기 위해서는 풍수의 정의부터 내리는 것이 옳다는 지적은, 맞는 말이면서도 현실적으로는 풍수 기원 연구에 별 도움을 주지 못한다. 문제는 풍수상의 용어들이 쓰이기 시작한 시점을 기원으로 잡을 것이냐, 아니면 풍수의 본질인 地氣를 느끼기 시작한 시점을 기원으로 잡을 것이냐를 결정해야 할 것인데, 필자는 당연히 후자 쪽을 취하고 있다. 그렇다면 지기를 느꼈다는 사실을 어찌 알 수 있을 것인가가 또다시 문제가 되는데, 이에 대한 논의는 일단 뒤로 미루고, 먼저 여러 학자들의 풍수 기원에 대한 주장들을 살펴보기로 한다.

먼저 우리나라 자체에서 풍수가 시작되었다는 학설은 매우 드문 편인데, 이에 관한 한 극단적인 주장은 朴時翼[1]에게서 찾아볼 수 있다. 그에 의하면 한반도는 지형적인 구조에 있어서 산이 많은 까닭으로 산악과 산신에 대한 숭배사상이 구석기시대부터 전해져 내려왔으며 이 사상은 한반도를 중심으로 하여 독특한 支石墓 문화를 형성하였다고 한다. 우리나라에 있어서의 풍수사상은 산악지의 지리적인 환경조건과 산악숭배사상, 地母思想, 영혼불멸사상 및 三神五帝思想 등에 의하여 자연적으로 발생하게 되었으며, 단군의 神市 선정, 왕검의 符都 건설, 지석묘의 위치 선정 및 신라 脫解王의 半月城 입지 선정 등은 우리나라 고대에 풍수사상이 직접적으로 건축에 적용된 실례라고 주장하였다.

또한 그에 의하면 음양오행설은 그 사상의 발생배경을 삼신오제사상에 두고 있으며, 삼신오제사상은 풍수지리설이 발생하게 된 모체적 사상이 된다는 것이다. 그러다가 신라 말기에 활발해진 중국과의 문화교류로 더욱 풍수가 발전하게 되었다는 것이 그의 주장의 골자이다.

이와 유사한 풍수의 고조선시대 발생설은 朴容淑[2]에게도 있다. 그는 『三國遺事』의 「檀君神話」 부분을 해석하여 風水自生說을 주장하면서, 결국 우리의 고대 민족명인 東夷란 천문, 풍수지리, 풍각쟁이(幾何), 노래하

---

[1] 朴時翼, 「風水地理說 發生背景에 관한 分析研究──建築에의 合理的인 適用을 위하여」, 고려대학교 대학원 건축공학과, 박사학위논문, 1987, pp. 230-243.

[2] 朴容淑, 『韓國의 始原思想──原型 研究를 위한 方法序說』, 文藝出版社, 1985, pp. 23-24.

는 활량들의 뜻이라고 단정하였다.

위의 두 사람보다 약간 시기를 뒤로 끌어내린 것이기는 하지만 金得晃[3]의 주장에서도 풍수사상이 우리 민족 내부에서 자체적으로 발생한 지리사상이란 점이 지적되고 있다. 그는 먼저 풍수의 정의를 다음과 같이 내리고 있다. 즉 풍수라는 것은 지리 혹은 堪輿라고도 하여 국토나 國都로부터 한 개인의 주택, 분묘에 이르기까지 그 위치가 산천의 地相과 형세에 따라 길흉화복이 있다는 지리관이라는 것이다. 풍수에서는 땅에는 만물을 化生하는 생활력이 있으므로 땅의 활력 여하에 따라 국가, 국토, 인생에 중대한 영향을 준다고 한다. 이렇게 정의를 내리면서, 기원에 관해서는 다음과 같이 언급하여 놓고 있다.

풍수설도 陰陽八卦와 五行生氣의 관념을 토대로 하여 일종의 학문으로 발달한 것으로 그 기원을 찾자면 중국 상고시대에 소급하여야 할 것이지만, 우리나라에는 唐에서 풍수설이 수입되기 이전에 이미 풍수설이 존재하였다. 상고시대의 우리 민족과 마찬가지로 지상에서의 생활상의 요구로부터 적당한 토지의 선택을 생각하지 않을 수 없었다. 주택을 선택함에는 산수가 놓인 모양을 고려하지 않을 수 없고, 國都를 정함에 있어서는 방위와 공격의 지세를 고려하지 않을 수 없었다. 이러한 토지선택의 방법은 점점 추상적으로 그리고 전문적으로 진보되어 하나의 相地術로 발달하여 갔다.

이런 논리 아래 그 증거로는 백제 시조 溫祖王이 鳥干, 馬黎 등 열 명을 거느리고 漢山의 負兒山岳에 올라 지세를 관망하고 강남의 땅이 북은 한산을 끼고 동은 高岳에 웅거하고 남은 如澤을 바라고 서는 大海를 막아 天險地利하므로 국도를 정하였다는 기록이 있고, 고구려 유리왕은 위나성이 산수가 험하고 땅이 기름져서 그곳으로 천도하였다는 기록 등을 꼽았

---

3) 金得晃, 『韓國思想史』, 白巖社, 1978(8판), pp. 195-201.

다. 이렇게 풍수설에 가까운 것이 상고시대에 신봉되었는데, 신라 말엽에 당으로부터 학술적인 풍수설이 도입되자 급속도로 확산되었다는 주장이다.

한 가지 신기하면서도 불유쾌한 사실은 모든 현대 직업적 지관들의 풍수 저술들은 한결같이 철저하게 중국으로부터의 도입설을 기정사실로 받아들이고 있다는 점이다.

한편 풍수를 연구하는 역사학자들과 민속학자들의 경우는 역사적 사실들을 실증적으로 제시하며 중국으로부터의 도입을 주장하는데, 그들 사이의 차이는 도입 시기가 삼국시대냐 아니면 신라의 통일 이후냐의 시대 간격 차이뿐이다.

신라 통일 이후에 도입되었다는 가장 대표적인 주장은 李丙燾[4]에 의한다. 그는 말하기를 우리나라는 원래 到處有明堂이라고 할 수 있을 만큼 풍수조건에 적합한 곳이 실로 무수하여, 결국 이러한 자연적 환경이 後來 풍수지리사상의 성행과 폐해를 유치한 중요한 이유가 되었거니와, 신라 통일 이전 삼국시대에는 아직 그러한 술법과 사상을 받아들인 듯한 형적은 없다고 단정하고 있다.

이에 반해서 崔柄憲[5]은 四神壁畵가 그려져 있는 평남 용강군 매산리, 신덕리 및 진지동 소재의 고구려 고분과 충남 부여군 능산리 고분은 그 주위 산세가 확실히 풍수지리설상의 조건을 구비하고 있어서 그에 의하여 선정된 것으로 본다. 특히 백제에서는 풍수지리에 관한 서적까지 유행되었던 모양으로, 武王 3년에 三論宗의 승려인 觀勒이 曆法, 遁甲方術書와 함께 천문지리서를 가지고 일본에 가서 그곳의 僧正이 되었던 적이 있다고 하였는데 관륵이 가지고 갔다는 지리서가 구체적으로 무엇을 가리키는 것인지는 알 수 없으나, 당시 백제에서 유행하고 있던 풍수지리설 관계 서적임에는 틀림없다고 보고, 삼국시대에 이미 풍수지리설이 들어왔다고

---

4) 李丙燾, 『高麗時代의 研究——특히 圖讖思想의 發展을 中心으로』, 亞細亞文化社, 1980, pp. 21-30.
5) 崔柄憲, 「道詵의 生涯와 羅末麗初의 風水地理說」, 『韓國史研究』 2, 1975, pp. 129-130.

주장하였다.

이와 유사한 견해는 상당히 많이 발표되어 있는데, 여기서는 金光彦[6]의 경우를 하나 더 보기로 한다. 그는 『三國遺事』에 전하는 다음의 기록으로 미루어 삼국시대 초기에 이미 풍수사상이 널리 퍼져 있었던 것으로 생각하였다. 즉 신라 제4대 임금인 탈해왕이 등극하기 전에 토함산에 올라가 굽어보니 호공의 집터가 초승달 모양(三日月形)의 길지인지라 남몰래 그 집 뜰에 숯을 파묻고 말하기를, 옛날 내 조상이 이곳에서 대장간을 하며 살았으나 중년에 집을 빼앗겼다고 거짓 송사를 하여 집터를 차지하였다는 것이다. 三日月인 초승달은 날이 지남에 따라 점점 커져 가게 마련이므로 이 터에 사는 사람도 장차 크게 되리라는 뜻이며, 결국 탈해가 뒤에 왕이 된 것도 초승달 터에 산 결과라는 풍수적 설화이다.

신라 도성이 半月城이었고 백제 도성인 부소산성의 이름 또한 반월성이었던 것도 이와 같은 이치이며, 또 『삼국유사』「天龍寺」조에는 계림 경내에는 客水 두 줄기와 逆水 한 줄기가 있는데, 이들의 근원지인 천룡사가 이를 조화시켜서 국운을 지키는 神補寺刹의 구실을 한다는 내용 등을 증거로 들었다.

그러나 필자는 그런 예들이 풍수가 중국으로부터 들어왔다는 증거로는 미흡하다는 생각을 하고 있다. 우선 사신벽화의 개념은 풍수 이전에 음양방위론에서 상당히 광범위하게 사용되었던 것이기 때문에 그러하고, 초승달 모양의 지세와 비보사찰이라는 것도 일종의 우리 자생풍수의 한 전형으로서, 그것이 결코 중국으로부터의 도입을 증거해 주지는 못하는 것이라고 본다. 따라서 그러한 논거들은 오히려 자생풍수의 존재를 확인해 주는 설화로 취급되어야 할 것이다.

특히 고분 벽화에 그려진 四神圖를 바로 풍수지리의 것으로 단정하는 견해는 사신사상이나 천문방위사상을 풍수지리사상과 혼동한 결과로서, 풍수에 사신도 개념이 없는 것은 아니지만 그것은 원래 漢, 魏와 육조시

---

6) 金光彦, 『韓國의 住居民俗誌』, 民音社, 1988, p. 21.

대에 회화와 공예의 기본이 된 것이라 분묘 장식에 쓰였을 뿐인 것이다. 물론 그 후에는 각 방위를 수호하는 상징성을 포함하게 되지만, 거기에는 풍수의 본질인 지기론적 속성이 전혀 배제되어 있기 때문에 풍수의 증거로는 삼을 수 없다는 뜻이다.

따라서 필자는 전래의 자생풍수지리가 이미 이 나라에 있어 오다가, 백제와 고구려에 중국으로부터 이론이 확립된 풍수가 도입되면서 서서히 알려지게 되었고, 결국 신라의 삼국통일 이후에는 신라에도 전해져 전한반도에 유포되었을 것으로 추정한다. 신라에 풍수가 늦어졌다고 보는 이유는 신라의 왕릉 터가 유독 풍수적 지기와는 관련 없는 자리를 차지하고 있는 것으로 판단하였기 때문이다. 즉 우리 자생풍수에 중국으로부터 도입된 이론풍수가 혼합된 것은 신라 통일 무렵으로 보는 것이다.

3 羅末, 麗初의 풍수사상

풍수 기원에 대한 문제가 불분명하기는 하지만, 우리나라에서 풍수가 본격적으로 역사의 전면에 떠오른 것이 신라 말엽부터라는 것은 분명한 사실인 듯하다. 그렇다면 이 시기에 왜 갑자기 풍수가 중요성을 갖고 떠오르게 되었는지가 먼저 밝혀져야 할 것이다. 또한 이 절에서는 우리 풍수의 鼻祖라 불리는 道詵國師에 관한 사실도 아울러 정리할 생각이다. 이 문제에 대해서는 崔柄憲[7]의 탁월한 논문이 있으므로 그 대목을 발췌 인용해 두기로 한다.

신라말 당시의 禪僧들은 대개 불교에 있어서 華嚴宗의 한계를 극복하는 사상 체계로서 禪宗을 받아들이고 있었을 뿐만 아니라 불교나 老壯思想 등을 복합하여 이해하고 있었던 것이 일반적인 풍조였으며, 다른 한편 유학자라고 자처하던 이들도 불교나 노장사상을 아무 모순 없이 복합하여

---

7) 崔柄憲, 앞의 논문.

이해하고 있었다고 한다. 그리고 이러한 일련의 사상적인 복합화가 다름 아닌 중앙의 진골 귀족들의 독점적인 지배 체제와 그들의 고대적인 사유 방식에 반발하는 중간계층인 육두품 계열과 지방 호족들에 의해서 추진되었다는 사실과, 아울러 경주 國都 중심, 진골 귀족 중심의 신라 고대 문화를 극복하려는 사상운동으로서의 성격을 띠고 있었다.

그런데 선종의 성립은 당시 당에서 성행하던 선종이 새로 수입되었다는 정도에서 끝나는 것이 아니라, 신라 불교의 수준이 당면한 자체 모순을 스스로 인식하고 그 해결책을 선종에서 구하고 있었다는 점이다. 道詵도 당시 불교계의 모순에 고민하고 있다가 九山禪門의 하나인 惠哲에게서 인가를 받는다.

한편 선종과 풍수는 그 인식방법이 모두 분석적이 아닌 직관적이었던 점에서 일치하고 있으며, 더욱이 수행방법도 비슷한 과정을 거친다는 점이다. 먼저 선종의 수행과정을 보면, 당시 대부분의 선승들은 처음에 수년간 화엄경을 비롯한 불경을 공부한 다음에 선종으로 개종, 선종의 善知識을 찾아 다시 수련을 쌓게 되는 것이었다. 그곳에서 수년간 훈련을 쌓고 先師로부터 인가를 받은 다음에 비로소 하나의 선승으로서의 자격이 인정된다. 그 후 일단 선사의 곁을 떠나 전국 각처의 명승지를 찾고, 여러 선지식을 찾아 고행과 선문답을 통하여 수련을 쌓는 것을 십여 년간 계속하는 것이 보통이었다. 그리고 풍수사들의 수업과정은 먼저 풍수에 관한 서적을 수종 배우고, 이어 선배 풍수사에게 實地의 지도를 받게 되는 것이다. 따라서 풍수사들도 누구에게서 술법을 전수받았는가 하는 법통이 대단히 중요시되었으니, 이 점도 선승에 있어서와 마찬가지였다. 그리고 다음에 踏山이라 하여 전국의 산천을 실제 편력하여 이론과 실제와의 부합 여부를 비교, 체득하고, 그러한 과정을 거친 후에 비로소 한 사람의 풍수사로서 자격이 인정되는 식이다. 이 기간은 적어도 수업을 시작해서 십여 년 걸리는 것이 보통이었다.

이상 최병헌의 논문과 그 논문에 제시되어 있는 문헌들을 면밀히 검토하면서 필자는 다음과 같은 추리를 꾸며보았다. 이것은 아직 가설단계에 지나지 않으나, 그 가설이 검증된다면 한국 지리학사의 시대구분에는 매우 중요한 단서를 제공해 줄 것이라고 믿는다. 다음이 그 추리이다.

필자는 신라말의 풍수사상 도입 및 정착, 전개과정에서, 그것이 혁명과 개국의 이념적 바탕이 되고 있더라는 사실을 감지할 수 있었다. 앞서도 살펴본 바와 같이 풍수가 우리나라에서 역사의 전면에 부각된 것은 9세기 초 신라가 쇠퇴의 길로 접어들 무렵이었다. 당시 신라의 지배 이데올로기는 教宗이었는데, 이것은 다분히 불교 경전에 의지하는 것이었기 때문에 문자를 모르는 민중들은 그로부터 소외될 수밖에 없었다. 물론 염불을 반복적으로 염송함으로써 제도된다는 他力佛教가 없었던 것은 아니지만, 그 정도 수준의 신앙을 가지고 신라말의 타락한 시대상을 박차고 벗어나와 새로운 세계에 대한 지평을 열어주는 진보적 이념 역할을 기대할 수는 없었다. 게다가 왕조 말기에 드러나게 마련인 지배층의 학정과 부패는 개벽을 요구하는 민중들의 마음을 더욱 붙돋우게 된다.

이런 시점에 중국으로부터 유입된 선종은 반지배이데올로기적인 의미를 지닌 채 유포되기 시작한다. 선종은 마음에서 마음으로 내적 성찰에 의하여 佛性을 찾고, 설교나 문자를 떠나 즉시 불심을 중생에게 전하는 종파이며, 게다가 사람이면 누구나 불성을 지니고 있다는 일체 평등의 사상을 내포하고 있던 만큼, 빠른 속도로 당시 민중들의 마음속에 자리할 수 있었으리라는 것은 쉽게 짐작할 수 있는 일이다.

선승들의 좌선은 목적이 본질적으로 見性이나, 그 과정에서 호흡법과 같은 기의 운용에 관한 술법이 깊이 있게 인식되며, 무념무상의 경지에서 천기와 지기에 대한 감지 역시 심도 있게 이루어질 수밖에 없다. 그래서 그들은 자연스럽게 풍수술을 터득하고 이론을 확립해 나갔다. 중국의 일행선사나 우리나라의 도선국사가 그 대표적인 예일 것이다. 게다가 풍수 역시, 가문의 뼈대가 중요한 것이 아니라 인성이 운명을 결정한다는 반계층적 신분의식을 지닐 수밖에 없는 인식체계인 만큼, 당시 민중들에게는 아주 쉽게 받아들여질 수 있는 사상이었을 것이다.

선승들은 자신의 수련과 중생 교화의 방편으로 전국토를 遍踏하며 지리

지식을 넓혔다. 그들은 신라의 서울인 경주가 국토의 동남쪽에 치우쳐 있어 적절치 못하다는 정치지리학적 이해를 갖출 수 있는 정도였다. 이런 것들이 중부지방을 거점으로 혁명과 개벽을 꿈꾸는 호걸들에게 받아들여졌고, 마침내 왕건에 의하여 고려가 개국이 된다. 이제 禪宗과 風水가 지배이념이 되어버린 것이다.[8] 이 당시는 풍수의 내용도 매우 건전하여 초기 풍수의 지리학적 접근성을 잘 보여주고 있다. 처음에 사찰 입지 선정에 이용되다가 점차 왕궁 입지, 지배층의 陽宅 터잡기 등 陽的 풍수로 확장이 되고, 후삼국시대에 이르게 되면 국도를 비롯하여 마을, 고을 등의 입지 선정 등 대표적인 지리학 이론으로 전개가 된다.

고려가 개국한 이후에도 초기에는 그 건전성이 크게 와해되지 않고 유지되는 특징을 보인다. 우선 태조 왕건의 「訓要十條」 제2훈에서 그 일부를 짐작할 수 있는 부분이 있다. 「훈요십조」에 대해서는 그것이 정말로 태조의 유훈이냐에 대한 논란이 있으나 여기서는 그 진위는 별로 문제가 되지 않는다. 설혹 그것이 위작이라 하더라도 어쨌든 고려 초기 풍수사상을 어느 정도 반영하고 있는 것일 것이기 때문이다. 그 내용은, 모든 사원은 도선이 산수의 順逆을 살펴서 개창한 것이며, 도선이 이르기를 내가 占定한 곳 이외의 다른 곳에 함부로 사원을 지으면 地德을 손상시켜 국운이 영구치 못할 것이라고 하였다. 뒷날 국왕, 公侯, 后妃, 朝臣 등이 소원 성취를 위하여 사당을 함부로 창건, 증축하는 일이 있을까봐 크게 염려가 된다. 신라말에도 절을 다투어 많이 이룩하여 지덕을 衰損시킴으로써 나라가 망하게 된 것이니 경계를 게을리 말라는 것이다.[9]

위 내용은 항간에서 흔히 풍수비보설로 알려진 것이다. 그리고 단순히 고려 왕실이 자신의 정통성을 보장해 주던 지배이념인 풍수를 사상으로서 강조하기 위하여 언급한 것으로 평가한다. 그러나 유심히 관찰해 보면 여기에는 간과할 수 없는 교묘한 정치적 배려와 국가 경영상의 속뜻이 숨어 있다는 것을 알게 된다.

---

8) 拙稿, 「민중과 풍수사상」, 월간 《말》 1989년 12월호.

9) 『高麗史』, 「太祖世家」 二十六年條.

고려는 철저히 무력으로 전국토를 석권하고 나라를 세운 경우가 아니다. 여러 지방 호족들을 혼인, 유인 등의 방법을 사용하여 거의 외교적 수완에 의하여 이룬 나라이기 때문에 어느 면에서는 대단히 취약한 체제였다고 할 수 있다. 왕건이 왕조의 마지막 임금인 경순왕을 죽이지 않고 우대한 것도 결국은 그의 취약한 정권을 보호하기 위한 전략이었을 것이다. 그리하여 무력만이 가장 우월한 것이 아니라는 것을 불교를 통하여 가르치고, 한편으로는 아직도 여러 지방에서 그대로 세력을 유지하고 있던 호족들의 경제적 및 군사적 거점이었던 사찰들을 중앙정부의 통제 아래 두기 위하여 풍수사상을 원용했다고 보여진다.

어떤 이념의 배경 없이 막무가내로 사찰의 신축이나 증개축을 금지시켰다면 당연히 지방 호족들의 격렬한 반발이 명약관화하였을 것이고, 취약한 권력으로 그것을 가라앉힌다는 것도 무망한 노릇이었을 것이다. 그래서 풍수를 이용한 것이다. 당시 거의 대부분의 사람들이 믿고 따르던 풍수사상에 의하여 사찰이 일정 지점들을 벗어나 세워지면 지덕이 쇠하게 되니 그러지 말라고 한다면, 누가 그것을 아니라고 반대할 수 있겠는가. 참으로 교묘한 정치적 배려라 아니할 수 없다. 이것이 또한 국가 경영상의 지혜가 숨어 있는 전략이라는 평가의 근거는 자연지리학적 설명이 길게 필요하나, 여기에 대해서는 이미 필자의 다른 논문에서 상세히 밝힌 바가 있기 때문에[10] 간단히 말하자면, 자연재해의 피해가 예상되는 지점에 사찰을 건설해 두면 승려들이 항시 그곳에 대기상태에 있는 셈이 되기 때문에 노동력 공급이란 측면에서 일리가 있고, 또 그들이 항상 감시요원의 일도 수행할 것이기 때문에 일석이조의 이점이 있게 되는 셈이다.

다음, 이 당시의 풍수학인들을 하나하나 열거할 여유는 없으나, 대체로 이 시대에는 풍수를 업으로 하는 사람은 아직 나오지 않았던 듯하고, 처음에는 주로 선승들 사이에서 앞서 말한 이유로 그들의 종교적인 수련과 동시에 습득되어졌던 것 같다. 그 후 점차로 귀족지배층과 일반지식인들

---

10) 拙著, 『韓國의 風水思想』, 民音社, 1984, pp. 48-49.

사이에 두루 퍼졌으나, 역시 전문 풍수가라 할 정도의 것은 아니었다. 또 일부는 각 지방 호족들 사이에서 군략가로 활약했던 사실이 기록에 남아 있다.

백제 무왕 3년(602)에 일본에 역서와 천문지리서를 가지고 가서 승정이 되었다고 하는 관륵은, 만약 그가 가지고 간 천문지리서가 풍수지리서라면 기록상 최초의 풍수학인이 되는 셈이지만 확실치는 않다.

義湘大師(625-702)는 중국에 유학하였을 때 讖緯學을 연구하였으며, 귀국한 뒤에 『山水秘記』를 저술하여, 훗날 조선 왕조의 국토 선정에 도움을 주었다[11]는 얘기가 있으나 신빙성이 거의 없는 것으로 여겨지며, 다만 그가 풍수에 관한 기초적인 지식을 습득하였을 가능성은 있다고 본다.

이 시대 최초, 최고의 풍수학인이 도선이라는 데 대해서는 이론의 여지가 없으나, 그에 대해서는 필자의 다른 논문과 여러 사람들의 연구가 있으므로 역시 생략하기로 한다.[12]

김유신의 증손인 金巖은 당나라에 가서 陰陽家法을 배우고 귀국하여 司天博士가 되었는데, 당에서 遁甲立成法을 지었는데다가 方術, 兵法에도 두루 정통하여 풍수지리에 대해서도 지식을 가졌을 것으로 짐작되나 이 역시 정확한 증거는 없다.

신라의 監干 八元은 왕건의 5대조인 康忠에게 집터를 잡아줌으로써 후일 고려 개국의 기틀을 다져준 사람으로 기록되어 있는데[13] 이 역시 믿기에 어려움이 있는 것이기는 하지만, 당시에 상당히 풍수지리가 일반화되어 있었다는 증거는 되리라 본다.

이 외에도 왕건의 풍수 고문 역할을 한 도선의 제자 慶甫, 天文, 地理, 占卜 등에 정통했다고 하는 崔知夢, 풍수지리설을 이해하여 왕건의 군략가로 활약한 寶壤[14] 등이 대표적인 당시의 풍수학인이라 할 수 있을 것이다.

---

11) 『山水秘記』가 義湘의 所著라는 사실은 車天輅의 『五山說林』에 나온다.

12) 拙稿, 「道詵國師의 風水地理思想 解釋」, 『先覺國師 道詵의 新研究』 靈巖郡, 1988, pp. 135-182 및 左記書의 다른 분들의 연구 논문 참조.

13) 『高麗史』, 高麗世系.

4 고려시대의 풍수사상

고려는 풍수지리설을 지배이념으로 도입하고 또 그에 걸맞게 풍수를 신봉함으로써 고려시대의 풍수를 운위한다는 것은 사실상 고려시대사 전체를 기술해야만 하는 번거로움이 있다. 이에 대해서는 李丙燾의 탁월한 저술이 있기 때문에 생략하기로 하고, 여기서는 몇 가지 중요한 사실들과 특징적인 풍수사상의 흐름에 대해서만 알아보기로 한다.

고려 초기까지는 앞서 지적한 바와 같이 대체로 긍정적인 조류가 풍미했던 것이 사실이다. 그러나 정권적 의미에서 볼 때 왕건 태조의 통일은 대립되는 정권의 소멸을 말할 뿐이었다. 여전히 지방의 성주들은 후삼국의 혼란 시대나 조금도 다름없는 반독립적 상태를 유지하고 있었다. 태조는 이들과의 연합과 타협 속에서 그의 정권을 유지해 나가고 있었다. 그는 많은 호족들과 혼인을 통하였고 또 때로는 그들에게 왕씨의 성을 주어擬制家族的인 관계를 맺음으로써 이 연합을 굳게 했다. 이러한 정책에도 불구하고 여러 호족들의 존재는 태조의 적지 않은 우려의 대상이 되었다. 이 과정중에 앞서 말한 「훈요십조」가 풍수사상을 암암리에 저변에 깔고 반포되기도 하였음은 이미 설명한 바와 같다.

그러나 王規의 난과 같은 소요가 계속됨으로써 왕권은 불안을 벗어나지 못하는 상태였다. 왕규의 난을 진압하고 즉위한 定宗은 연약한 왕권을 강화하기 위하여 서경에 천도하려 하였다. 여기에는 태조가 「훈요십조」에서 강조한 바 있는 풍수지리설에 대한 신앙심도 작용하고 있었다. 그러나 그 이면에는 開京을 중심으로 세력을 뻗고 있는 개국공신들의 포위망으로부터 탈출하려는 의도가 강했던 것으로 생각된다. 여하튼 고려 왕권의 안정은 光宗의 개혁을 기다려서 비로소 새로운 전망이 서게 되는 것[15]이지만,

---

14) 『三國遺事』 권4, 「寶壤梨木條」.

15) 李基白, 『韓國史新論』, 1985, pp. 126-127.

풍수사상은 이때부터 타락의 길로 접어들게 된다.

고이면 썩음이 천지의 常道이자 인간 역사의 따름인지라, 선종과 풍수도 개국 후 점차 타락의 길을 걷는다. 선종은 한때 정혜결사를 설립하는 등 부흥하였으나 그 뒤부터 僧行이 타락되면서 차차 쇠퇴하기 시작했다. 풍수 역시 고려 개국 당시의 신분 타파나 국토 재편성과 같은 바람직한 경향성을 잃은 채 왕실과 귀족의 가문 번성을 위한 터잡기 잡술로 변질되어 버렸다. 그러한 역사적 사실 중에 가장 중요한 것은 아마도 반복적으로 나타난 서경으로의 천도운동이었을 것이다.

서경으로의 천도운동은 고려 초기부터 끊임없이 제기된 문제이기는 하지만 그 가장 대표적인 경우가 仁宗 때의 妙淸의 난 당시의 서경 천도 획책이었을 것이다.

서경인 평양은 한반도의 서북부 요충으로 枕山帶水 혹은 負江臨水의 自然形勝을 이루고 있어, 관서지방 유일의 重鎭이라든가 조선 제일의 강산이라는 호칭을 듣는 곳이다. 동쪽과 남쪽은 대동강에 임하고 북쪽은 錦繡山의 수려한 모습이 두드러지게 드러나 있다. 이것을 주산으로 하여 좌우에 지맥이 분파하고 있다.

그 백호는 乙密臺로부터 서남에 뻗어 七星門을 지나 萬壽臺에 이르고, 거기서 하나의 소지맥을 나누어 가운데 長樂宮址와 같은 명당터를 안고 다시 남으로 달려 瑞氣山, 蒼光山을 동서로 가로 일으키고 있으며, 그 청룡은 을밀대 아래에서 좀 곧게 남쪽으로 달려 그것과 백호와의 사이에 龍堰宮址, 觀風殿址와 같은 명당터를 품으면서 겨우 長慶門址 부근에 이르러 그쳤다. 평양은 청룡이 짧고 백호가 우회하여 右旋局으로 대동강에 역향하고, 따라서 명당에서 시작하는 모든 수류도 다 右旋으로 대동강에 흘러들어간다.

풍수상 개성이 주위가 산으로 조밀하게 둘러싸인 藏風 국면인 데 대하여, 평양은 대동강이라는 큰 강에 면한 得水 국면이라 할 수 있다. 그러다 보니 평양을 풍수 형국상 行舟形이라 일컫는 경우가 있게 되는데, 이것은 큰 강을 면한 득수국지의 일반적인 경향이라 할 것이다. 즉 홍수의 피해가 우려된다는 결점을 지니게 되는 것이다. 따라서 고려시대라는 시점을 기준으로 할 때, 평양은 아직은 수도로서 적합지 못한 곳이라는 평가가 가능하다.

사실 삼국의 수도들은 지역국가라는 특성상 한반도의 중앙적 위치를 점할 수는 없었다. 그런데 문제가 그렇게 간단치 않은 것이, 백제의 초기 수도가 오늘날의 서울 주변으로 중앙이기는 했지만 그곳을 고수하며 버틸 수는 없었으리라는 점이다. 백제의 국력이나 당시의 군사전술 그리고 병기수준으로는 방어가 어려웠으리라는 예상이 들기 때문이다. 그 후의 신라는 알려져 있는 바와 마찬가지로 수도인 경주가 너무 동남쪽에 치우쳐 있어 국토 전체를 통치하는 데 실패하고, 계속되는 반란과 지방 호족의 발호에 시달려야만 했다.

당연히 그 다음 왕조인 고려는 중부지방인 개성에 자리를 잡게 되었는데 이 개성 입지의 선정부터는 철저히 풍수사상에 기반을 두게 된다. 그 이론적 논의는 풍수였지만 결정은 극히 현실적이었다는 데 풍수의 묘미가 있는 것이지만, 개성은 전형적인 藏風局의 땅이다. 장풍국이란 주산과 좌우 양쪽의 청룡, 백호, 그리고 남쪽의 朱雀砂라는 산에 의하여 빈틈없이 둘러싸인 일종의 산간 분지 지형에 해당된다. 그렇기 때문에 방어에는 어느 정도 유리하지만 명당의 규모가 적고 물과 연료가 부족하며 더 이상의 발전이 제한을 받을 수밖에 없다는 한계가 있다. 그러나 그 시대의 정치, 경제, 사회적 배경을 살펴보면 오히려 그러한 위치가, 넓은 들판이나 해안에 비해서 우월하다는 것을 인정하지 않을 수 없다.

그러나 그렇다고 하여 문제가 없어지는 것은 아니니, 그 뒤로 여러 차례에 걸쳐 천도 논의가 이어진다. 평양, 한양, 연백, 장단 등 여러 후보지가 거론이 되고, 어떤 곳은 구체적인 계획에 들어간 적도 있으나 실천에 이르지는 못하였다.

이것은 매우 중요한 시사를 던져주는 일이다. 수도의 이전은 한 왕조의 마지막을 뜻하는 것이 되기 때문에 천도의 성공이란 결국 그 왕조의 멸망을 전제로 하지 않고서는 성공할 수 없다는 풍수사상의 논리가 깔려 있음을 본다. 이것이 고려 풍수의 큰 특징 중의 하나인 地德衰旺說로 정착되어진다. 지덕쇠왕설이란 땅의 지기는 일정 기간이 지나면 그 기운이 쇠하고, 또 일정 기간이 지나면 쇠했던 기운이 되살아난다는 관념이다.

개성의 지기가 쇠하였으니 수도를 옮겨야 한다는 것인데, 여기에는 피할 수 없는 논리의 허점이 있다. 즉 개성의 지기가 쇠하였다는 것은 결국 왕씨들의 고려 왕조가 쇠하였다는 전제가 깔려 있는 것인데, 그것을 수도만 옮김으로써 해소코자 한 것은 뿌리를 놓아두고 줄기만 잘라 나무를 이식코자 하는 사고와 같아지기 때문이다.

고려시대에 천도 후보지로 가장 각광을 받은 서경 평양과 남경 한양은 得水局이라는 특징을 갖는 장소이다. 득수국이란 명당의 삼면 혹은 이면은 산으로 보호를 받는 지세이나 반드시 한쪽 면에는 큰 강을 끼고 있는 형세의 땅을 가리키는 말이다. 개성의 장풍국이 갖고 있는 결점을 보완하기 위해서는 득수국으로의 전환이 매우 바람직한 일로 여겨졌을 것이다.

묘청의 난이 일어나던 당시의 고려 대내외 정세는 금나라가 요와 송을 토멸하고 고려를 위협하고 있었으며 이자겸, 척준경 등 권신들의 발호와 천재지변의 빈발로 소위 말세적 민심이 유포되고 있던 판이었다. 이에 術數家들이 날뛸 수 있는 절호의 기회가 주어진 셈인데, 그들은 왕조 자체의 한계를 인정하고 기층민들의 절실한 욕구를 수렴하는 혁명을 이끄는 위험을 무릅쓰는 대신에, 오히려 풍수의 지기쇠왕설을 교묘히 윤색하여 천도를 上言함으로써 曲學阿世하는 치사함을 드러내 버린 것이다.

그러니 왕실은 명맥을 유지했으나 그것은 명분상의 일이었을 뿐 실제 고려 왕실의 발언권은 사실상 끝장이 난 셈이었다. 그 와중에 모든 피해는 백성들에게 돌아가고 진정한 반지배이념으로서의 풍수사상도 싹트게 되는 것이다. 즉 임금이나 명문거족의 뼈대가 따로 있는 것이 아니라 누구나 음덕을 쌓고 땅의 기운을 얻으면 그렇게 될 수 있다는 철저한 풍수적 평등사상의 발로가 바로 그것이다. 이 점은 다음 절에서 살펴보기로 하고 다시 묘청의 경우로 돌아가기로 한다.

앞서 지적한 바와 같이 仁宗 당시 고려는 내우외환에 시달리던 때인지

라, 그러한 국가적 위기를 당함에 있어, 합리적으로 극복하고자 하는 노력
보다는 오히려 음양설, 풍수지리설, 圖讖說 등 秘術類에 의존하려는 경향
이 강하게 일어나고 있었다. 묘청의 서경 천도 운동은 이러한 내외 정세
에 힘입은 바가 많다는 점이 상기되어야 한다. 물론 술수 사용의 이면에
는 적극적인 극복의지가 전혀 없었다고 할 수는 없겠지만, 그러나 국초의
진취적인 풍수지리 이용과는 그 의도에서 이미 소극적이고 방어적인 태도
를 띠고 있었던 것이라 보아야 할 것이다. 그래서 필자는 그것이 바로 풍
수의 타락이라고 전제한 것이다.

서경, 평양은 이미 태조 26년(943)에 그곳이 풍수지리상 대업 만대의 땅
으로, 앞으로 국왕들의 巡駐하여야만 할 곳으로 지목된 바가 있고[16] 定宗
2년(947)에는 천도지로서 궁궐 조성이 착수[17]된 적까지 있던 곳이다. 光宗
11년(959)에는 개경을 皇都라 높여 부름과 때를 같이하여 평양이 西都로
개칭되었고, 성종 14년(994)에는 서경으로 복원되었다가, 穆宗 원년(997)
에 다시 鎬京으로 바뀐 적이 있었다. 이것은 周의 옛 제도를 본받은 것으
로, 서경의 중요성을 계속 인정하는 행정구역 개편이라고 할 수 있다. 문
종 16년(1072)에는 西京留守官을 두고 특히 서경 중심의 경기 서도를 설
정하였으며, 끊임없이 군주들이 이곳에 옮겨와 머무는 巡駐를 거듭하여
왔던 고려 왕실의 知覺的 수도였다.

仁宗 6년(1127) 묘청 등은 임금에게, 〈신들이 보건대 서경 林原驛의 땅
은 음양가들이 말하는 大華勢의 명당이 틀림없으니만큼, 만약 그곳에 궁
궐을 세우고 임금이 머물러 있는다면 천하를 병합할 수 있고, 金나라도
幣帛을 준비하여 저절로 降伏해 올 것이며, 36국이 모두 臣服할 것입니
다〉하고 상언을 한 것이 시발이다.[18]

임원역의 위치는 이병도의 연구에 의하면 다음과 같다. 〈『輿地勝覽』
「平壤府古跡」조를 보면 大花(혹은 華로도 씀)궁은 '遺基在府北三十里'라

---

16) 『高麗史』, 「太祖世家」二十六年條, 「訓要十條」제5훈.

17) 『高麗史』권26, 兵志二, 城堡條.

18) 『高麗史』권27, 「妙淸傳」.

씌어 있고 『朝鮮古蹟圖譜』 제6책에는 이를 지금 대동군 부산면 남궁리의 한 부분인, 구명 新宮洞 내의 廢址에 지정하였다. 또 일찍이 일본의 池內는 그 답사 연구에 의한 「대화궁과 소위 倭城」이라는 논문에서 더 한층 그렇다는 것을 역설하였다. 나도 전일에 여러 번 이곳을 답사하여 보았는데 大花宮址는 평양과의 거리 등으로 보아 실로 이 부산면 신궁동 내의 遺址 외에는 찾아볼 적당한 곳이 없으며, 그 신궁동이라는 이름이야말로 역시 日人의 주장과 같이 인종시대로부터의 傳稱이라 생각한다.〉 이것이 그의 주장이며, 여기에 대한 필자의 다른 논거는 없다.

또 大花勢란 大華勢라고도 쓰는 것인데, 이것은 설명이 좀 길기는 하지만 요컨대 땅 모양을 꽃에 비유한 방법으로 대명당임을 지칭한 것이라 볼 수 있다. 이 사고방식은 움직임이 없는 땅을 동물이 아닌 움직이지 못하는 식물에 비유하여, 특히 그 열매를 맺는 요체인 꽃의 모양에 비견시킴으로써 땅의 형세를 잘 이해시키고자 하는 방법인데, 명당의 터를 花勢 혹은 花穴에 대비시킨 표현이라 할 수 있다.

그러나 대화세에 있어서는 그 명당의 생김새가 상당히 넓은 산간분지를 지칭하는 것이기 때문에 規局이 低平하다는 특징을 제외한다면 한 나라의 수도로서는 결점도 지닌 곳이라 아니할 수 없다. 왜냐하면 꽃의 중심부분은 들판의 거의 한가운데이기 때문에 취락 입지적 입장에서는 여러 가지 불리한 여건이 마련될 수도 있기 때문이다. 그럼에도 불구하고 묘청이 생각한 바, 북방진출로서 옛 故土를 회복하고자 하는 명분은 적어도 비판의 대상은 아니라 할 수 있을 것이다.

이 외에도 많은 종류의 천도 논의가 있었으나 그 대개가 왕실의 연장을 획책한 소극적이고 이기적인 것이기 때문에 오늘에 그 문제를 되살릴 정도의 것은 되지 않는다는 것이 필자의 생각이다.

묘청의 난의 결과 서경은 커다란 타격을 받게 되었는데, 예컨대 문종 때 설치된 西京畿四道라는 행정구역이 해체되어 강동, 강서, 中和, 順和, 三登, 三和의 六縣으로 되고, 또한 三京 중에서 서경은 이미 국왕 巡駐地로서의 지위를 잃어버린 것이나 다름없게 되고 말았을 뿐만 아니라, 이후 역사 속에서 평양은 거론 대상에서조차 제외되는 수모를 감수하게 되고 말았다.

풍수사상의 타락은 음택풍수의 일반화에서도 찾아볼 수 있는데, 이것은 『高麗史』「刑法 禁令」조에서 가장 대표적으로 드러나고 있다. 동항에 의하면 다른 사람의 경작지에 盜葬을 하면 태(대쪽으로 볼기를 치던 형벌) 오십이고, 墓田에 도장하면 곤(곤장으로 볼기를 치던 형벌) 육십이며, 里正에게 고하지 않고 이장을 하면 태 삼십이며, 타인의 묘전을 盜耕하면 곤 백이라 하였으며, 또한 분묘를 毁損하면 徒 일 년에 처한다는 내용이 그것이다.

그 외에도 다른 사람 분묘의 나무를 함부로 자른 경우, 親屬의 先塋 안에서 같은 행위를 한 자에 대한 벌칙규정 등, 음택풍수가 일반화되지 않고서는 나올 수 없는 내용들이 거론되고 있는 것으로 보아 상당히 광범위하게 이미 유포되기 시작한 것으로 짐작이 된다. 그리고 이자겸이 術師를 보내어 자리를 잡게 해준 일,[19] 거란군의 침입을 왕릉 옆에 묘를 써서 그렇게 되었다고 여기고 그것을 개장함이 좋겠다고 말한 기록이 남아 있는 일 등이 그런 예에 속한다고 할 수 있을 것이다. 그 외에도 많은 음택풍수에 관한 기록들이 오늘날에 남아 있다.

과거시험에 있어서도 『鍼』『灸』『脈經』은 물론 『明堂經』『新集地理經』『地理決經』『地鏡經』등 각종 풍수지리서가 등장되어 있는 것을 보면 이 역시 풍수의 일반화를 엿볼 수 있는 좋은 증거라는 생각이 든다. 그러나 그 책의 제목이 시사하는 바와 같이 중국에서 풍수의 경전이라고 생각하는 『靑鳥經』『錦囊經』『地理新法』『雪心賦』등의 책들이 끼여 있지 않은 것으로 보면, 당시까지는 수입된 중국의 풍수지리가 아닌 고유의 풍수지리가 주도권을 행사하고 있던 때가 아닐까 하는 짐작이 들기도 한다.

이 시대의 풍수학인들은 그 대부분이 승려 출신이라는 특징을 갖는다. 앞서 언급한 묘청을 비롯하여 法鏡大師碑의 基地 선정을 담당했던 혜종

---

19) 『高麗史節要』, 仁宗, 元年條.

때의 聰訓,[20] 공민왕에게 한양 천도를 권하여 궁궐을 크게 수축게 하였던 普雨, 역시 공민왕 때 辰巳年聖人出의 圖讖을 들고 나와 충주 천도와 三蘇巡駐說을 제창한 辛旽 등을 꼽을 수 있을 것이다.

그렇다고 하여 이 시대의 풍수가 승려들의 독무대였던 것만은 아니다. 중국으로부터 유입된 풍수서들이 당연히 한문으로 기록되어 있는 까닭에, 불경을 공부하는 승려 외에도 유학자 등 지식계층의 전문 풍수사는 다수 있었을 것으로 짐작되며, 실제로『高麗史』나『高麗史節要』등의 기록에 그 흔적이 나타나 있다.

승려건 다른 계열의 지식층이건 이들은 중국 풍수의 단순한 도입이 아니라 자체적인 우리의 풍수를 확립하는 데 노력을 기울인 듯하다. 즉 우리의 풍수서를 저술한 셈인데, 顯宗 때 나온『三韓會土記』, 문종 때 나온『松岳明堂記』, 숙종 때 나온『道詵記』『道詵踏山歌』『三角山明堂記』『神誌秘詞』, 睿宗 때 나온『海東秘錄』, 忠烈王 때의『道詵密記』, 공민왕 때의『玉龍記』등이 그러한 것들이다. 이것이 眞籍인지 아니면 후세인들이 고려시대의 유명한 풍수학인의 이름을 도용한 위작인지는 분명치 않지만, 여하튼 자생풍수와 중국의 이론풍수와의 결합으로 주목되는 저작들이다. 다만 이들 거의 전부가 오늘에 전하지 않으므로 그 내용을 알 수 없는 것이 안타까운 일이며, 일부는 현전하는데 역시 믿기는 어려우나,『道詵踏山歌』와『玉龍子遊世秘錄』에 대해서는 필자가 해석을 시도한 바 있다.[21]

5 麗末, 鮮初의 풍수사상

고려 말엽에 이르면 풍수는 또 다른 의미에서의 반지배이념 역할을 하게 된다. 소위 地氣衰旺說의 도입이 그것인데, 개성은 이제 땅 기운이 다 되었고 다른 곳에서 王氣가 일어나고 있다는 이론적 뒷받침을 풍수가 맡

---

20)『朝鮮金石總攬』.

21) 앞서 소개한『先覺國師 道詵의 新研究』라는 책에 논문이 실려 있다.

고 나선 것이다. 지배계급의 무능 부패와 권신들의 권력다툼 속에서 민중이 바라던 것은 새 세상과 새로운 시대에의 동경이었고, 어찌 되었거나 李成桂의 易姓開闢에 풍수는 이론적 배경을 제공해 주었다. 그리고 수도의 결정과 都城 및 궁궐 수축, 각 도읍의 행정체계 정비에도 풍수사상가들은 당시로서는 매우 긍정적인 역할을 수행하였다.

고려 말의 새로운 세력이 대두될 수밖에 없는 정치, 경제, 사회적 여건은 필자가 운위할 문제가 아닌 듯하므로 생략하기로 하거니와, 당시 한양이 수도로서 역사의 전면에 나타나고, 다른 지역과 경합하고, 그리고 결국 한양으로 결정이 되며, 그것이 하나의 실체적 왕성으로 되어지는 과정에 대해서는 필자가 다른 글에서 정리한 바가 있기 때문에 여기서는 그 줄거리만을 소략하게 다루기로 한다.

한양은 원래가 한반도의 핵심적인 中核地에 위치하여 예로부터 그 전략적 및 정치적 그리고 경제적 중요성이 부각되던 곳이다. 그렇기 때문에 오히려 수도의 입지로서는 危地에 해당됨으로써 백제 초기 잠깐을 제외하고는 수도의 기능을 수행한 적은 없었다. 그러다가 고려 문종 21년(1067) 『道詵密記』에 개국 후 160년이 지나 도읍을 木覓壤으로 옮겨야 한다는 기록에 따라 당시 楊州였던 이곳이 南京으로 명칭이 승격되고 신궁이 조성됨으로써 역사의 무대에 등장하게 되는 것이다.

그 후 松都地氣衰旺說과 결합하여 禑王과 공민왕은 일시적이기는 하지만 한양에 移御한 적까지 있었다. 이것은 앞서도 지적한 바와 같이 사실상 한 왕조가 마지막임을 그 왕조의 국도의 지기가 쇠했다는 것으로 표현한 것인 만큼, 피폐한 정권을 전복시키기 위한 백성들의 바람이 풍수지리설이라는 사상에 입각하여 표출된 것이란 해석이 가능하리라고 본다.

『朝鮮王朝實錄』에 기록되어 있는 한양 천도 과정은 다음과 같다.

태조 원년(1392) 8월, 태조는 都評議使司에 한양 천도를 명하고 궁궐을 짓도록 했지만 궁궐의 완성이 늦어지면서 혹한이 밀어닥쳐 중지되고 만다.

태조 2년 정월, 政堂文學 權仲和가 양광, 경상, 전라도 방면에서 왕실의 安胎之地를 관찰하고 돌아와 전라도 珍同縣의 산수형세도와 양광도의 계룡산 도읍도를 작성하여 태조에게 헌상하였다. 이에 태조는 그에 현혹된 바 있어 王師 無學과 함께 현지를 답사한 후 도성 役事를 시작하였다. 이 때 경기도 都觀察使 河崙이 송나라 胡舜申의 『地理新法』에 나오는 水破 長生 衰敗立至說에 계룡산이 위배된다는 점을 들어 계룡산 신도안으로의 천도를 반대하므로, 태조는 과연 그 수파장생설이라는 것이 맞는 것인지를 고려 역대 왕실의 길흉을 조사하여 판단케 하니 과연 옳게 나오더라는 것이다. 이렇게 하여 호순신의 설이 검증됨으로써, 그해 섣달에 이르러 신도 공사를 중지시키고 그 대신 새로운 후보지를 하륜에게 선정케 하였다.

태조 3년 명을 받은 하륜은 고심 끝에 모악(母岳:鞍山) 남쪽의 땅을 도읍지로 추천하게 된다. 그러나 이 땅의 지형을 相地한 左侍中 趙浚과 권중화 등 11인은 書雲觀員吏를 대동하고 살펴보았으나, 땅이 비좁고 또한 국토의 일방에 편재되어 있어 수도로서는 부적당하다고 반대의 상소를 올리게 된다. 게다가 서운관원인 劉旱雨, 李陽達 등도 이에 동조함으로써 결국 그곳을 포기하고 새로운 천도지를 물색할 것을 명령하게 된다. 그에 따라 같은 해 6월 유한우 등이 선고라는 곳을 후보지로 추천하였는데, 대신 등을 파견하여 實地를 관찰케 한 바 불가하다는 판정을 받고 말았다.

같은 달 도평의사사에서 개성 동쪽에 있는 佛日寺 域內가 추천되었으나 이 역시 부적당한 것으로 판정이 나고 말았다. 이처럼 의논이 분분하여 합의를 이루지 못하므로 태조는 도평의사사의 계청에 의하여 陰陽册定都 監이라는 임시 관청을 설치하게 하고 권중화, 정도전, 성석린, 남은, 정총, 하륜 등 제신으로 하여금 서운관원과 더불어 모든 지리, 도참서를 모아 참고케 함으로써 신중히 신도의 터를 선택하려고 하였다. 그러면서 같은 해 8월 태조는 직접 제신을 거느리고 모악의 地相을 살피게 된다. 그러나 이 역시 判書雲觀事 尹莘達과 書雲副正 유한우 등이 누누이 부적함을 지적함으로써 相地의 물망에서 사라지게 된다.

태조 3년 8월 태조의 남경 행차 때 윤신달이, 우리나라에서는 개경 다음으로 남경이 좋으나 서북쪽이 낮아서 水泉이 건조한 것이 흠이라고 말하였고, 또 무학대사도 한양은 사면이 높고 중앙이 평탄하여 성을 쌓아

도읍을 정할 만하다고 말하였으며, 기타 제신의 뜻도 그와 같으므로 따라서 한양이 국도로 결정되게 되는 것이다.[22]

한양의 내룡 맥세는 李重煥의 설명이 일품이다. 즉 그는, 〈함경도 안변부 철령의 한 맥이 남으로 5,6백 리를 달려 양주의 여러 작은 산이 되고 북동쪽에서 비스듬히 돌아들면서 갑자기 솟아나 도봉산의 만장봉이 된다. 여기서 또 남서쪽으로 향하여 달려가면서 조금 끊어지는 듯하다가 또 우뚝하게 일어나서 삼각산의 백운대가 된다. 여기서 다시 남하하여 만경대가 되며, 한 지맥은 서남으로 달리고, 한 지맥은 남으로 내려와 백악(白岳:즉 오늘의 北岳山)이 되는데, 이 산이 풍수가가 말하는 소위 衝天木星이며 궁성의 主山이 되는 것이다. 동, 남, 서 삼방이 모두 큰 강이고, 서쪽은 바다의 조수를 통한다. 백악은 여러 강이 얽힌 사이에 위치하여 전국 산수의 정기가 모인 곳〉이라고 설명하였다.[23]

앞서도 말한 바와 같이 한양의 풍수지리를 논한다는 것은 그 자체가 하나의 독립된 글이 될 수 있는 것이고, 또한 그에 대해서는 필자의 다른 글이 있기 때문에 더 이상의 언급은 자제하기로 한다. 다만 한 가지, 이 시대에 이르게 되면 한반도의 수도 입지는 개성이나 경주 같은 내륙 盆地狀 지세에서 벗어나 한양과 같은 해안 평야지대로 진출할 수 있을 만큼 지리적 상황이 확대되었다는 점은 지적해 두고자 한다.

그 외에 국도를 제외한 모든 도읍들도 그 고을의 입지에 있어서는 철저히 풍수 논리를 답습하는 경향을 보여주고 있다. 비단 도읍과 같은 고을뿐만이 아니라 일반 班村인 마을에 있어서도 이 경향성은 어김없이 지켜지고 있을 정도로 중요한 지리사상이었다.

모든 고을과 마을에는 주산 혹은 진산이 있고, 그 좌우로는 청룡, 백호로 불리는 保護砂가 둘러쳐져 있으며, 앞에는 案山과 朝山이 그쪽 방향의 허전함을 메워주는 형식을 취한다. 이의 취락입지론적 타당성은 역시 필

---

22) 『太祖實錄』, 三年 八月條.

23) 『東國山水錄』(別書名 :『擇里志』), 奎章閣圖書, 11638, 八道總論 京畿道條.

자가 다른 논문에서 정리한 바가 있기 때문에 중언부언은 피하기로 한다.

이때 조선 왕조는 유교를 지배이념으로 삼는데, 풍수는 유교의 기본 전제인 효의 사상과 결합하여, 어떤 면에서는 풍수가 이기적 俗信이 될 수도 있는 씨앗을 심은 셈이 되어버렸다. 그러나 세종 때 이론풍수가들이 서울의 주산을 위치가 상대적으로 편벽된 북악산에서 도시의 중앙인 성균관 뒷산으로 옮기자는 논쟁에서 패한 후, 그리고 명당수인 청계천의 오염을 막아야 한다는 주장이 현실정치가들의 반대로 실패로 돌아간 뒤부터는 철저한 타락의 길로 들어간다. 권부에 아첨하여 그의 가문의 번성을 보장하는 자리를 잡아줌으로써 호구지책을 삼는 졸개로 전락하여 버린 것이다.

세종 때의 주산논쟁이란 당시 한양의 주산이 오늘날 청와대 바로 뒷산인 북악산이 과연 제대로 된 것인가의 문제이다. 주산이란 그 도시의 일종의 landmark로서 뚜렷한 상징성을 띠는 공간 知覺上의 표상일 뿐만이 아니라, 그런 관념적인 문제를 떠나서라도 도시 자체의 공간구조에 결정적인 영향을 미칠 수 있는 대단히 중요한 의미성을 지닌 존재이다. 주지하는 바와 같이 오늘의 북악산은 사대문 안쪽인 종로, 중구 일대, 그러니까 옛 한양의 本基地인 소위 〈문안〉 지대로 보자면 상당히 북서쪽으로 치우친 위치에 있는 것이 사실이다. 그러다 보니까 도시의 발전도 동서남북 사방으로의 균형적인 것이 되지를 못하고 남서쪽으로 치우치는 경향을 보였다. 이것이 세종 때 풍수를 빙자하여 문제시되게 된 사건이다.

세종 15년 풍수학인 崔揚善이 啓請하기를, 〈경복궁의 북쪽에 있는 산 (주산인 北岳을 말함)은 주산이 될 수 없습니다. 木覓山(지금의 南山)에 올라보니 실제 주산은 承文院 基地인 鄕校洞 連脈이 바로 그곳으로 여겨집니다. 도성을 축조할 때 왜 이곳을 궁궐 터로 하지 아니하고 白岳의 아래쪽을 선정했는지 알 수 없는 일입니다. 지리서에 이르기를 인가가 주산의 穴에 있으면 자손이 衰微하여진다고 하였습니다. 그러니 지금 백악의 아래에 있는 慶福宮이 아니라 承文院 터에 있는 昌德宮으로 主宮을 삼으면 만세의 이득이 있을 것입니다〉라고 하였다.[24]

---

24) 世宗實錄, 十五年 七月 甲寅條.

이에 대한 풍수 논의를 여기서 상세히 소개할 여유는 없다. 다만 현실 정치인들은 단기적인 안목으로 경제적인 요인과 귀찮음 따위의 현실적인 어려움 때문에 이것을 반대했고, 당연히 왕조가 안정기에 접어들었던 당시의 통폐대로 이 제안은 없었던 일이 되고 말았다. 지금의 입장에서는 당시 어려웠더라도 주산이 지금의 종로3가 방면으로 이동되었더라면 좋았을 것이지만 조선 초기의 긍정적인 풍수는 이 시점이 끝무렵이었던 만큼 효력을 거두지 못하고 그저 헛소리로 치부되고 말았다.

또 청계천 명당수의 오염에 대한 논란으로써, 자고로 명당수는 맑고 깨끗함이 원칙인데 지금 바로 그 명당수인 청계천이 더러워지고 있는 만큼 그것을 청정하게 만들 필요가 있다는 상소에서 비롯이 된다. 그러나 이역시 생활현장에서 삶을 영위하는 경우 어떻게 그 하수의 처리장인 명당물이 언제나 깨끗하기를 바랄 수 있겠는가 하는 현실주의자들의 공박에 의하여 무산되고 만다. 이 역시 당시가 왕조하인 절대권력의 시대였으므로 만약 그대로 되었다고만 한다면 오늘날까지도 청계천이 맑을 수 있는 터전이 마련되었겠지만 결국은 실패하고 만다. 그리고 풍수의 이기적인 타락이 시작되는 것이다.

이런 상황 아래의 조선 초기였던 만큼, 풍수에 대한 대접은 과거제도에도 변함없이 적용되고 있었다. 그리하여 『經國大典』「禮典」조의 규정을 보면 풍수학은 觀象監에서 교육을 전담하였으며 천문학 20인, 命課學 10인과 함께 지리학은 15인의 생도를 뽑아 지리학 교수 1인과 訓導 1인에 의하여 교수되는 대접을 받았다. 물론 이 제도는 경우에 따라 변동이 없었던 것은 아니지만, 요컨대 풍수에 대한 왕실의 대접이 이만만하였다는 것을 보여주는 예이다.

이에 대해서는 李相泰[25]의 좋은 논문이 있거니와, 이 당시에는 이미 중국의 전형적인 풍수지리서는 다 유입되어 유통되고 있었음을 과거의 시험 과목으로도 알 수 있는 일이다. 즉 『靑烏經』『錦囊經』 등 풍수 기본서는

---

25) 「朝鮮初期의 風水地理思想」, 《史學硏究》 제39호, 韓國史學會, 1987, pp. 233-255.

물론이고 『胡舜申』 『明山論』 『疑龍經』 『地理門庭』 등도 모두 들어 있었
던 것에서도 잘 알 수 있는 일이다.

그러나 성종대에 이르러 국가체제가 정비되면서부터는 역시 고려 때와
마찬가지로 일신과 가문의 영달을 위한 이기적 술법으로 타락되는 과정은
마찬가지이다. 이 시기에 저명한 풍수학인에 대해서는 앞의 이상태의 논
문에 잘 수록되어 있기 때문에 역시 이 글에서는 생략하기로 한다.

시대는 다르지만 한 가지 긍정적이고 합리적인 풍수사상의 사례를 보기
로 한다. 즉 수도의 입지에 관한 문제인데, 풍수상의 길지인 한양은 과연
문제가 없는 곳인가 하는 데 대한 의문의 제기가 그것이다.

한양은 문제가 없느냐 하면 그런 것도 아니다. 세상이 변해 감에 따라
서울이 될 수 있는 조건도 변해 가기 때문이다. 서울이 비록 좋은 산에
둘러싸이고 큰 강가에 위치하고 있다고는 하지만 위로는 북한산, 도봉산
계에 가로막히고 아래로는 한강에 폐색되어 더 이상 클 수가 없는 자연지
리를 가지고 있기 때문에 언젠가는 성장에 한계가 올 땅이었다.

더구나 세상은 국제간의 교류를 원하게 되니, 점차 서해안 쪽으로 나아
가 보다 넓게 트인 수도로서 요구케 되는 것은 역시 땅의 이치, 즉 풍수
의 갈길이었을 것이다. 이에 광해군 때에 이르러 드디어 그에 부합하는
천도 논의가 있게 되니, 이것이 바로 조선 중기의 交河遷都論이다. 즉 오
늘의 파주군 교하면 땅으로 서울을 옮기자는 논의이다.

광해군 임자년 9월 지리학자 李懿信이 상소를 올려 천도하기를 청하였
는데 승정원에서 아뢰기를 이의신의 상소는 그 괴이하고 허망한 말을 남
김없이 다하여 국도를 땅 기운이 쇠잔하였다 하고, 交河를 길지라 한 데
이르러서는 더욱 놀랄 만하오니, 전하께서 보시고 그 말을 물리쳐 인심을
안정되게 하소서 하였다는 내용이다.

그가 교하 천도를 주장한 이유인 한양 地氣衰敗說의 근거는 우선 임진
왜란이라는 미증유의 대란이 일어났고, 그 와중에 역적의 변이 누차 터진
것은 물론 조정 신하들이 당을 갈라 싸우고 있으며, 사방의 산들이 벌겋
게 벗어지고 있는 일들을 꼽았다. 광해군은 은근히 천도론에 찬성의 뜻이

있어 중신들에게 의논하였으나 모두 반대하였다.

그리고 요망한 상소를 올린 이의신을 벌줄 것을 주청하였을 때에도 광해군은 역대로 두 개의 국도가 있어 온 것은 주지의 사실이다. 周의 洛邑은 만세가 우러러 본받는 바인데 그때도 鎬京과 洛陽이 있었고, 명나라 때도 남경과 북경이 있었다. 이의신은 국가를 위하여 큰 계책을 진술하여 離宮을 세우고자 한 데 불과하거늘 그것이 불가하게 된 마당에 어찌 추론하여 법으로 처형할 수가 있겠는가. 만일 그렇게 한다면 나라를 위해 충성의 말을 드리는 사람은 모두 처형하겠는가라고 하여 교하 천도에의 미련을 버리지 못하고 있음을 드러내고 있다.[26] 아직은 해안 도시가 수도가 될 수 없는 시대였는데, 너무 시대를 앞선 풍수이론을 내놓았다가 왕의 신임은 일시 받을 수 있었으나 하마터면 목숨을 잃을 뻔한 사례인 것이다.

天時가 이르지 않으면 지리가 따르지 않음을 웅변으로 보여주는 예이자, 아마도 오늘날의 시점이라면, 그리고 남북통일이 된 다음이라면 훌륭한 국도 경영책으로 받아들여질 수도 있는 생각이다. 그러나 그 당시는 20세기 후반이 아니라 17세기였음을 상기할 일이다.

이에 대한 李恒福의 반론은 뛰어난 이상가와 현실정치가 사이의 차이가 어떤 것인지를 여실히 보여준다.

즉 그는 이의신이 주장한 한양 지기쇠패설에 대하여, 〈국법이 해이해서 산을 남벌한 것인데, 기강이 해이한 것을 탓하지 아니하고 산 벗어진 데만 허물을 돌리니 산도 또한 원통하지 않겠습니까. 신이 땅에 관한 일은 잘 알지 못하오나 오직 사람에 관한 일은 이해합니다. 일찍이 세상사람들을 보건대 그 삶에 있어서의 최상은 덕과 복을 심는 일이오, 그 다음은 약을 먹고 수명을 늘리는 일이오, 그 다음은 재물을 모아 후손에게 전하는 것이며, 이리도 저리도 계책을 쓸 수 없는 것은 질병과 재앙을 인하여 백방을 다하여도 효력이 없어 할 수 없이 집을 옮기고 방위를 피하는 계책을 써서 요행을 바라보고 이곳저곳 옮겨서 표주박이 깨지고 솥이 없어

---

26) 『光海君日記』, 壬子年 九月 二日條.

져 집은 쓸쓸하고 곤궁하게 되는 것이니, 이것을 거울로 삼아야 할 것입니다〉하며 현실론을 펴보인 것이다.

누가 이 논의를 반박할 수 있겠는가. 그러나 주의할 일이다. 왜 국법과 기강이 해이해지게 되었는지에 대해서는 말이 없으니, 현실정치가의 한계란 매양 이런 것인가를 생각게 한다.

6 실학자들의 풍수사상

대체로 성종대를 고비로 하여 철저한 타락의 길로 접어들기 시작한 풍수사상은 본격적으로 그 본질적 실체가 의심되는 산소자리잡기의 陰宅風水로 일로매진하게 된다. 그 폐해는 심하다는 정도를 뛰어넘어 망국병이라는 지칭을 받기에까지 이르는데, 그 요체는 同氣感應說 또는 親子感應說로부터 비롯된다. 이 논리는 돌아가신 부모 조상의 유해가 땅속에서 좋은 기를 받으면 그것이 살아 있는 자식 후손에게 돌아가고, 반대로 나쁜 기에 접하게 되면 흉사가 있게 된다는 설이지만, 이 문제는 다른 장에서 살펴보기로 하고 여기서는 그 역사적 추이만을 정리해 보기로 한다.

여하튼 이런 망국적인 음택풍수는 결국 실학자들에 이르러 격렬한 비판을 받게 되는 것이기에, 조선시대 후기의 풍수역사는 사실상 음택풍수에 대한 실학자들의 반론으로 일관한다고 하여도 과언은 아닐 것이다.

여기서 필자는 먼저 한 가지 중요한 가설을 제기하고자 한다. 즉 풍수지리에서 실학자들은 풍수와 지리를, 그들이 알고 있었든 혹은 알지 못했든 간에 양자를 이원적으로 이해하고 있었다는 사실이다.

우리나라 사람들이 땅을 보는 안목은 그 출발에 있어서부터 이중적이었다. 땅을 합리적이고 이성적인 측면에서 의식주라는 경제적인 용도를 중시하며 생각한 것이 그 하나인데, 필자는 이것을 풍수지리 가운데 지리의 측면이라고 이해한다.[27] 다른 하나는 땅의 본원적인 성격, 다시 말해서 생

---

27) 拙稿, 「陰宅風水에서의 發蔭과 그 批判에 대한 考察」, 『韓國喪葬禮』, 국립민속박물관, 1990, pp. 187-204.

명의 원천으로서 우리의 삶을 있게 하였고 또 사후 우리들의 永眠의 거소로 생각하는, 어떻게 보자면 매우 신비스럽고 비합리적일 수밖에 없는 대상으로 보아온 다른 하나가 바로 그것인데, 필자는 이것을 풍수지리 중 풍수의 측면이라고 분류한다.[28]

위 풍수와 지리 두 가지는 땅을 이해하는 데 있어서 모두 중요한 部面들임이 분명하다. 그러나 지리는 눈에 보이고 만질 수 있는 감각적 실체를 그 대상으로 삼기 때문에 학문적 연구의 소재로서 추구되어질 수 있는 것이지만 풍수는 그것이 전혀 실체를 감지할 수 없고 오감으로는 느낄 수조차 없는 초감각적 대상이기 때문에 무시될 수밖에 없는 특성을 지닌다.

달리 표현한다면 땅을 보는 종합적 안목으로서의 풍수지리는 지표상 인간 생존의 현장에서 자연스럽게 나오는 땅에 대한 삶의 지혜의 집적이기 때문에 본원적으로 과학과 예술의 양면성이 있다는 뜻이다. 즉 삶의 장소인 땅이 정신과 육체에 모두 적절한 쾌적함을 주도록 배려하는 외에, 정령적이고 심리적인 측면이 있다는 것이다. 이런 점에서 풍수지리는 고대의 방법과 현대의 생활 사이의 미묘한 고리 역할을 한다. 이 경우의 풍수는 물론 왜곡되거나 타락하지 않은 상태의 것을 말한다.

고대의 신화나 전설, 설화 들로 미루어볼 때, 선인들은 만물은 유기체이고 상호의존적으로 존재하는 것이라고 보았던 듯하다. 특히 땅과 운명을 같이할 수밖에 없는 것이 우리 농경민들이다. 풍수지리의 근원은 그러한 농업적 생산양식 위에 나타난 사고방식이다. 농업은 땅과 기상조건에 의하여 좌우된다. 그 대표적 조건이 바람과 물, 즉 풍수이다. 더구나 우리나라의 경우는 지형이 복잡하고 의외로 풍토가 다양하여 緯度에 따른 기후의 변화뿐만 아니라 산과 강에 의한 국지적인 微氣候의 영향이 매우 강한 편이다.

게다가 여러 종교의 기원에서 드러나는 바와 같이 산은 사람에게 어떤 영감을 주는 실체이다. 그것은 지금까지도 변함없이 우리 심성에 작용하

---

28) 이에 관한 구체적인 내용은 필자가 1990년 11월 서울대학교 한국문화연구소 제2회 학술회의에서 발표한 「朝鮮後期 實學者들의 風水思想」에 수록되어 있다.

고 있다. 근래 모든 정치적 속박을 끊고, 국토와 민족 재결합의 염원이
전면으로 부상했을 때, 제일 먼저 각광을 받은 것이 백두산과 천지였다는
사실을 상기해 볼 필요가 있다. 대부분의 우리나라 사람들은 천지의 물이
우리 국토의 地氣와 우리 민족의 人氣의 젖줄인 것으로 인식했다. 이것이
한국 풍수지리의 연원이자 귀결처이다.

그렇기 때문에 우리 조상들에 있어서는 풍수지리를 다스림이 지도자의
조건이 됨은 너무나 당연했다. 옛날 우리나라의 마을이나 고을은 산 중턱,
강의 北岸에 위치했다. 남향은 陽光이 좋고, 산은 찬바람을 막으며, 중턱
은 홍수를 예방하고, 江岸은 물을 얻기 편리하다. 그런 위치의 환경조건은
안락하고 조화를 이룬다. 그러나 그것만으로 풍수사상이 이루어지는 것은
아니다. 다만 풍수적 사고의 터전을 닦은 셈이다. 따라서 풍수적 사고방식
이란 지형과 기후, 그리고 풍토 등 넓은 의미에서의 지리관, 토지관이자
자연에 대한 해석방법이다. 그래서 그 내용은 본질적으로 자연적이며 인
간적이고, 또한 그래서 어려운 것이 아니다. 그런데 자연 풍토도 인간도
존재 자체에서의 신비성은 어쩔 수가 없다. 어떤 식으로도 이제 모두 알
겠다는 따위의 합리적 설명이 전반적으로 가능한 경우는 없다. 그렇기 때
문에 여기에 복잡하고 난해한 설명방식이 끼여들 수 있게 되는 것이다.
잘 모르기 때문에 생기는 일종의 진실 왜곡인 셈이다.

직관과 인간적 본능으로 능히 감지할 수 있는 하늘과 땅과 사람의 기
의 운용에 관한 지혜가 이해 불가능한 미지의 것으로 되어버린 것이다.
이것은 한국의 풍수지리를 이해하는 데 매우 중요한 대목이다.

정리하면, 농경민이 땅에 대하여 가지는 사고방식은 두 가지인데, 그
하나가 땅을 합리적이고 설명가능한 이해의 대상으로 보자는 것이고, 또
다른 하나는 땅이 말로는 설명할 수 없는 신비한 기운을 가지고 있다고
보는 것이다.

좀더 과장하여 요약하자면, 땅을 합리적인 지리와 신비적인 풍수로 이
원화하여 보는 태도인데, 조선시대 중후기의 실학자들은 지리와 풍수를
같이 중시하던, 말하자면 풍수지리 混融의 상태를 유지하고 있던 사람들

이라고 할 수 있다. 이러한 풍수와 지리라는 땅의 이중체계 관념이 실학자들에게 과연 있었겠느냐 하는 문제에 대해서는 앞서 소개한 필자의 다른 논문이 있어 생략하기로 하거니와, 그 가설은 명백히 그렇다는 것이 그 논문에서의 필자의 결론이었다. 여기서는 그에 대한 중언부언은 삼가하고 결론만 제시해 보면 다음과 같다.

그들은 擇里에서의 이중적 심리구조를 여실히 드러내고 있었는데, 즉 현실참여적인 유교의 대사회관에 따라 합리적인 지리의 관점에서 살 만한 터를 논하면서도, 다른 한편으로는 당쟁으로부터 자유스럽고자 하는 현실도피적 풍수를 결코 도외시하거나 소홀히 하지 않은 것에서 잘 드러난다.

그들은 풍수지리에서 풍수와 지리를 분리하여 이해할 만한 지리학적 수준에 이르지 못했음에도 불구하고, 그러나 자신들이 실제로 체험했던 이기적 속신으로 타락한 풍수를 분리해 버리고자 하는 갈등을 겪었던 것으로 믿어진다. 이것이 그들에게 혼란스러운 이중 심리구조를 만들어준 것이다. 어떤 면에서는 그들이 당시의 타락한 풍수를 매도한 것은 풍수의 본질, 즉 인간과 땅과의 조화로운 관계를 유지하자는 그것으로 돌아가고자 하는 노력의 일환이었는지도 모른다. 일종의 풍수와 지리의 혼용, 즉 풍수지리 본래의 자리로 돌아가고자 하는 의지일 수도 있다는 말이다.

실학자들은 모두 예외 없이 곤륜산에서 발원하여 백두산에서 宗을 일으킨 산맥세 체계의 가시적 정리에는 일치된 견해를 보이고 있으나, 산의 地中을 흐르는 지기를 논함에 있어서는 그 존재 자체에 대한 가부가 엇갈리고 있다. 이것은 그들이 지리와 풍수를 혼동하고 있었다는 또 하나의 증거가 되는 것이기도 하지만, 어떤 면에서는 그들이 산맥을 외형에 의존하여 판단하였을 뿐 그 체계화에 있어서 지질구조 등 근대지리학적 소양이 없었음을 드러내는 부분이기도 하다. 그들은 비합리를 배격하면서도 근대적 의미의 합리를 실증할 어떠한 수단도 개발해 내지는 못했던 것이다.

또한 그들은 택리의 조건으로 인심과 산수를 논함에 있어서 잘 드러나는 바와 같이 전혀 반주자학적이지도 않았고, 한국 풍수의 한 전형이랄 수 있는 형국론을 도외시하는 데서 드러나는 바와 같이 사대부 출신다운 한계 그대로 전혀 민중적이지도 않았다. 적어도 그들의 지리저술에 있어서는 그렇다는 것이다.

그들은 국토문제에 대한 논쟁에서 풍수의 논거와 용어를 가지고 토론을 벌여 나가지만, 그러나 실제 주장하는 바는 대단히 현실적인 입장을 취하고 있었다. 이미 그들은 분명히 의식하고 그런 것 같지는 않지만 풍수와 지리를 구분하여 쓰기 시작하였고, 쟁점도 주로 풍수 논리의 有關 적합성 파악에 주력하고 있었다. 그들에게 있어서 현실적이라는 것은 실증주의적 합리성과는 다르다. 현실파악에 있어서는 그런 합리성뿐만이 아니라, 비실증적인 여러 가지 경험들과 정황, 그리고 상황의 추이 등이 복합적으로 어우러져 작용하는 것으로 판단했기 때문이다. 보다 분명히 말한다면, 그들의 지리관은 풍수와 지리의 혼동상태의 것이지만, 그것이 지리라고 해서 합리적이고 풍수라고 해서 비합리적인 것이 아니라, 요는 현실에서 그것이 어떤 의미를 지니고 있느냐에 중점을 두고 있더라는 뜻이다.

그들은 풍수를 잘 알고 있었다. 그러나 그들이 알고 있던 풍수는 타락한 곁가지 풍수라는 인식은 없었던 듯하다. 그들이 지리라고 생각했던 것이 오히려 본래의 풍수지리에 근접한 것이었다. 그러나 그들은 거기서 기의 개념을 빼어버림으로써 오히려 풍수를 풍수지리에서 제거해 버리는 우를 범하였다. 그들이 정성을 들여 논박한 것은 풍수라고도 할 수 없는 타락하고 천박한 이기적인 풍수였기 때문에, 그들의 주장은 오히려 풍수지리 본질로 돌아가자는 운동처럼도 여겨졌다.

그러나 풍수에 가장 격심한 오해와 그로 인한 폐해를 끼쳤던 동기감응설에 대해서는 거의 예외 없이 이론적인 반론을 제기하고 있다.

洪大容은 중형을 당한 죄수가 옥에 있을 때 겪는 고통은 견딜 수 없는 정도의 것인데도 그것 때문에 밖에 있는 자식이 악질에 걸렸다는 말을 듣지 못했다고 하면서, 산 사람의 경우도 부모자식 간의 동기가 감응되지 않음이 그와 같은데, 어찌 죽은 사람의 기가 살아 있는 아들에게 미치랴고 조소를 금치 않았다.[29]

29) 『湛軒書』內集, 권3 補遺.

이익은 전주 경기전 부근에 있는 산소들을 철거할 때 그 무덤의 풍수적 적부 여부와 그 자손의 길흉을 살펴보니 제대로 부합되어 나타나지 않더라는 예를 제시하며 그 허망함을 지적하였다.[30]

이런 예들 가운데 가장 설득력이 있고 재미있는 것은 朴齊家의 경우일 것이다. 그는 北學派답게, 〈중국의 들녘을 보면 모두 다 밭에다가 장사를 지냈는데 한없이 넓은 들에 봉긋봉긋한 것이 서로 비슷하며, 당초부터 청룡 백호며 砂格 眞穴 따위가 다를 것이 없다. 시험삼아 우리나라 地師에게 이곳에 와서 묘터를 잡게 한다면 浩浩蕩蕩하여서 평소에 공부하였던 것을 바꿔야 할 것이니 장사에 대하여 한 가지로만 논할 수 없음이 이와 같다〉고 논박하였다.[31]

그는 또한 도대체가 陰宅 發福의 허망함이 말할 나위도 없는 것임을 이렇게 강조하기도 하였다. 즉 매장이 아니라 水葬, 火葬, 鳥葬, 懸葬을 하는 나라에도 사람이 살고 있고 임금과 신하도 있다. 까닭에 오래 살고 일찍 죽음과 집안이 흥하고 망함과 팔자가 궁하고 좋음과, 살림이 가난하고 부함은 천도의 자연이고, 사람의 행동에 관계되는 것이 아니다. 장사한 터의 좋고 나쁨에 관련시켜 논할 것은 아니라고 하였다.

필자는 여기서 동기감응이란 허무맹랑한 낭설이라는 결론을 내릴 생각은 전혀 없다. 그러나 그들 실학자들이 음택풍수의 사회적 폐단을 지적한 것에 대해서는 한 치의 반대도 없이 수긍을 한다. 이것은 일면 필자의 태도가 이중적이 아니냐 하는 오해를 불러일으킬 소지를 안고 있다는 것을 인정한다. 그러나 그것은 필자가 본질적이고 긍정적이며 지혜의 집적이라고 생각하는 원래의 풍수지리와, 타락하고 이기적이며 부정적인 엉터리 풍수를 구분하는 입장을 취하고 있다는 것을 이해한다면 해소될 수 있는 문제라고 생각한다.

---

30) 『星湖僿說』 제20권, 人事門, 堪輿說條.
31) 『北學議』 外篇, 葬論.

7 韓末 이후의 풍수사상

조선왕조 말에 이른 19세기, 풍수는 또다시 개벽사상의 기반으로 기능하게 된다. 홍경래는 관서 일대에서 민심의 동향을 관찰하고 그들을 회유하며 또한 가산의 우군칙, 태천의 김사용, 곽산의 홍총각, 개천의 이제초 등 동지를 규합할 때 풍수지리설과 의술로 그 방편을 삼았다는 증거가 야사 등에 남아 있다. 전봉준 역시 풍수와 침술로 민중을 고치고 도우며 거사의 기반을 닦았다. 그러나 그들은 실패했다. 이때부터 우리의 정통 풍수는 정치 사회의 전면에서 사라져 정감록이라는 도참사상과 습합하여 민족적 신흥종교 속으로 자취를 감추어버리고 만다. 동학과 천도교, 증산교, 원불교, 보천교, 갱정유도 등이 대부분 개벽과 그를 이룰 장소를 말한다. 한 위대했던 우리 민족의 전통사상이 외세의 침입과 때를 같이하여 정신세계로 잠적하는 기묘한 역사의 순간이었다.

그리고 이제 사람들의 생활 속에는 껍데기 풍수, 가짜 풍수만이 남았다. 그 심오한 자연철학과 엄정한 윤리적 인간주의는 증발되어 버리고, 몇 가지 허망한 땅을 보는 기술들만이 비술인 양 위장되어 통용되고 있는 요즈음이다. 분명히 말할 수 있는 것은 사람이 사람다운 사람이 되지 못하는 한, 어떤 수단으로도 명당 길지를 얻지 못한다는 점이다. 이것이 풍수사상의 출발점이었다. 욕심으로 잡은 자리는 그 욕심만큼의 재앙을 땅 임자에게 주는 법이다. 그럼에도 불구하고 한말 이후 오늘의 풍수는 더 이상 볼 것이 없다고 할 만큼 타락되어 버리고 말았다. 요컨대 좋은 묘터와 집터를 잡음으로써 나와 내 자식들이 음덕을 보자는 이기적인 목적의 잡술로 전락하여 버렸다는 뜻이다.

극히 최근에 이르러 학계에서 본래의 풍수지리가 지니고 있던 선인들의 지혜성을 찾아보자는 움직임이 일고 있는 것은 분명 사실이며 바람직한 일이기는 하지만, 아직도 일반인들의 절대 다수는 풍수를 산소자리잡기로만 이해하고 있는 실정이다. 학계에서의 노력의 결과가 비인간적 공간구조로 변질된 오늘의 땅을 인간적인 그것으로 전환하는 데 보탬이 되는 사상이 될 수 있는지에 대해서는 아직은 시간을 요한다. 그러나 이기적인 터잡기 잡술로서의 풍수가 사라져야 한다는 당위에 대해서는 이론의 여지가 없을 것이다.

이런 외중이기는 하지만 소극적인 國域風水가 전무했던 것은 아니다. 그 대표적인 예가 한반도의 형세를 무엇에 비유할 수 있겠는가 하는 거시적 형국론이다. 일찍이 이중환이 조선의 형세를 노인이 중국을 향하여 揖을 하고 있는 자세라고 말한 바는 있지만, 그것은 일면 사대성의 발로에 다름아닌 것이었다. 문제는 일본인 지리학자 小藤이 한반도의 생김새를 토끼에 비유한 데서 비롯된다. 이것이 명백히 민족의 열등성을 강변하기 위한 술수라고 짐작한 崔南善이 그에 반발하여 제기한 호랑이 모양론도 그런 사례 중의 하나이다.《少年》이란 잡지 창간호의「봉길이 지리공부」라는 난에서 주장하기를,〈한반도는 마치 맹호가 발을 들고 동아 대륙을 향하여 나는 듯 뛰는 듯 생기 있게 할퀴며 달려드는 모양을 보여주고 있는데, 더욱이 그 모양이 내포하고 있는 의미 또한 심장하여 한반도의 진취적이면서도 무한한 팽창 발전과 아울러 생왕한 원기의 무량한 것을 남김없이 보여주고 있는 것이니 소년들은 굳고 단단하게 마음을 가지라〉고 하였다. 물론 이런 논의를 풍수라고 단정지을 수는 없으나, 워낙 타락한 풍수의 시대인지라 한 가지 덧붙였을 뿐이다.

이 외에도 일본인에 의한 한반도 지세의 혈맥끊기, 왕궁의 파괴로 인한 민족성의 말살정책이란 사건들도 있었으나, 그것이 우리의 풍수사상이 아니라 졸렬한 외국인들의 짓이므로 거론은 삼가하겠다.

앞서 지적한 바와 같이 최근 학계의 연구성과는 좀더 기다려보아야 확실한 것을 알 수 있는 일이지만, 金芝河의 최근 주장은 풍수사상의 방향성 제시라는 측면에서 상당한 의미가 있는 것으로 판단된다. 그는 주장하기를〈나는 환경운동을 생명운동으로 바꿔 부르기로 한다. 생명운동은 풍수학 등과 결합하여 지금 문명의 가장 초미한 문제인 에너지에 관한 원칙적인 제안을 할 수 있을 것이다. 풍수와 과학, 풍수와 환경 운동에 대한 연구와 활용이 본격화되기를 바란다. 환경운동과 과학계에 풍수운동이 일어났으면 한다. 에너지 체제는 養氣와 養生의 생명과학에 의존해야 한다. 그리고 모든 기계와 공구의 회로들은 생명의 원리에 따라 양기 양생 에너지 체제에 적합한 유기적 체계로 전환해야 한다. 태양열 또한 채취 양식이다. 그러나 풍력, 조력과 함께 그것은 순환 질서이므로 오염, 변질, 파괴의 위험은 없었으나 과다한 의존은 또 다른 문제를 불러올지도 모른다. 채취는 먹이사슬의 질서이지만 과도하면 곧 약탈이다. 약탈은 생태계 변질의 끝이다. 기와 생명의 이중성, 상보성 원리, 음양의 원리에 따라 기를 모으고 융합시켜 새로운 생기를 창조하는 양기의 원리에 입각해야 오염과 에너지 문제의 원천적 해결이 가능할 것이다. 이것이 풍수의 원리, 땅의 생명원리에 적합하다. 농업은 새로운 생명의 에너지 산업으로 부활해야 하며 공업은 유기공업, 생태공업, 생명의 공업으로 대전환해야 한다. 정보화는 영성의 통신, 창조적 신령의 통신 네트워크로 고양되어야 한다. 모든 생명은 통신한다. 무기물도 통신한다. 인간과 인간, 인간과 지구와 우주와의 神氣의 통신이 가능하다면 현문명의 모든 장애와 병폐와 모순은 다 극복될 수 있다. 생명과 영성, 그리고 그것을 모으고 길러 새로운 창조의 기운을 생산하는 풍수의 기본 원리에서 새 문명의 길을 찾아야 할 것이다〉[32]라고 하였다. 그의 주장이 학자가 아닌 사상가 또는 운동가의 입장에서 나온 것이기는 하지만, 그래서 합리적 설득력에 문제가 있는 것은 사실이지만, 언제 풍수사상은 합리적인 것이었던가를 상기해 볼 일이다.

8 요약 및 결론

이상의 논의에서 필자는 다음과 같은 사실을 정리할 수 있었다.

첫째, 우리나라 풍수사상의 기원은 원래부터 우리 민족이 지니고 있던

---

32) 「風水思想을 다시 보니」, 《신동아》 1991년 1월호, pp. 444-463.

지기의 감지능력, 즉 자생적 풍수지리를 지니고 있던 위에, 신라가 삼국을 멸한 후에 선종과 함께 중국으로부터 도입된 확립된 이론 체계의 풍수지리를 받아들임으로써 드디어 역사 기록에 남기 시작했다고 본다. 이때 삼국시대 초기 고분에 나타나는 사신도의 경우는 그것이 중국 풍수지리의 도입을 증거하는 것은 아니라는 점을 명백히 하였다. 그러나 이 문제에 대해서는 앞으로 더 많은 연구를 요한다고 생각한다.

둘째, 풍수지리 역사는 일반 왕조사의 시대 구분을 그대로 좇는 것이 아니라 오히려 왕조 말엽에는 진취적이고 긍정적인 풍수지리가, 그리고 새로운 왕조가 태어나 왕권이 확립되는 시기에 이르면 타락한 이기적이고 부정적인 풍수지리가 나타나는 것으로 판단하였다. 이와 관련하여 필자는 전통적인 한국 지리학사가 다음과 같은 다섯 단계의 시대로 구분이 가능하지 않겠는가 하는 것을 제안해 둔다. 1) 전통적인 지리관이 싹트던 시기로, 고대 우리 민족의 공간관이 확립되던 때이다. 〈따뜻하고 살기 좋은 남쪽 땅〉으로 대변되는 공간관이었을 것인데, 삼국시대에는 완전히 체계가 잡혔을 것으로 여겨진다. 필자는 이것을 풍수적 사고관념의 뿌리내림 시대로 이해한다. 2) 삼국시대 후기에서 소위 통일신라시대 중기에 이르는 佛國土 지리관의 시대이다. 불교적 정토를 이 땅에 건설코자 하던 때로 매우 진취적인 활동상을 보이나, 이것도 이 단계 말기에 이르면 속신으로 타락되어 버린다. 3) 풍수도참사상이 극도로 융성하던 신라 말에서 고려 후기까지의 단계이다. 긍정적이고 합리적이며 건설적이었던 출발 당시의 풍수사상은 민중적이고 반지배이념적인 원래의 성격이, 새로운 국가의 창건으로 퇴색된 이래 또다시 지배계층의 호신 도구로 전락해 버리는 강한 경향성을 드러내고 만다. 4) 조선조 유학자들에 의하여 창도된 유교적 이상향관의 시대이다. 그러나 유교 자체의 현실부응적이고 권력지향적인 성격 때문에 민중적 지리관으로의 승화는 이루지 못했다. 이 단계에서 풍수지리는 〈삶의 지리학〉 자리를 성리학의 관념론에 양보하고 〈죽음의 지리학〉으로서 일문, 일족이나 개인의 이기적 욕망을 충족시키기 위한 철저한 반민중적 위치로 떨어져버리고 만다. 5) 실학자에 의하여 이끌어진 합리와 실용주의적 지리관의 전개이다. 이는 우리나라 지리사상에 있어서 매우 중요한 시기이나, 아직은 연구업적이 쌓이지를 않았기 때문에 하나의 가설로서만 제안하여 둔다.

셋째, 풍수지리는 원래 땅을 종합적으로 보는 관점이었는데, 시대가 지나고 사람들이 점차 지기에 대한 감수성이 무디어지면서는 주로 경제적이고 감각적인 땅의 측면만을 대상으로 하는 지리만이 학문으로서 대접을 받게 되고, 땅의 신비적이고 비술적이며 어느 면에서는 종교적이기까지 한 풍수는 점차 잡술로 변질되어 갔다는 점이다. 즉 풍수지리가 땅의 합리적 측면을 다루는 지리와 땅의 생기 측면을 다루는 풍수로 이분되어 가는 경향을 보인다는 점이다.

넷째, 풍수는 말세에는 혁명과 개벽의 사상으로서 기능하지만 정치 사회적 안정기에는 오히려 기복신앙적 잡술로 전락하여 가는 특성을 보이는데, 이렇게 되는 이유에 대해서는 앞으로 심층적인 연구가 이루어져야 하리라고 판단된다.

끝으로, 현재 학계에서 다각적으로 이루어지고 있는 풍수연구는 일단 바람직한 것으로 여겨지며 또한 그 결과가 기대되지만, 그러나 일반인들이 그것만으로 이기적인 음택풍수의 동기감응론을 믿어버리는 효과를 주어서는 아니된다는 사실을 연구자들은 주의해야 할 것이다. 또한 이 사상이 생명운동의 사상적 배경이 될 수 있다는 주장들에 계속 유의할 필요가 있다는 점도 첨언해 둔다.

제 2 부

地氣와 풍수의 논리구조

3 氣感과 直觀

1 氣를 느낀다는 일

내가 다시 서울로 돌아온 것은 서울에서 대학원까지 마치고 군 입대 관계로 서울을 떠난 지 15년 만인 지난 1988년 8월이었다. 논산훈련소와 광주보병학교를 거쳐 경북 영천에서 3년. 그 사이 경북대 지리학과에 출강을 했었고, 제대한 뒤 전남대 지리교육과 강사생활과 창설 초기의 국토개발연구원 생활을 잠깐 한 적이 있었다. 연구원이라고 해서 내 공부 열심히 하여 논문만 제출하면 월급을 주는 곳인 줄 알았는데 그게 아니었다. 자체 연구계획과 정부기관의 프로젝트로 근무시간중에 내 전공인 한국의 풍수사상을 공부한다는 것은 꿈도 꾸지 못할 일이었다. 지금 생각하면 너무 현실을 몰랐던 시기였다고 여겨진다.

그런데 우연히 청주사범대학에 자리가 생겨 그쪽으로 옮겼고, 3년쯤 뒤에 전북대 지리교육과에서 오라는 제안이 있어 전주생활 8년을 보내게 되었다. 그래서 지금도 전주는 고향 같은 생각이 든다. 그러다가 모교인 서울대로부터 오지 않겠느냐는 전갈을 받았다. 고민이 시작되었다. 대부분의 사람들은 무슨 따져볼 일이 있느냐, 서울사람이 서울로 돌아가는 일이고,

더군다나 모교로 옮겨가는 것인데, 뒤 돌아볼 것 없이 떠나라는 조언을 하여 주었다. 그러나 마음을 털어놓고 평생의 지기처럼 지내던 전북대의 김기현 선생 같은 분은 그의 인품과 한국철학이라는 그의 전공에서 우러나오는 친구로서의 충고로 서울행을 만류했고, 영문학과 최준석, 국문학과 김홍수 선생 같은 분들도 우정으로 전주에서 같이 살기를 권해 주었다.

그러나 문제는 사실 본질적인 데 있었다. 우선은 서울생활에 자신이 서지 않는다는 것이었고, 자식들 교육도 아수라장 같은 경쟁판의 서울보다는 아직은 인정과 자연지세가 옛날을 닮은 전주가 더 나으리라는 판단, 그리고 무엇보다도 땅의 기를 느끼며 살 수 있는 전원풍의 지방생활을 뒤로 하고 시멘트와 철근과 아스팔트와 돈이 범벅된 암담한 땅 서울로 간다는 것이 전혀 마음에 내키지가 않았다. 박사학위도 없고 외국은 구경조차 해본 적이 없는 내가 혹시 서울대에 계시는 선배 선생님들에게 예기치 못한 누를 끼치게 되지 않을까도 걱정이었다. 무성한 아카시아꽃 밤꽃 활짝 핀 그늘 아래서 막걸리 잔 앞에 하고 산사의 선승 같은 풍모로 얘기를 들려주던 벗을 떠난다는 것도 못할 짓처럼 생각되었다. 결국 떠나오기는 했지만 그 벗은 떠나는 내게 『心經』을 쥐어주었다.

이왕 오게 된 서울대이니 이제 후배와 제자들 중에서 한국지리사상을 전공하겠다는 사람들을 찾아내어 열심히 공부하고 토론도 해보자는 마음이 생겼다. 그래서 서울 오던 첫 학기 대학원 강의에서 그야말로 본격적인 풍수강의를 시도하여 보았다. 그 과정에서 풍수와 관계되는 여러 가지 시사점이 드러나게 되었는데, 여기서는 먼저 합리와 비합리라는 문제를 생각해 보기로 하겠다. 우선은 대부분의 대학원생들이 철저히 서구적 합리와 기능에 거의 손을 댈 여지도 없이 푹 젖어 있더라는 점이다. 언어적 논리의 일관성으로 설명되지 않는 사실은, 그것이 삶의 경험에서는 일상다반사로 일어나는 일이라 할지라도 결코 믿으려 들지를 않았다.

간혹 거의 무조건적으로 전통사상에 애착을 가지고 접근하는 사람이 없는 것은 아니었지만 이 경우는 또 너무나 막무가내로 정신력이라든가 괴력 따위의 사이비 신비주의에 빠져 있었기 때문에 합리주의보다 훨씬 더 사람을 피곤하게 만드는 때가 많았다. 그러니까 합리주의든 전통주의든 어떤 극단에 빠져 있다는 점에서는 같았다. 참으로 피곤한 일이었다.

합리의 미신에 빠진 사람들은 아주 중대한 허점을 지니고 있었는데, 그 것은 자신들이 도저히 받아들일 수 없던 어떤 풍수적 사건이 그들의 논리에 의하여 해석되는 경우에는 너무나 쉽게, 꼭 그것이 아닌 다른 주변사건에 대해서도 납득을 해버리더라는 점이다. 예컨대 시체가 땅 속에서 없어지는 逃屍穴 현상을 서양 지형학에서의 *mass wasting* 중 *soil creep* 현상으로 설명해 주는 경우, 전혀 설명도 해주지 않은 生屍穴 현상까지도 받아들이더라는 것이다.

출항하기 직전 배에서 쥐들이 탈출을 하면 그 배는 난파한다는 뱃사람들의 경험칙에서, 쥐들은 해저 지진에서 생긴 지진파를 사람보다 빨리 감지할 수 있는 본능이 있기 때문에 그 경험칙은 뱃사람들의 미신이 아니라 지혜였다고 설명을 해주면 역시 의심 없이 받아들이는 식의 일들이 그런 예에 속한다. 쥐들이 지진파를 감지할 수 있는 능력이 있는지 없는지는 확고히 규명되어진 사실은 아니다. 그럴 수도 있지만 그렇지 않을 수도 있다. 문제는 매스 웨이스팅이니 지진파니 하는 서구 학문체계의 논리로 설명되는 경우는 대체로 그 설명을 합리적이라고 여겨버리는 그들의 굳은 사고 방식을 지적해 두고자 하는 것이다. 이런 식의 사례들 중 가장 대표적인 것이 지기의 문제였다.

기는 풍수의 기본 출발점이 되는 개념이다. 땅 속에 지기라는 것이 일정한 경로를 따라 흘러다니고 있는데, 이것을 찾아 趨吉避凶하자는 것이 풍수의 목적 아니던가. 그러니까 풍수에서는 지기를 감지할 줄 아는 것, 즉 氣感이 가장 중요하며 또한 기감이 본질이며 또한 기감이 처음이자 마지막이라고 말하는 것이다. 기감만 된다면 풍수의 그토록 난해하기 이를 데 없는 이론들도 필요가 없다.

달을 가리키는(指) 선승의 손가락은 달을 가르치기(敎) 위한 것이다. 선승의 가르침을 받는 사람들은 본질인 달을 바라보는 것으로 모든 것이 완성된다. 그런데 선승은 뜰에 내려와 달을 바라보면서 손가락으로 달을 가리키며 달을 가르치고 있는데, 사람들은 절 집 마루에 들어앉아서 대웅전 지붕에 가리워진 달은 쳐다보지도 못하면서, 아니 쳐다보아도 보이지도 않는 것이지만, 선승의 손가락만 바라보며 달을 알고자 한다. 선승이 아무리 절묘하게 달을 설명해 준들 무슨 소용이 있겠는가. 달을 보지도 못한 사람이 어찌 달을 알았다 할 수 있겠는가. 소경 코끼리 더듬기지. 다시 한번 강조하거니와 풍수에서 중요한 일은 이론이 아니라 지기를 알아차리는 기감의 체험이다.

그런데 그 중요한 기감이 되지를 않으니 문제다. 마루에서 내려와 뜰에 발을 내디디면 이제 달을 가리고 있던 지붕이 사라지고 현묘한 밤하늘에 쟁반 같은 둥근 달이 떠 있음을 보게 될 터인데, 그러지를 못한다. 문지방만 넘어서면 되는 데 말이다. 마루 위가 바로 그들 사고 체계의 전부다. 마루를 떠난다는 일은 감히 염두에도 두지 않는다. 아니 어쩌면 마루밖에 뜰이 있다는 생각조차 못하고 있는지도 모른다. 그런데 달을 보다니. 천 년이 지나도 지붕 아래 마루 위에서는 달은 보이지 않을 것이다.

가장 중요한 달을 보라는데 달은 보이지를 않으니 달에 대한 설명이라는 것이 판을 치게 된다. 그까짓 것 한번 보아버리면 되는 것을 한 생각 바꾸지를 못하여 하게 되는 공연한 고생인 셈이다.

여하튼 달을 묘사하는 수많은 논리들이 생겨나서 사람들을 현혹시키는 온갖 종류의 이론들이 난무를 하게 되는 것이다. 이렇게 생겼다, 저렇게 생겼다, 빛깔은 무엇이다, 둥글다, 이지러졌다, 띠를 두르고 있다, 없어졌다, 나타났다. 달이야 하늘의 형편과 날짜에 따라 끝없이 변하는 것이니, 달을 보고 있는 사람은 수시로 다르게 달을 설명할 수밖에. 그러나 듣는 사람이야 어디 그런가. 한마디 한마디가 모두 옳은 소리일 것이니 귀담아 듣지 않을 수 없다.

풍수에서의 지기도 꼭 마찬가지다. 사고의 틀을 한발짝만 내밀면 바로 그것을 느낄 수 있는데, 그것이 되지를 않는다. 그러니 이제 그에 관한 무수한 이론들이 만들어지게 되는 것이다. 그 많은 이론들은 어느 것 하나 틀렸다고 할 수도 없지만 또 어느 것 하나 제대로 되었다고 할 것도

없다. 그저 지기의 극히 작은 한 부분을 묘사했다고밖에는 말할 수가 없
다. 지기는 땅 속에 덮인 채로, 구름잡는 풍수이론만 낭자히 세상을 떠돌
게 되었다.

2 地氣를 설명한 예들*

동양인들은 전통적으로 지기의 존재 및 그 흐름이 산, 물, 식생, 기후
등의 지리적 특징과 가시적으로 연결되어 있다고 믿었다. 동양인들에게
지리학이란 地利와 地脈 둘 다를 의미하는 것이었다.

『山法全書』에 의하면, 〈지리란 산천의 험함과 평탄함을 살펴 성곽과
고을과 마을을 설치하여 나라를 세우고, 한편으로는 도로와 촌락의 균형
과 멀고 가까움을 살펴 출입에 용이하도록 하며, 땅의 높낮이를 알아 도
랑을 파고 개천을 뚫어 관개에 이익되게 함을 말한다. 한편 지맥이란 땅
의 음양과 그 흐름을 觀相하여 크게는 도읍을 지어 나라를 세우고 작게는
집을 짓고 산소를 축조하여 복됨과 길함을 맞아들이는 일이다. 따라서 지
리는 백성의 후생을 돕는 일이고 지맥은 사람의 명운을 관장하는 일〉이다.

풍수는 땅에 대한 우리들의 전통적인 인식체계였다. 그리고 여기서 땅
이란 산과 수 두 가지로 요약할 수 있다. 즉 산줄기와 물줄기는 사람들이
땅을 이해하기 시작하던 시점에서 가장 중요한 요소였다. 그리고 이러한
땅의 패턴에 관한 인식은 氣的 세계관에 의해 이루어졌고, 풍수의 이론체
계도 그에 바탕하여 이루어졌다고 할 수 있다.

땅은 만물을 길러 자라게 하는 활력이 있는데, 그 활력의 포괄적 지칭
개념이 生氣이며, 생기는 땅에 따라 다르다는 생각들을 가지고 있었다. 풍
수적 논리에 의하면, 땅 위의 특정장소들은 생기를 지니고 있으며, 풍수사
가 지닐 수 있는 기술의 전부는 바로 그런 장소들을 찾아내는 일이다. 만

---

* 이 부분은 필자의 지도로 1992년 2월 서울대 대학원에서 석사학위를 받은 성동
  환 군의 논문 중 2장 4절을 정리한 것임을 밝혀둔다.

약 생기를 감지할 수만 있다면 풍수의 모든 이론들은 소용이 없다고 할 정도로 기는 풍수에서 중요한 것이다.

그렇다면 지기란 무엇인가. 지기라는 말의 문헌적인 용례를 통해 볼 때, 지기라는 말의 의미는 기후의 변화 및 농작물의 생장과정과 관련된 땅 위에서 일어나는 자연현상을 의미하는 것이었다고 해석할 수 있다. 즉 농경의 실천을 통해 농작물의 생장이라는 생명현상을 지기로서 해석하고, 계절에 따라 변화하는 기후현상을 기의 순환으로 표현했다.

여기에는 두말할 나위 없이 만물을 자라게 하는 생명력의 의미가 들어 있다. 그리고 토양의 서로 다른 분포 양상을 지기에 의한 것으로 보고, 지형, 식생의 작용, 강우나 바람 등의 기후요소들이 복합적으로 기능하는 측면을 지기로 파악하였다는 것을 알 수 있다.

또 지기는 에너지와 물의 순환을 의미하는 것으로, 또는 지상의 수증기로, 때로는 지구의 대기를 의미하는 것으로 사용되었다. 지기는 어떤 하나의 실체를 가리키는 것이 아니라 땅과 관련된 시스템의 연속적인 기능적 작용의 총체를 의미하는 개념이었다. 다시 말해서 태양 에너지와 순환하는 물, 그리고 그 순환을 담아내는 땅, 이 삼자의 기능적 관계를 포괄적으로 파악하려는 의미에서 지기라는 개념이 사용되었음을 알 수 있다. 器物의 제작과 관련하여, 산물의 분포에 영향을 미치는 자연 및 환경적인 외적 조건을 포괄적으로 의미하는 것으로도 사용되었다.

특히 동식물의 분포와 생육의 자연적인 조건이 지기라는 틀로써 해석되기도 한다. 지리적인 다양성과 만물 존재의 지리적 조건에, 특히 인간의 질병과 성질, 체질, 지능 등에 미치는 각 지역의 땅의 성격 또는 영향력을 지기라고 볼 수 있다. 그리고 각 지역의 지리적인 특성을 관찰을 통해 氣的인 유형으로 종합하여 소박한 지기적 환경론을 펼치고 있음을 볼 수 있다. 또 이러한 생각은 풍수적인 사고에 대단히 근접한 것으로 풍수의 설립에 커다란 영향을 미쳤을 것으로 생각된다.

이제 구체적으로 기 및 지기를 어떻게 표현하고 있는지 몇 가지 예를 살펴보기로 한다.

三光은 天文이요 山川은 地理다.(『漢書』「郊祀志」)

天에는 日月星辰이 있어 이를 文이라 일컫는다. 地에는 山川陵谷이 있어 이를 理라 일컫는다.(『論衡』「自紀篇」)

氣는 雲氣를 본 뜬 象形.(許愼,『說文解字』)

땅덩어리가 뿜어내는 숨(氣)을 바람이라 한다.(『莊子』「齊物篇」)

옛날 太史 때는 때에 따라 땅을 살폈다. 陽의 기운이 두텁게 쌓여 가득 차면 土氣가 움직여 일어난다. 立春에 맞추어 농사를 시작한다. 陽氣가 다 갖추어져 상승하고 흙이 윤택하여 움직이려 하나 흔들리지 않고 변하지 않으면, 脈이 災害로 가득 차서 곡식이 번성할 수 없다.(『國語』「周語上)」)

무릇 바람은 지상으로 불고 각각의 방위가 있다. 土의 성질에는 각각의 마땅함이 있는데 氣를 따라 변화한다. 그렇기 때문에 九州의 토는 차이가 있다. 그래서 禹 임금도 역시 그 대강을 살폈다. 하나의 州 안에 土脈은 항상 다름이 있다. 地氣 역시 서로 다르기 때문에 地利가 서로 다르며 强土가 있는가 하면 弱土, 堅土, 暖土, 燥土, 溫土, 生土, 熱土, 寒土, 肥土, 瘠土 등이 있는데, 모두 반드시 그 마땅한 바를 살펴서 경작을 하여야 한다.(張標,『農丹』)

바람은 천기가 되고 비는 지기가 된다. 바람은 계절에 따라 불고 비는 바람에 응하여 내린다. 그래서 우리는 천기가 아래로 내려 오고 지기가 위로 올라간다고 말한다.(B.C. 4세기경의 『許兒子』)

지기는 하늘 높이 올라가지 않는다. 이것이 태양이 아침과 저녁에는 붉게 보이고 日中에는 희게 보이는 이유이다. 지기가 하늘 높이 올라가면 日中이라도 붉게 보인다.(『隋書』권19,「天文志上」)

바람 불고 구름 끼고 우뢰 치고 천둥하며 비 오고 이슬 내리고 서리 오고 눈 내리는 것은 지기가 증발하여 서리고 결취하는 데 말미암아 이루어지는 것이다.(崔漢綺의 『神氣通』)

하늘에는 時가, 땅에는 氣가, 재료에는 美가, 工人에는 巧가 있다. 이 네 가지가 합쳐지고서야 비로소 器物이 좋아지게 된다. 재료가 아름답게 가

다듬어져 있고 工人의 기교가 훌륭할지라도 좋은 기물이 만들어지지 않는 까닭은 天時와 지기를 얻지 못했기 때문이다.(『周禮』「考工記」)

토지는 각각 類로써 사람을 낳는다. 그러므로 山氣가 성하면 남자가 많고, 澤氣가 성하면 여자가 많고, 障氣가 성하면 벙어리가 많고, 風氣가 성하면 귀머거리가 많고, 林氣가 성하면 허리가 굽어지고 등이 높아지는 병이 많으며, 木氣가 성하면 곱추가 많다. 또 강변(岸下氣)에 사는 사람은 그 지기에 의하여 발에 浮腫이 있는 사람이 많고, 바위 산 근처(石氣)에 사는 사람은 힘이 센 경우가 많고, 험조한 지역(險阻氣)에 사는 사람은 혹이 있는 사람이 많다. 暑氣가 강한 곳에서는 단명한 사람이 많고, 寒氣가 강한 곳에서는 長命한 사람들이 많고, 谷氣의 지역에서는 절름발이, 앉은뱅이들이 많으며, 丘氣의 지역에서는 새가슴이 많다. 평야의 주민에는 仁者가 많고, 구릉의 주민에는 貪欲한 자가 많다. 이들은 모두 그 지기를 본떠서 그 類에 응하기 때문이다.(『淮南子』「地形訓」)

비록 기질이 탁한 사람이라도 거처하는 장소는 지기가 맑은 곳을 가려서 살고, 섭취하는 음식물은 맑은 것을 가려 먹고, 통달하는 모든 구멍이 맑은 것을 취하면 그 發用이 맑을 수 있다. 만일 기질이 맑은 사람이라도 거처하는 지기와 섭취하는 음식과 통달하는 눈과 귀를 모두 탁하게 하면, 그 발용하는 것이 탁하지 않은 것이 없다.(崔漢綺,『神氣通』권I,「體通」)

무릇 이 대지에서 음양으로부터 비롯되지 않은 것은 없다. 모든 땅 위에 나온 기는 모양이 있고 볼 수가 있다. 그러나 이것이 땅 속에서 돌아다니기에 이르면 만물에 생명을 베풀고 있으나, 잡을 수도 없고 볼 수도 없다. 그러므로 이것을 일컬어 지기라 하는 것이다.(『錦囊經』에 대한 張說의 註)

이 외에도 지기에 관한 많은 설명이 있으나, 그 일부분을 지적한 것일 수는 있지만 지기의 본질이나 실체, 혹은 그 구체적인 메커니즘을 체계적으로 해석하고 있는 것은 없다. 다만 우리의 선인들이 만물, 특히 생명의 근원을 지기에 두고 있다는 점만은 충분히 짐작할 수 있는 예들이다.

3 난관에 봉착한 지기 강의

이제 이야기를 다시 앞으로 돌려야겠다. 앞에서 우리는 풍수에 있어서 지기가 가장 중요한 것인데도 불구하고, 그 개념은 애매모호하여 합리적인 설명이 불가능하고, 그러다 보니 수강생들에게 어찌 설명해야 좋을지를 모르겠다는 얘기를 했었다.

이런 현상은 중국의 풍수역사에서도 비슷하게 나타난다. 여기서는 일단 풍수의 시작이 언제였던가 하는 기원론은 덮어두기로 한다. 중국에서 풍수에 관한 최초의 경전 『靑烏經』이 나온 것이 3세기이고, 東晉의 郭璞이 쓴 葬書, 즉 『錦囊經』이 나온 것이 4세기인데, 이 두 가지는 모두 풍수 초기의 전적들이며, 역시 모두 기감이라는 원론적 지기론을 바탕으로 하고 있다. 그러나 점차 사람들이 기감이 되지 않기 시작하면서 풍수는 새로운 이론적 틀의 국면을 맞게 된다. 대체로 당나라 시대 楊筠松의 『感龍經』이나 『疑龍經』 따위의 풍수서로부터 시작되는 이 이론은 느껴지지 않는 지기를 이성으로 이해하고자 하는 시도를 보이게 된다. 즉 산이나 물(山水)의 모양과 생김새를 미루어 지기의 소재를 찾으려는 노력이기 때문에 후대에 이들을 형세법 또는 그것이 비롯된 지명을 좇아 關西法 혹은 江西法이라 부르게 된다.

이것은 사람과 사람 사이에 있어서도 마찬가지이다. 원래 인간관계도 氣的 관계임은 땅과 사람 사이에 기감이 있음과 마찬가지다. 남녀가 처음 선을 보았는데 첫 대면의 순간에 색시감이 남자가 싫었다. 그 자리에 앉았던 순간 그 사람의 마음은 그야말로 허심탄회한 것이었다. 마음을 비우고 의심을 삼킨 마음자리. 여기에는 기의 감응이 있을 수 있다. 그래서 바로 기의 감응으로 상대의 기가 자신의 기와 어울리지 않는 것임을 직관적으로 감지하고는 상대방이 싫다고 의식을 지었던 것이다. 그러나 이것은 잠깐뿐, 곧 소위 합리적이라고 말하는 이성의 작용이 작동되기 시작하였다. 즉 따져보기 시작한 것이다. 인물도 괜찮고, 학벌이나 문벌도 좋고,

재력도 있고, 게다가 성품도 원만해 보인다. 아무리 조건을 따지고 보아도 나무랄 데가 없다. 그런데도 싫다. 막연히.

이때 사람들은 지적할 것이다. 막연한 것은 쓸데없는 공연한 감정이고 중요한 것은 상대방이 지닌 배경조건들이라고. 그리고 그것이 합리적인 생각이라고. 그러나 심사숙고하여 보라. 사실 중요한 것은 사람 그 자체이지 그가 지닌 배경은 아닌 것이다. 상대방에게서 느낀 기의 감성은 절대적인 것이지만 그가 가지고 있다고 판단했던 배경조건들은 가변적이고 또 부정확한 판단일 수 있는 것이다. 이 경우 합리적이란 무엇이고 막연하다는 것은 무엇인가. 합리적이란, 설명이 조리있게 가능한 것이고, 막연이란, 거의 전체를 결정지을 만한 중요성을 띠고 있다는 것을 그야말로 막연하게 느끼면서도 설명을 할 수 없는 그런 것이다. 그러면서도 사람들은 합리의 판단을 좇는다. 이 경우 왜 사람들은 자신들이 합리라는 미신의 신봉자들이란 생각은 해보지 않는 것인지.

사업을 생각해 본다. 합리적인 사고방식을 지닌 경영학자가 좋은 경영자가 되는 것은 아니다. 경영학의 개론서조차 읽어보지 못한 사람이 경영의 귀신이 되는 것이 인간 세상의 현실적인 삶의 실체이다.

지기를 모르게 된 사람들이 만들어낸 풍수 형세법이라는 것도 바로 위의 예와 마찬가지이다. 형세의 판단으로 지기의 소재를 점친다는 것은 매우 신빙성이 낮은 일이다. 그 이론이 아무리 철저하다 하더라도 언제든지 틀릴 가능성이 있다는 것을 잊어서는 안 된다. 지기는 느끼지 못하겠고, 그러나 그 지기가 가장 중요하다는 것은 안다. 그래서 형세법을 만들어냈는데 그것은 맞을 수도 있지만 틀릴 수도 있다. 그러니 이런 것은 이제 술법으로 전락되어 버린다.

오늘날 서양의 사회과학은 아니 그렇던가. 경제학적 경제현상의 예측이나 정치학적 정치현상의 예측이란 맞을 수도 있고 틀릴 수도 있다. 그런데도 그런 것들은 설명의 과정과 방법이 논리 정연한 합리적인 것이기 때문에 과학이라고 부른다. 당신 전공이 뭐요 했을 때, 지리학과에서 풍수사상을 공부한다고 하면 대부분의 사람들은 웃는다. 웃긴다는 얘기겠다. 그러나 경제학이나 정치학을 전공한다고 했을 때 그런 식으로 웃을 사람은 없을 것이다. 왜냐하면 그것은 서구식 합리성에 입각한 사회과학이기 때문이다. 얼마나 웃기는 얘기냐.

단, 풍수도 중요한 삶의 한 부분이라는 얘기를 하자는 것인데, 돈을 목적으로 남의 산소자리나 집터 잡아주는 엉터리 풍수 잡술 부스러기를 옹호하자는 것은 절대로 아니라는 점은 명심해 주기 바란다.

여하튼 이때부터 山水 看法의 각론은 시작되었고 이론은 점점 어려워지게 된다. 간법의 기본은 산의 맥세를 살피는 용, 자리에 관계되는 혈, 주위 산세에 관계되는 砂, 흐름에 관계되는 수, 즉 龍穴砂水論으로 정착되게 되는 것인데, 이때까지는 묘지가 아닌 삶 터, 즉 陽基風水가 주축이었다.

송대에 이르게 되면 한층 더 비술적인 성격을 띠게 되는데, 王伋이나 호순신 같은 사람이 창시한 이 학파는 理 즉 법칙이 氣 즉 물질을 규정한다는 新儒學의 우주관에 입각하여 陰陽地理를 방위로 보아, 이 방위가 풍수를 결정한다고 보았다. 그래서 이 학파를 방위법, 福建法, 屋宅之法, 宗廟法, 佩鐵論, 理氣說 등으로 부르는 것이거니와, 이로 인하여 풍수 이론은 난해에 난해를 더하게 되었다.

이토록 어려운 이론이 결국 지기를 설명키 위한 것이니만큼, 강의에서 제일 먼저 기를 납득시키려고 시도해 본 것은 당연한 수순이었다. 그러나 이것이 제대로 될 까닭이 없었으니, 우선은 기를 말이나 글로 설명한다는 것부터가 염치없는 일이었는데다가, 그나마 나의 설명은 중구난방이었고 대학원생들의 사고방식은 가히 금성철벽이었으니, 처음부터 될 일이 아니었다. 강의가 4주쯤 지났을 때 드디어 이 강의 자체에 대해서 심각한 회의에 빠지게 되었다는 대학원생이 나왔다. 도대체 말로 설명도 되지 않고 실체가 있는지 없는지 알 수도 없는 氣라는 것을 알기 위하여 음양이니 易이니 오행이니 하는 구시대의 유물을 사회과학대학 대학원 강의에서 맥 놓고 듣고 있자니 답답하기도 하였을 것이다.

이윽고 氣論 강의는 포기상태에 들어갔다. 나도 섭섭했다. 왜 말로 되는 것만을 받아들이려 할까. 왜 내가 전하고자 하는 바 생각이나 마음을 접수하겠다는 발심은 못내는 것일까. 나는 현재 우리나라 지리학이 상당히 중요한 문제, 예컨대 비인간적 공간논리에 지나지 않는 서구 지리학의 무조건적 수용으로 말미암은 폐해 따위에 봉착해 있으며 그것을 극복할 수 있는 훌륭한 대안 혹은 처방전으로서 풍수사상을 전해 보고자 하는 것인데, 모교의 후배들은 명쾌한 입지론적 풍수지리만을 기대하고 있다니, 그래서 섭섭했던 것이다.

대체로 그들은 북쪽으로 주산에, 그리고 좌우로 청룡, 백호 사이에 둘러싸인 풍수 명당은 겨울철의 한랭한 북서계절풍을 막아줄 수 있는 취락 입지론적 타당성을 지니고 있는 전통지리사상으로서, 하는 식의 설명을 원하고 있었던 듯하다. 청룡, 백호 없는 명당 길지도 얼마든지 있을 수 있음은 왜 모르고 있을까.

그러나 나는 선생의 입장으로 한탄만 하고 있을 형편도 아니었다. 그래서 다음에 시도된 것이 龍穴砂水論에 입각한 철저한 형세론 전달이었다. 이것도 쉬운 일은 아니었으나 그래도 기에 대해서 나타내 주었던 그런 정도의 난감한 표정들은 아닌 것이 다행이었다고나 할까. 형세론에는 나름대로의 논리가 정연하게 서 있기 때문에 아마도 그들의 사고방식에는 어느 정도는 친근한 모양이었다. 그렇다고 해서 그 논리의 전단 가설인 기론을 받아들이고 있는 것 같지는 않았다.

땅의 성격을 총체적으로 받아들일 수 있는 전래의 풍수사상은 비합리적인 것으로 미루어두고, 땅을 소유와 이용의 대상으로 취급하는 서양 지리학의 합리는 당연한 것으로 받아들이는 사람들에게 도대체 무엇을 얘기해 주어야 하는 것일까. 그래도 풍수 형세론은 배웠고 나름대로의 이해도 생겼을 터이니 이제 답사를 나가보자는 생각이 들었다. 그 대상으로 지기론과 형세론이 첨예하게 맞붙는 조선 태조 이성계의 건원릉이 있는 동구릉과 조선의 마지막 황제 고종, 순종의 홍릉과 유릉이 있는 금곡을 떠올리게 되었다. 원래가 風水師를 키워냄은, 먼저 眞典載籍을 읽어내고 이어서 踏山을 실시케 되는 것인바, 고인의 그런 행적을 답습함에 있어서도 동구릉과 금곡 답사는 전혀 그에 어긋나는 일이 아니었다.

4 건원릉과 홍유릉

건원릉은 조선의 개국자인 태조 이성계의 산소로 서울 동쪽 망우리 고개 너머 경기도 구리시 동구동에 있다. 총 60만 평 가까운 동구릉 경내에는 이 외에도 문종, 선조, 영조의 능 등도 있으나 중심은 여기 태조의 건원릉이다.

이곳이 장지로 선정된 데 대해서는 두 가지 설이 전해지는데, 선조 실록에 의하면 이성계가 스스로의 능지를 구하고자 당시 국사였던 무학대사를 거느리고 경향 각지를 물색하던 중 급기야 양주 검암산에 감추어져 있던 땅을 발견하고는 그곳을 壽陵地, 즉 임금 자신이 직접 자신의 산소자리를 잡는 일로 결심하고 도성으로 돌아오는 길에 검암산 언덕 길에서 휴식을 취하면서 이제는 모든 근심이 없어졌다 하여, 그때부터 忘優里라 부르게 되었다는 것이다. 또 하나 태종 실록에 의하면 태종 8년 5월 24일 태조가 승하함에 능지를 물색중이었는데 당시 참찬의정부사 김인규가 영의정 하륜에게 검암산에 적합한 길지가 있다고 아뢰어 하륜이 현지를 살펴보니 과연 천하의 명지임을 알 수 있겠기에 곧 임금의 윤허를 받아 태조의 능지로 결정했다는 것이다.

그러나 태조, 태종 양 실록에 나타난 바에 의하면, 태조가 고려 공민왕과 노국대장공주의 현릉, 정릉처럼 同原雙陵으로 함께 묻히기를 원하여 신도시 한양 주변의 길지, 명당을 수없이 찾아다닌 끝에 왕궁 서남쪽 취현방(오늘의 중구 정동)에서 겨우 마음에 드는 곳을 찾아내어 자신과 그의 후비 신덕왕후 강씨의 수릉을 축조하였다고 한다. 그러나 태종 8년 태조가 죽은 뒤에 자신의 계모인 강씨를 증오하던 태종이 태조와의 同葬을 꺼려하여 태조릉을 현재의 건원릉 자리로 옮겨 모시고, 다음해에는 예로부터 제왕의 능분은 도성 안에 두는 것이 아니라는 명분으로 이마저 현재의 성북구 정릉동인 동소문 밖 사을한리의 산록으로 이장하여 정릉으로 하였다는 기록이 있는 것을 보면, 아마도 두 가지 설 중 후자가 정확할 것으로 추측된다.

건원릉의 내룡 맥세는 우리나라의 모든 길지들이 그러한 바와 같이 백두산을 조산으로, 2천여 리 뻗어오다가 철령에 와서 꺾여져 서쪽으로 다시 수백 리 내려와 포천땅 백운산을 일으키고, 여기서 다시 남쪽으로 백여 리 뻗어와 북으로 모이면서 남으로 향한 검암산을 세우는데, 이것이 능의 주산이다. 이곳의 풍수상 형세는 좌우의 청룡이 달 모양, 백호가 해 모양으로 명당을 감싸안는 日月相抱형국으로서, 요컨대 龍虎砂城이 제대로 모양새를 갖추었다고 설명된다. 水局 역시 왕숙천과 중랑천 사이에 分合水局을 이루어 客水인 한강에 유입되는 양호한 것으로 평가를 받았다.

그러나 비록 그런 평가를 받았다고는 하지만, 이곳의 형세는 왕릉으로서는 도저히 완벽함에 크게 미치지 못하는 것이 사실이니, 主龍은 전반이 서울의 外靑龍 맥세에 해당하는 것이고, 주된 依支處인 玄武砂 역시 제왕의 자리에 알맞은 웅혼한 기상을 품고 있다고는 말할 수 없다. 따라서 풍수 형세법의 이론만으로 이곳을 설명하다 보면 대단한 길지라는 평가를 내리기에는 손색이 없지 않은 자리가 된다.

답사에서는 이 밖에도 능의 龍穴砂水論에 대한 상세한 검토가 실시되었다. 그리하여 내린 판단은 위와 같은 형세법상 잘 들어맞는 곳이라고는 할 수 없음이었다. 그럼에도 불구하고 이 자리는 대단히 훌륭한 陰宅地이다라는 나의 결론에 학생들의 혼란은 시작되었다. 물론 나는 이에 대해서 설명을 하기는 하였다.

이 땅은 그 형세가 완벽함에는 크게 미치지 못하지만, 지력의 기세, 즉 지기는 가히 壯하여 다른 왕릉들을 압도한다고 하여도 과언이 아닐 정도이다. 朝案方向, 즉 능의 전방의 응봉과 남한산은 탁월한 景勝을 보여줌으로써, 왕조 초기의 융성한 기운이 강렬한 地氣聚集 및 風氣密集에 가당하다고 한 것이다. 이것은 아마도 조선 초기의 풍수가 외형상의 형식적인 모양보다도 실질을 보다 존숭했을 것이기에 그런 결과가 나온 것으로 여겨진다. 요약컨대 형세는 미진하나 지기는 탁월하다는 식이다. 중요한 것은 형세가 아니라 지기이니, 이 땅은 명당대지라는 것이 나의 결론이었다.

이런 설명에 대한 대학원생들의 혼란이 상당히 있었으리라 여겨졌지만, 일단 금곡까지 보고 나서 따져보기로 하고, 경기도 미금시에 있는 조선의 마지막 황제인 고종의 능 홍릉과 순종의 능 유릉을 향하였다.

두 능 모두 나라를 잃은 뒤 잡혀진 곳으로 형식은 황제릉을 본받아 구경거리가 많다. 주룡은 마석의 천마산을 가까운 조상 산으로 하여 남서방향을 향하여 진행하는데 평내리 서울 천주교 공원묘지까지는 그 방향을 유지한다. 여기서 돌팍고개까지 몇 개의 護從을 거느리며 홍릉의 주산인 묘적산까지 이어진다. 그 맥이 卯方으로 가는 入首處에서 절묘한 형국을 이루며 팔을 벌리게 되는데 이곳이 바로 홍릉으로, 술사들은 이 자리의 형국 이름을 梅花落地形의 길지라고 부른다. 그 곁의 유릉도 十字通氣形이라는 天心十道穴의 일종으로, 생긴 모양만으로는 천하대지이다.

그러나 지기는 虛花였다. 기가 없는 빈 땅이란 뜻이다. 가짜 꽃이다. 이 두 능의 소응은 한 왕조의 파멸과 함께 일 가문의 멸족까지도 유발할 흉지이다. 완벽하고 그림 같으며 교과서적인 형세의 땅이 지기 없는 공허한 땅일 수 있음을 보여주고 있는 예로서, 무릇 풍수에서의 吉穴名地란 모양새의 완벽함보다는 오히려 그 지기의 취집함을 더 중요한 것으로 꼽아야 한다는 예를 보여주는 경우이다.

그리고는 토론에 들어갔는데, 많은 얘기들이 오갔었으나 여기서는 형세와 지기론에 대한 것만을 소개하기로 한다. 그에 대해서도 여러 가지 질문이 있었으나 요컨대 이런 식이었다. 즉 〈우리는 한 학기 동안 어렵게 풍수이론을 배웠다. 그리고 오늘 현장에 나왔는데, 이론상 나무랄 데가 없는 땅을 보고서는 가짜라고 말하고, 이론상 문제가 많은 땅을 보고는 帝王之地라고 하니, 그렇다면 우리가 배운 이론이란 도대체 무엇이란 말인가.〉〈그래서 내가 처음에 말하지 않던가. 중요한 것은 지기의 감지라고. 그것이 되지 않으니 형세로 미루어 지기를 짐작하는 것인데, 그것은 언제든지 틀릴 수도 있는 것이라고.〉〈그런 이론을 무엇 때문에 배우는가. 무릇 이론이란 현상에 투영되었을 때 부합되어야 맞는 것이 아니던가.〉〈그래도 나름대로의 논리적 일관성을 유지하고는 있지 않은가.〉〈그것은 풍수 형세론도 마찬가지다. 나름대로의 논리적 일관성은 있다.〉〈아니다. 그 것은 논리적 일관성이 아니라 주관적 관념론에 지나지 않는다.〉

이런 식의 토의가 이루어지다가 결국 기를 말로 설명할 수 없는 것이 냐는 문제에 귀착이 되었다. 대답은 물론 기란 말로는 어찌할 수 없는 것 이다였다. 그러자 중요한 반론이 비유와 함께 제기되었다.

그렇다면 풍수는 학문으로 살아남을 수 없는 것이다. 가장 중요한 개념 이라는 기의 정의조차 말로 설명할 수 없는 것이 어떻게 현대 학문세계에 서 한자리를 차지할 수 있겠는가. 우리들이 새우젓이라든가 멸치젓 같은 젓갈류에 깊은 맛이 있다고 하는데, 그 깊은 맛의 실체를 규명해 내지 못 하는 한 젓갈은 사라져버리고 말 것이다. 음식문화가 다른 민족이 보기에 젓갈은 사실 썩은 음식에 지나지 않는다. 우리도 물론 젓갈에 깊은 맛이 있다는 것을 잘은 모르지만 어느 정도는 느끼고 있다. 그러나 그 깊은 맛 이라는 것을 느낌만으로가 아니라 말로써 제대로 설명해 내지 못한다면 우리의 다음 세대들은 젓갈의 깊은 맛이라는 것을 인정치 않게 될 것이고 따라서 젓갈은 사라져버릴 것이다. 맛을 느끼라고 막연히 강조할 것이 아 니라 그 맛이 무엇인지를 합리적인 설명방법을 통하여 규명하여 주어야 할 것이다. 대충 이런 요지의 주장이었다. 이때 나이 40대의 한 대학원생 으로부터 식품영양학상의 여러 분석방법으로 그 깊은 맛의 실체를 분석해 낼 수 있을 것이라는 이의가 제기되었다.

그러나 그것은 아니다. 젓갈을 분석하여 단백질이 어떻고 비타민의 함 량이 어떠하며 무슨무슨 효소가 들어 있더라는 것이 밝혀졌을 때, 역으로 그런 요소들을 정확하게 섞어 놓으면 젓갈이 되겠는가. 젓갈의 그 깊은 맛이라는 것이 살아날 수 있겠는가.

言卽是也라. 그 말이 옳다. 그날 밤, 별이 총총한 밤하늘과 살얼음 끼기 시작한 질척한 초겨울의 풀밭 땅을 바라보며 이런 상념이 머릿속을 스쳤 다. 천지에 미만한 기여. 너를 느낄 수는 있으나, 너를 설명할 수는 없구나.

4 우리나라 名山, 名岳論[*]

1 地氣는 어디에서 오는가

풍수 초기 최대의 경전인 『錦囊經』은 말한다. 만물의 생겨남은 땅속의 것(地中者)에 힘입지 않은 것이 없다고. 그것은 땅속에 생기가 있는 까닭이다. 그 생기를 타면 길하고 그것에 반하면 흉하니, 이것이 자연의 이치라고도 하였다. 굳이 『금낭경』을 인용치 않더라도 풍수의 목적은 땅의 생기를 탐으로써 흉함을 피하고 길함을 추구하자는 것이다. 그렇다면 그 땅속의 생기인 지기라는 것은 어디에서부터 오는 것인가.

생기가 어디서 오는가의 문제는 風水龍論에 해당된다. 생기는 용맥을 따라 흐르는 것이기 때문이다. 풍수의 4대 핵심인 龍穴砂水論 중에서 용이 제일 먼저 등장하는 것으로도 그의 중요성은 잘 알 수가 있다.

풍수에서 산을 용이라 이름하는 것은 그것이 크고 작고, 엎드리고 일어서고, 뒤틀고 쭉 뻗으며, 숨고 드러내기도 하여 변화막측, 조화무궁한 것이 마치 용과 같기 때문이다. 또한 그것을 맥이라 표현하는 것은 사람의

---

* 이 章의 일부는 필자가 지도하여 1992년 2월 서울대학교 대학원에서 석사학위를 받은 최원석 군의 논문을 정리한 것임을 밝혀둔다.

脈絡이 氣血의 운행됨을 관장하여 맥이 맑으면 귀하고 탁하면 천하며, 길하면 안녕하고 흉하면 위급하니, 땅의 맥도 역시 그러한 까닭이다. 용을 말하면서 그 용맥의 근원이 어디로부터 비롯되는 것인지를 모른다면 보는 바가 가까워 멀리를 헤아리지 못할 것이며, 탐구하는 바가 얕아 깊지 못할 것이고, 또한 살피는 바가 좁아 넓지 못할 것이다.

도대체 용은 어떤 짐승인가. 물론 상상의 동물이다. 용은 다양한 생물들의 속성을 한 몸에 지니고 있는 것으로 인식된다. 즉 용의 머리는 낙타의 머리와 같고, 뿔은 사슴, 눈은 토끼, 귀는 소의 귀와 같으며, 목은 뱀, 배는 이무기, 비늘은 잉어, 발톱은 매, 발바닥은 뱀의 그것과 같으며, 기운을 토하면 구름이 된다.

『本草綱木』에 의하면 용은 등에는 여든한 개의 비늘이 있으며, 아흔아홉 개의 陽數를 갖추었고, 그 소리는 銅盤을 치는 것과 같으며, 입가에는 수염이 있고, 턱밑에는 明珠가 달려 있으며, 목 아래에는 거슬 비늘이 있고, 머리 위에는 博山이 있는데 또는 尺木이라고도 한다. 용에게 이 척목이 없으면 하늘에 오를 수 없다고 한다.

한편 李圭景은 『龍瓣證說』에서 용의 뿔은 사슴 뿔과 흡사하고 머리는 소, 입은 당나귀, 눈은 두꺼비, 귀는 코끼리 귀와 아주 흡사하며, 비늘은 물고기, 배는 뱀, 수염은 사람, 발은 봉황의 발과 닮았다고 표현하였다.

더군다나 용은 능히 어둡게도 밝게도 할 수 있고, 아주 작거나 크게도, 또는 짧고 길게도 할 수 있으며, 몸을 굴신하여 작고자 하면 번데기처럼 작을 수도 있고, 크고자 하면 천하를 감출 수도 있다고 管子는 말하였다.

또한 변신하여 말, 양, 개, 닭, 나방 등이 된다고 하고, 거북, 물고기, 뱀, 지렁이, 혹은 사람이나 동물이 되기도 하며, 꽃이나 나무와 같은 식물, 바위나 산 혹은 하천, 나아가 별과 같은 천체에 이를 수도 있다는 상상 속의 상서로운 짐승이다.

모든 풍수 地家書들은 생기의 근원인 용의 祖宗이 崑崙山이라는 데 대해서는 이론이 없다. 간혹 須彌山이 거론되는 경우가 전혀 없는 것은 아니나, 수미산은 梵語 수메루에서 온 말로, 세계의 한가운데 솟아 있는 높은 산이라는 고대 인도인의 우주관에서 나온 관념으로 후대 풍수설에 습합된 것이기 때문에 별문제가 아니다. 이 산꼭대기에는 帝釋天을 주인으로 三十三天이 살고 있고 중턱에는 四天王이 살고 있다고 하는데, 이 설화가 불교에 전이되고 또다시 풍수 스승들인 선승들에 의하여 곤륜산 개념과 혼용되기 시작한 것이 아닌가 여겨진다.

한 가지 분명한 사실은 곤륜산은 실재한다는 것이고 수미산은 상상의 산이라는 점이다. 물론 풍수에서 말하는 모든 산의 조상 할아버지 곤륜산이 바로 중앙아시아에 있는 그 곤륜산 자체라고 단정하여 하는 말은 아니다. 그러나 여하튼 실재하는 곤륜산은 중국의 서쪽 끝 티벳 자치구와 신강, 위구르 자치구 사이에 자리하고 있다. 최고봉은 7,723m의 울무스타그이고 그 주위에 6,000m급의 봉우리가 60여 개나 있다. 全長 2,500km의 대산맥, 아직도 인적미답의 곳이 수두룩한 신비의 만년설지대, 이런 정도로 곤륜의 보이는 바만을 적어놓고 보면 이것이 히말라야보다 더 존숭되어야 할 이유를 찾을 수 없다.

이 산의 중요성은 동아시아 제민족의 깊이 감추어진 의식 속에서 찾아낼 수밖에는 없다. 중국인들은 산의 조상은 곤륜이요 물의 조상은 황하(山之祖宗崑崙 水之祖宗黃河)라고 믿고 있었는데, 이 양자를 합하여 곤륜산을 황하의 水源으로 받아들였다. 생명의 원천인 물을 대어주는 산이니 곤륜이 지기의 근원지가 되지 않을 수 없었던 것이다. 물론 실제로 황하의 수원지가 오늘의 곤륜산인 것은 아니다.

그런데 풍수에서는 〈산이 시작되는 곳을 알려면 물이 일어나는 곳을 알아야 하고, 용이 끝나는 곳을 알려면 물이 머무는 곳을 살피라(觀山之所始 必求其水之所起 觀龍之所終 必察其水之所界)〉는 말이 있다. 신령한 지기의 근원인 생기는 산에 거처하는 것이로되 그 생기를 운반하여 사람에게 직접 부여하는 것은 물이니, 그 물의 근원처에 있는 신성한 산 곤륜은 이 세상 모든 기의 근원(萬氣之源)이 되지 않을 수 없다는 것이다.

이것이 동쪽으로 맥을 잡아 뻗어온 것이 압록강의 원류 백두산이 되는데 이 산은 또 우리 민족의 祖上山이 된다. 명나라 때 나온 풍수 집대성

서인 『人子須知』에서는 주자의 말을 빌려 곤륜에서 중국으로 흘러드는 물이 황하임을 밝히고 있고, 또 그는 여진족이 일어난 곳에 압록강이 있으니, 전하는 말에 의하면 천하에 大水三處가 있으니 黃河, 長江, 鴨綠이 바로 그것이라고도 하였다. 곤륜에서 백두까지의 맥세는 우리와 직접적인 관계가 없고 그것을 말한다는 것은 결국 중국 풍수의 대강을 말해야 하는 번거로움이 있기 때문에 생략하기로 한다. 그런데 주자는 곤륜이 땅의 중심이라고 하였다. 그것을 받아 우리의 용맥도 곤륜에 원기를 대고 있다고 생각한 것은 아마도 주자학이 이 땅에 들어온 뒤 불가피하게 벌어진 현상이었을 것이다. 오히려 중국의 풍수이론이 유입되기 이전, 우리의 자생풍수에서는 곤륜보다도 백두산을 생기의 시원처로 삼았을 것이라는 생각이 든다.

우리 민족이 백두를 산의 조상이라고 보게 된 까닭은 너무나 당연한 곳에 있다. 조그마한 마을 자리에서 커다란 고을 터에 이르기까지 주민들은 그 주위에 있는 가장 수려한 강산에 몸과 마음을 의지케 된다. 그런데 오늘날의 우리들의 사고방식대로 그 강산이 저 홀로 생겨나 그곳에 있는 것이 아니라, 어디엔가 이어져 기맥을 통하고 있는 것으로 보았을 것이다. 세상 모든 일이 그 하나로 생겨날 수가 없다는 생각은 우리 조상들의 믿음이었기 때문이다. 바닷가에서 일어난 조수간만 현상이 달 때문에 일어난다는 것을 누구보다 먼저 알아낼 수 있었던 것도 그런 상호인연작용에 의한 것이라는 관점을 철저히 가졌기 때문에 가능한 일이었다.

산은 물로써 알 수 있는 것이니, 예컨대 고구려의 옛 서울 평양의 대동강을 바라보는 고구려 백성들은 그것이 광량진의 봉수산, 도회령을 거쳐 월봉산에 맥을 대고 결국 묘향산, 낭림산으로 이어지는 淸南正脈의 줄기라는 것을 깨닫게 된다. 그리고 그 낭림산의 자취를 밟으면 끝내는 백두대간의 맥을 타고 백두산에 닿게 된다는 것을 알게 된다. 조상은 백두산임을 확인한 것이다.

2 地氣는 어디로 가는가

백두대간을 달리던 산줄기는 금강산에서 분수령을 지어 서남쪽으로 꺾어져 김화 오갑산, 불정산 그리고 도봉산, 북한산을 지나 서울 들판을 이룬 후 한강에 닿게 되니, 이 역시 漢北正脈이 백두대간에 젖줄을 댄 셈이다. 이처럼 모든 산들이 종국에는 백두산을 뿌리로 하고 있음을 알게 된 다음에는 백두산이 땅의 정기의 원천임을 믿어 의심지 않게 되는 것이다.

그러나 쓸데없이 이것저것 많이 배운 사람들은 꼭 중국의 곤륜산에 의탁해야 직성이 풀리는 것인지, 이에 대한 논란은 조선 후기까지도 그치지 않고 이어진다. 『擇里志』의 저자 이중환(1690-1756)은 백두산의 원맥이 곤륜에 있음을 다음과 같이 설명하였는데, 이는 아마도 당시 실학자들의 일반적인 산맥에 대한 사고체계였던 듯하다. 그는 말하기를, 〈백두산은 곤륜산의 한 지맥이 대사막(타클라마칸 사막을 지칭한 듯함)의 남쪽을 지나 동쪽에 이르러 의무려산 (醫巫閭山:만주 요령성 서쪽 陰山山脈의 한 줄기)이 되고 이곳으로부터 크게 펼쳐져 요동평야가 되는데 평야를 건너서 다시 일어선 것이 백두산이며 『山海經』에서 말하는 不咸山이 곧 이것이다. 산의 정기가 북으로 천리를 뻗치고 두 강을 사이에 끼고 남쪽으로 향한 것이 영고탑(만주 길림성 영안현으로 淸朝의 발상지이다)이 되고 그 뒤의 한 맥이 높이 뻗치어 조선 산맥의 우두머리가 되었다〉고 하였으니, 백두산은 조선과 청나라 모두의 조상산이 됨을 은연중에 드러낸 셈이다.

이와는 달리 다산 정약용(1762-1836)은 그의 『我邦疆域考』에서, 〈四海 안에는 모든 산맥이 서로 연결되지 않은 곳이 없는 것이니, 백두산의 맥도 곤륜산과 연결된 것은 사실이지만 그렇다고 해서 반드시 곤륜산을 조상으로 받들고 백두산을 손자로 아래에 두어야 할 이유는 못 된다. 대지 전체는 원래 둥글고, 높고, 낮음이 없던 것인데 개벽 이후에 물에 씻기고 흙이 깎여 굳은 곳은 자연 산이 되었다〉고 갈파하여 문제의 본질에 접근

된 시각을 보여주기도 하였다.

張志淵(1866-1921)도 의무려산의 맥세가 虎坤堆(길림성 서쪽의 산 이름)를 지나 우리 백두산이 되었으며, 그 아래로는 혼돈강이 흑룡강을 합하여 북해로 들어가는데 이러한 명산대천이 있음으로 해서 요동 방면에서는 인재가 많이 배출되고 물자가 풍부하며 예로부터 중국과 항전하는 터가 되었으며, 요나라, 금나라, 원나라가 이 지방을 중심으로 크게 일어나기도 하였다고 언급한 바 있다.

뿐만이 아니라 旅庵 申景濬(1712-1781)은 일본의 여러 산들까지도 백두의 자손이라고 지적한 적이 있는데, 『旅庵全書』 「彊界考」에 보면, 〈장백산은 조선인들이 백두산이라 부르는 산으로 삼국의 뭇 산들의 조종이 되는 것으로서, 서쪽으로 혼하 이남, 압록강 이북으로 뻗어나간 지맥은 중국의 금주, 연해지방의 여러 산으로 연속되고, 동북쪽으로 혼돈강 이동, 흑룡강 이남, 두만강 이북으로 뻗어나간 지맥은 동해 이서의 여러 산을 이루는데, 그중 동쪽으로 뻗어나간 한 가닥 산맥이 바다를 건너 일본의 여러 산이 되었다〉고 기록되어 있다.

민족의 성산 백두산을 여기서 설명하는 것은 덧칠에 지나지 않는다. 설명의 여지도 없는 우리의 조상산이라는 뜻인데, 그러나 한 지방에 붙박혀 살고 있는 사람에게 있어서 백두산은 너무나 멀고 너무나 생각 속에 아득할 수밖에 없다. 그래서 가까이에 눈으로 보고 몸으로 직접 느끼며 의지할 수 있는 산을 따로이 상정하여 놓는 경우가 있으니, 이것이 바로 명산, 명악론이다. 산에 의지하지 않고는 허공에 발을 디딘 듯해서 도무지 살 수가 없는 민족인지라 반드시 지기의 공급처인 산이 있어야 하는 것이지만 백두산을 내놓고는 삼천리 방방곡곡에서 공통적으로 받들 산이란 것이 쉽게 떠오르는 것이 아니기 때문에 상당히 다양한 명산, 명악론이 생기게 된다. 그러나 이것은 한 고을의 진산 개념과는 달라서, 아무리 지방적인 영향력을 행사하는 정도의 산이라고는 해도 반드시 전국적 대표성은 지녀야 하는 것이 원칙이었다.

이런 예들 중에서 우리의 의식 속에 제일 먼저 떠오르는 산은 아마도

三神山이 아닐까 한다. 사마천의 『史記』에 보면 삼신산은 중국 전설에서 발해만 동쪽에 있다는 봉래산, 방장산, 영주산으로 이곳에 신선이 살고 있으며 불로불사의 선약이 있다 하여 진시황과 한무제가 이것을 구하려고 동남동녀 수천 명을 보냈다는 기록이 나온다. 그들이 말하는 삼신산이란 우리나라의 금강산, 지리산, 한라산을 가리키는 것이라는 설도 있다. 그러나 우리 마음속에 있는 삼신산은 그런 정도의 것이 아니다. 원래 삼신 할미는 우리 민족의 첫 조상인 환인, 환웅, 환검을 말하는 것이지만 좀더 가깝게는 아기를 점지하고 출산의 안전을 보장하며 양육을 지켜주는 생명의 원천인 어떤 존재로 인식한다.

　우리는 아기를 가졌을 때 삼신이 점지했다고 말하고, 아기를 낳고 키울 때는 삼신이 지켜주기를 기원한다. 그러니까 삼신산은 구체적인 산이라기보다는 생명의 원천인 생기를 보내주는 엄뫼(母岳)의 뜻을 지닌 산이 된다. 그래서 옛날에는 마을마다 고을마다 삼신산이 있었다. 그러다가 지리적 지평이 확대되면서 보다 멀리 있는 경승이 수려한 몇 개의 산으로 한정되기 시작함으로써, 생기발원처로서의 일반명사 삼신산이 명산, 명악이라는 고유명사 삼신산으로 전환된 것이라 여겨진다.

　삼신은 할미로서 아기에게만 관계되는 것이 아니다. 우리 고래의 삼신은 삼존의 수호신으로 마을이나 고을, 더 나아가서는 국가의 수호신으로서 대개 산악을 본거지로 삼았다. 앞서 말한 환인, 환웅, 단군의 三聖은 물론이고 제주도 삼성혈의 양을나, 고을나, 부을나라는 三神人도 그런 예에 속하는데, 그들과 산과는 불가분의 관계를 맺고 있음을 볼 수 있다. 삼한시대의 蘇塗도 솟대뿐만이 아니라 그것이 세워져 있는 神山까지를 포함하는 것으로 보아야 한다.

　비슷한 개념으로 삼산이란 것이 있는데, 신라의 삼산은 신라 호국신의 거주처로 『삼국사기』에는 삼산이 奈歷, 骨火, 穴禮라고 기록하여 놓았다. 백제에도 삼산이 있었음을 『삼국유사』가 전하는데 日山, 吳山, 浮山이 그 것이다. 이 산들이 현재의 어디를 가리키는 것인지는 분명치 않다. 이병도 박사는 나력은 경주 동남쪽의 낭산, 골화는 영천 동남쪽의 금강산, 혈례는 청도의 오리산으로, 그리고 일산은 백마강 북쪽의 울성산, 오산은 부여 동남쪽에 있는 오산, 부산은 백마강 서쪽의 부산이라 비정한 바 있는데, 역시 확실히 그렇다고 보기는 어렵다.

그렇지만 한 가지 재미있는 사실은 이 산들이 대부분 큰 고을의 동남쪽에 위치하고 있으며 또한 모두 국도 주위에 삼각형으로 정립하여 그곳을 떠받치는 형세를 취하고 있다는 점이다. 생기와 생명의 원천인 삼신산의 정기를 받고 커가는 우리나라라는 개념이 깊이 배어 있는 듯하다. 고대국가에서 수도는 즉 국가 그 자체였기 때문에 수도를 지탱하는 삼신산은 결국 국가의 수호신이 되는 셈이다. 따라서 중국 고대의 신선사상에서 나타나는 공상적 삼신산과 우리나라 고유신앙에 나타나는 실재의 삼신산과는 서로 본질을 달리하는 것이기 때문에 구별할 필요가 있다. 혹 중국의 삼신산도 처음에는 원시종교적 산악숭배에서 출발하였는지 모를 일이나, 『史記』의 기록은 확실히 우리의 삼신산과는 다르다.

고려의 三蘇制도 삼신산 사고의 유습으로 짐작되는데, 이것은 고려 수도 개성의 진산이요 수호 성산인 송악을 중심으로 좌우의 神山 또는 鎭山을 지칭하는 것이요, 이것은 결국 풍수의 주산과 좌우의 청룡, 백호 개념에 닮아가게 되는 것이다.

3 우리의 名山, 名岳

세월이 흘러 이러한 삼신산 신앙은 민간 속으로 침잠하여 의식의 저변을 점령한 채 웅크리고 있었을 뿐 크게 거론되지는 못했다. 그 대신 식자층이 이곳저곳을 둘러보다가 기상이 출중한 산들을 뽑아 글로 남김으로써 사람들의 입에 오르내리게 되는 산들이 나타나게 되었는데, 그 중의 하나가 조선의 4대 명산이라는 것이다.

동서남북 각 방면에서 주로 경치로 대변되는 명산이라는 것이 뽑힌 일이니 동의 금강, 남의 지리, 서의 구월, 북의 묘향이 바로 그것이다. 서산

대사 휴정은 이 4대 명산에서 골고루 주석하다가 마지막에 묘향산에 들어갔다고 하는데, 그는 이 네 산을 두루 본 감상을 이렇게 남겨놓고 있다.

즉 〈금강산은 빼어나지만 장쾌함이 미치지 못하고(秀而不壯), 지리산은 웅장하기는 하나 아름다움에 빠짐이 있으며(壯而不秀), 구월산은 빼어나지도 장쾌하지도 못한데(不秀不壯), 묘향산은 빼어나면서도 웅장하니(亦秀亦壯) 가장 훌륭하다는 것〉이다.

금강산과 구월산은 오행에 비겨볼 때(山을 五行에 빗대어 판단하여 五星이라고 일컬음) 금·화성에 해당하고, 지리산과 묘향산은 토성에 해당하는 것이니, 빼어나고 웅장함의 평가는 정확하다 할 것이다. 안타깝게도 필자는 이중 지리산 일부밖에는 본 적이 없어 무어라 말할 수 있는 입장은 아니다. 그러나 삼남 지기의 원천인 지리산에서의 느낌으로 미루어보건대 묘향산은 지리산처럼 아늑하고 푸짐하며 안정을 주는 후덕한 산이리라는 짐작은 든다. 반면 금강산과 구월산은 설악산처럼 火性이 강하여 산에 한 번 들어, 보기는 족히 신령을 쇄신케 함이 있을 것이나 오래 머물음에 있어서는 현란한 번거로움이 있을 듯도 하니 생기의 원천으로서는 좀 문제가 있지 않겠나 하는 생각이 든다. 물론 내설악의 중후함을 모르는 바는 아니지만 설악에서 어머니를 느끼기에는 어려움이 많고, 오히려 아리따운 동생, 엄한 아버지가 먼저 연상이 되기에 하는 얘기다.

4대 명산과는 달리 우리의 생활과 밀접히 연관지으며 나라 안의 네 개의 산을 뽑은 사람이 있다. 이중환은 무릇 산의 형세는 반드시 수려한 바위로 봉우리를 이루어야만 산이 빼어나고 물 또한 맑은 것이며, 또한 반드시 강과 바다가 교류하는 곳에 위치하여야만 큰 힘을 갖는다고 하면서, 이러한 곳이 나라 안에 네 군데가 있다고 하였다. 그중 하나는 개성의 오관산이요, 또 하나는 진잠의 계룡산이며, 또 하나는 한양의 삼각산이고, 나머지 하나는 문화에 있는 구월산이다.

오관산은 토성으로 기세가 웅대, 건장하고 넓고 크며 포용하고 축적하려는 의사는 혼연하고 후하다. 그 기상은 평양과 비교할 때 더욱 짜임새가 있고 견고하다. 삼각산은 아름답게 푸른 하늘에 솟았고 앞쪽은 평탄하

며 서북쪽은 높게 가로막혔고 동남쪽은 멀리 틔었으니 이에 하늘이 내린
고을로 이름난 터가 되었다. 판국의 안쪽이 명랑하고 흙빛이 깨끗하고 견
고하며 희어서 비록 밥을 길에다 엎질렀다 해도 주워서 먹을 수 있을 정
도이다. 그러므로 한양의 인사들이 막히지 않고 명랑한 점이 많으나, 한스
러운 것은 영웅적 기상이 없는 점이다. 계룡산은 웅대하기가 오관산에 미
치지 못하고 수려한 것도 삼각산에 미치지 못한다. 다만 내려오는 산맥은
멀고 골이 깊어 정기를 담고 있다. 구월산 또한 국면이 좁으나 수세와 지
리의 웅혼한 기상과 전답의 비옥한 것은 계룡산보다 훨씬 낫고 돌산이 톱
니같이 된 형상은 또한 오관산이나 삼각산보다 못하지 않다.

그는 이 외에도 명산이 될 만한 곳으로 춘천의 청평산, 금구의 모악산,
안동의 학가산, 원주의 적악산과 사자산, 공주의 무성산과 천안의 광덕산,
해미의 가야산, 남포의 성주산, 부안의 변산, 영평의 백운산, 곡산의 고달
산, 광주의 무등산, 영암의 월출산, 장흥의 천관산, 흥양의 팔영산, 순천의
조계산, 대구의 팔공산과 비파산, 청도의 운문산, 울산의 원적산, 청하의
내연산, 청송의 주왕산 등을 꼽았는데 이 산들은 몇 개의 예외를 제외한
다면 평지돌출이라는 특징을 지니고 있다.

평지돌출의 산들은 특별한 의미를 지닌다. 물론 전제되어야 할 점은 있
으니, 그것은 결코 산의 일방적인 작용력만이 중요한 것이 아니라 그 산
을 그렇다고 여기며 바라보고 그러한 의미를 부여한 인간의 주체적 역할
도 똑같이 중시되어야 한다는 점이다. 해안으로부터 시작하여 내륙으로
들어가는 野地의 땅에 풍성하면서도 우람하게 우뚝 솟은 평지돌출의 산은
상대적인 시각의 교차로 인하여 보다 더 웅장함을 자랑할 수 있다.

우리에게는 서양과 같은 신에 의한 천지창조 신화는 없다. 하늘과 땅이
스스로 그 문을 열어 세상을 시작하는 천지개벽의 신화만이 있을 뿐이다.
이때 하늘의 영원성과 땅의 유한성을 연결시켜 주는 고리의 역할을 산이
맡는다. 따라서 산은 우리들 모두에게 있어서, 모든 것의 있음의 근원에
대한 원초적인 사고의 틀인 원형, 바로 그 위대한 어머니의 품을 뜻하는
말로 이해가 된다.

어디에 기댈 것인가. 산은 무량하게 너무도 높아 사람에게는 아득하고, 들판은 너무 질펀하여 손놓고 퍼질러앉을 생각은 일으키되 영원으로의 연결을 시켜주지는 못한다. 이때 가까이 우뚝 솟은 산은 영원과 유한을 연결시켜 주는 역할을 할 수 있다는 말이다. 풍수는 그런 산들을 주산이니 近祖山이니 玄武砂니 하고 부른다. 바로 그곳으로부터 생기가 흘러나온다고 보는 것이다.

『고려사』「묘청전」에는 八聖에 제사를 모실 것을 주청하는 대목이 나오는데, 팔성이란 결국 여덟 개의 우리나라 명산들임을 알 수 있으며 그 하나하나까지 소개를 하고 있다. 그 첫째는 백두악인데, 이것은 물론 백두산으로 여기에는 태백선인(또는 太一仙人이라고도 함)과 實德文殊師利菩薩 등의 신위가 모셔져 있다. 실덕은 즉 실체, 본신, 진신의 의미로 백두악 태백선인의 본신은 문수사리보살이라는 것이다.

둘째, 龍圍嶽은 그 위치가 불분명한데 평양 근처, 묘청이 최대의 길지로 꼽아 천도를 꿈꾸었던 임원역 부근에 있는 대화궁의 주산이 아닌가 짐작된다. 여기에는 神通自在한 六通尊者(陰陽, 飛雨, 晦明에 통하는 仙佛)의 신위와 모든 부처의 으뜸인 석가불의 지위가 부여되어 있다.

셋째, 月城嶽이란 곳은 지금의 황해도 금천군 월성면의 兎山을 말하는데 여기에는 天仙과 大辨天神(歌詠, 音樂을 맡는 神)이 모셔져 있고, 넷째 駒麗平壤은 오늘의 평양 바로 그곳으로 여기에는 단순히 선인의 호와 燃燈佛의 지위가 부여되어 있으며, 다섯째 駒麗木覓은 역시 평양의 목멱을 말하는데 이곳에는 선인의 호와 毘婆尸佛이 봉안되어 있다.

여섯째 송악은 개성의 송악산으로 震主居士와 金剛索菩薩의 거처이고, 일곱째 甑城嶽은 황해도 구월산을 가리킨 듯한데 여기에는 勒叉天王과 몇 神人의 신격이 부여되어 있으며, 끝으로 頭嶽은 강화도 마니산으로 짐작이 되거니와 여기에는 특히 천녀와 不動優婆夷(息災, 增益을 관장하는 女神)가 배당되어 있다.

이 여덟 개의 성산은 오늘날까지도 모종의 신비함을 간직하고 있는 산으로 여겨지고 있음이 사실이다. 이 산들은 하나같이 생기의 원천인 산이라고 말하기는 어렵다. 어떤 산은 매우 위압감을 주기도 하고 또 어떤 산은 두려움의 대상이기도 하지만 그러나 어떤 알 수 없는 기운이 그곳으로부터 흘러나오고 있으리라는 믿음을 주는 점에서는 공통점이 있다.

이런 식의 명산을 말하자면 사실 끝이 없다. 각 지방마다 섬기는 명산이 따로 있고 받드는 명악이 조금씩 다르기 때문이다. 그런 것 중에 최남선이 말한 조선의 12宗山이란 것만 하나 더 보기로 한다면, 이들은 모두가 중요산맥의 祖宗이 되는 산이라는 특징을 지닌다. 삼각산, 백두산, 함경도 길주와 단천 사이의 원산, 낭림산, 평안남도 양덕과 함경남도 문천 사이에 있는 두류산, 강원도 평강의 분수령, 금강산, 오대산, 태백산, 속리산, 전북 장수의 장안산, 그리고 지리산이 바로 그것이다.

위에서 살펴본 바와 같이 지기의 본원처는 곤륜산이라는 것이 풍수의 정설이다. 세계의 중심인 곤륜산의 생기는 일정 경로를 따라 백두산에 유입이 되고 백두산은 그 생기를 받는 저장고 역할을 함은 물론 그것을 한반도 전역, 경우에 따라서는 일본에까지 지기를 공급하는 원천으로서 기능하는 것으로 이해된다. 백두산의 지기는 白頭大幹, 長白正幹, 洛南正脈, 淸北正脈, 淸南正脈, 海西正脈, 臨津北禮成南正脈, 漢北正脈, 洛東正脈, 漢南錦北正脈, 漢南正脈, 錦北正脈, 錦南湖南正脈, 錦南正脈, 湖南正脈 등의 한반도 곳곳으로 핏줄처럼 뻗어 있는 용맥을 따라 고을고을 마을마을마다 생기를 불어넣게 된다. 이것이 지기가 어디로부터 오는지에 대한 대답이다.

그러나 결코 지기의 공급처인 명산, 명악 바로 아래는 살지 않는 법이다. 심장은 血流의 원동력이지만 그곳이 원천이라고 해서 생기인 피를 얻겠다고 바로 그 심장에 구멍을 뚫어서는 아니되는 이치와 같은 것이다. 이제 이 명산, 명악으로부터 다시 동맥과 실핏줄을 타고 신체의 각 기관으로 산소와 양분이 공급되는 것처럼, 용맥도 그로부터 나와 마을과 고을터 그리고 산소자리까지 연결되어 그곳에 살고 있는 사람 혹은 시신에게 생기를 공급하게 되는 것이다. 이것이 풍수 看龍法이기도 하다.

제 3 부

오늘의 묘지문제와 陰宅風水

5 舊墓火葬制(시한부 매장제) 평가

1 호화 분묘는 안 된다

사람들의 욕심이라는 것이 한이 없어서 아흔아홉 개 가진 사람이 하나 가진 사람 것을 빼앗으려는 것이 요즈음의 세태이다. 다 같이 나누어서 사람답게 살아보자는 이상세계 운동도 현실적으로 망해 버린 요즈음이고 보면, 결국 남은 것은 좋은 게 좋은 거고, 강한 것이 옳은 것이라는 동물의 본능적 논리만이 활개치는 세상이 되어버렸다는 뜻이다.

이런 현상이 가장 첨예하게 드러나는 데가 바로 땅이 아닐까 하는 생각이 든다. 기회만 닿으면 긁어모으고, 여유만 생기면 사서 쌓아두며, 가능만 하다면 내 것으로 챙겨놓고 보는 것이 바로 토지, 땅이 아닌가.

이런 일들이 비단 어제 오늘의 일만은 아니지만 요즈음 들어서는 최소한의 인륜도 아랑곳하지 않고 배고픈 들짐승이 먹이를 보고 달려들 듯하니 문제라는 것이다. 사실 우리나라의 그간의 역사가 옳고 그름에 대한 제대로 된 심판을 내려주지 못한 것이 가장 근본적인 이유라는 역사 운명론적 시각이 전혀 일리가 없는 것은 아니다. 경순왕의 아들 마의태자의 억울한 처지는 누가 풀어준 적이 있으며, 왕씨의 고려 왕조에 대하여 당시의 윤리관으로는 그야말로 의를 다했던 충신들에 대해서는 언제 하늘이 보답을 해준 적이 있고 원수를 갚아준 적이 있었던가. 외세에 대항하여 의병을 일으키고 목숨을 바쳐가며 충의를 지켰던 애국자들의 후손은 오늘날 대부분 무엇이 되어 있는가. 더럽고 치사스럽게 왜놈들에게 빌붙어 땅과 돈을 챙겨둔 친일 매국노들의 자손은 지금 천벌을 받아 고통스러워하고 있는가.

땅은 알리라. 그러나 그것이 오늘을 살아가고 있는 우리 같은 범상한 사람들에게야 무슨 의미가 있을까. 또 설혹 의미가 있다 하더라도 진실로 땅만은 알고 있을지 누가 확언할 수 있으랴. 나는 명색이 땅을 전공해 오면서도 역사를 간직한 땅의 얘기를 들을 수 있는 능력을 아직도 갖추고 있지 못하다. 그러한 땅의 얘기를 들을 수 있는 것이 우리 고유의 전통 풍수사상임에도 불구하고 아직은 어림도 없는 수준이다. 게다가 땅은 왜색, 양색으로 변질되어 살아 있는지조차 의심스럽고, 사람들은 그와 같은 땅의 변질을 발전이니 개발이니 하면서 찬양하고 있는 판이라 혼란은 더욱 가중되고 있다. 이제 이 강산 어디에 사람의 냄새가 나는 땅이 남아 있는가. 그저 끊고, 자르고, 쌓고, 뚫고, 굽고, 지지고, 처바르고, 썩는 냄새, 타는 냄새에 풍수적 땅이란 설 자리를 잃고 말았다. 사람들이 의리를 잃었으니, 땅도 의리를 잃어버리라고 강요하는 것인지, 뭔지.

각설하고, 하늘이 모든 인간에게 골고루 내린 땅, 더불어 살아가야 할 땅, 누구의 소유도 되어서는 안 되는 땅. 그것은 그저 성인들의 글귀 속에서나 읽어볼 수 있는 내용들이고, 이 풍진 세상에서는 인정사정 볼 것 없이 챙겨놓고 보아야 할 땅. 그래가지고 땅땅거리며 살아야 할 땅. 아! 땅.

1991년 9월 18일 조간신문에는 사회지도급 인사들이 그린벨트나 임야 등을 불법 훼손해 호화 분묘를 만든 것으로 밝혀졌다는 글이 사회면의 주요기사로 실린 적이 있었다. 그날 신문은 마침 17일에 있었던 한국원 서울대 대학원생의 경찰 총기 난사로 인한 사망사건 기사가 주종을 이루던 때라, 그 기사내용은 사람들의 눈을 끌기에 충분한 것은 아니었다. 그 기사의 내용은 대략 이런 것이었다.

경기도가 국회에 낸 자료에 따르면 도내에는 330m²이상 호화 묘지가 77기나 되며 이 가운데 행정 처분이 내려진 호화 묘지 45기가 차지하고 있는 전체 면적은 54,152m²로 지난 1989년 1월 이후 산림 훼손과 불법 가묘 또는 석물 설치 등으로 당국에 적발됐다는 것이다. 지난 7월에 개정된 매장 및 분묘에 관한 법률에 의하면 개인 분묘는 88m² 이상을 사용하지 못하게 하고 있다. 더구나 이들 범법자 대부분이 기업체 대표, 학계 인사, 전·현직 언론인으로 사회의 지도층 인사들이라는 것이 문제라는 지적도 있었다. 심지어 경기도의 한 관계자는 국토의 효율적 이용과 계층 간 위화감 해소를 위해서라도 사회의 지도층 인사들이 호화 묘지 설치를 자제하는 솔선수범을 보여야 할 것이라고 말할 정도였다. 하기야 누가 누구를 지도하는 지도층이라는 것인지도 분명치 않지만 말이다.

그 명단에 끼여 있는 어느 언론인은 호화 분묘 문제를 떠나서 또 다른 의미에서 위화감을 조성케 하는 위업을 쌓았는데, 어떤 신문에는 아무개(무슨 일보 회장)라고 명단이 공개되어 있었으나, 정작 그 무슨 일보에는 다른 사람의 명단은 이름과 직함과 묘지의 위치를 모두 공개해 놓고 자기네 회장은 쏙 빼놓는 재주를 부렸더라는 얘기다. 게다가 그 무슨 일보는 바로 그 전날 누가 왜 산을 깎고 계곡을 덮나, 라는 사설을 통하여 자연의 불법 훼손을 질타한 바 있으니, 오히려 社告를 통하여 공개 사과를 함이 마땅한 것 같은데도 그런 짓을 저질렀다. 나 같은 학교선생 출신은 그저 망연자실, 세상사 허망함을 다시 한번 느낄 따름이다.

호화스럽지 않다 하더라도 그냥 보통의 묘지만으로도 지금 문제는 심각한 상황이다. 현재(1989년 말) 남한의 묘지 총면적은 963km², 분묘 수는 1천8백41만 기이며, 묘지 1기당 평균 면적은 50m²로, 묘지 면적을 모두 합치면 국토면적의 근 1%, 서울시 면적의 1.6배에 해당하는 넓이다. 이것은 항공사진 판독에 의한 추정치니만큼 실제 묘역의 면적은 이보다 훨씬 넓을 것으로 예상된다.

여기다 1989년의 경우 25만4천여 명이 사망하였는데 그중 84.3%인 21만4천여 명이 매장되고 나머지 4만여 명만 화장 처리되었다. 해마다 평균 여의도 면적의 약 1.3배인 10.4km²씩 새로이 죽은 분들의 영구 주거화하고 있다는 통계도 있다. 어떤 조사에 의하면 매년 약 3백만 평의 면적이 묘지로써 소용되며, 대체로 20년마다 인천직할시 정도의 땅이 죽은 사람들의 차지가 될 것이라는 통계도 나와 있다.

1987년 국토개발연구원이 조사한 바에 따르면 전국에는 5백만 기 이상의 무연고 묘지가 있는 것으로 추정되었으며 연고자가 있더라도 찾지 않는 묘가 실제로는 상당수에 이르는 것으로 나타났다. 전국에서 1,860명을 대상으로 실시한 조사결과에 의하면 지난 5년간 한 번이라도 3대조의 묘소를 다녀온 사람은 45%, 4대조는 27%, 5대조 이상은 13%로 나타났으며, 도시지역은 이 비율의 절반 정도로, 그리고 연령이 낮을수록 그 비율이 낮아지는 것으로 나타났다.

앞서 분묘 1기당 묘소 면적이 약 50m²라는 보사부 발표를 인용한 바 있으나, 우리 주변 임야에 흩어져 있는 대부분의 묘소는 그것이 조성될 때 묘소 주변(이것을 環松內라고 함)까지 훼손하게 되는데, 그러한 면적까지를 고려하면 실제로는 국토 면적의 약 2, 3% 정도까지 확대되는 것으로 보아야 할 것이다.

우리나라 묘지문제의 가장 중요한 문제점은 이와 같이 좁은 국토 면적에 지나치게 넓고도 많은 묘지가 있다는 것이다. 조금 다른 통계이기는 하지만 묘소 면적은 지난 1978년 이래 연평균 약 11.6km² 정도 증가하고 있는 것으로 조사된 바도 있는데, 이는 물론 보사부의 발표와는 차이를 빚는 것이 사실이다. 그러나 어차피 보사부의 통계도 정확한 것이라고 믿기는 힘들기 때문에 이 통계를 그대로 받아들인다면, 1962-1985년 사이 23년 동안 간척으로 인한 순수 국토확장 면적이 약 239km²인 데 반하여 같은 기간 동안에 묘지로 되어버린 묘소 면적은 267km²로서, 간척사업으로 증가된 국토 면적보다 많은 면적이 묘지화되고 있는 실정이다.

문제는 거기에서 끝나지 않는다. 죽은 사람들은 한번 매장이 되면 살아 있는 사람들이 옮겨주지 않는 한 절대로 움직이지 않는다. 즉 한번 자리를 차지하면 사실상 영구적으로 그 자리에 고정되어 버리는 특성을 갖는다는 말이다. 게다가 전통적으로 移葬이라는 것이 비용도 많이 들고 또 매우 까다로운 문제를 속에 지니고 있기 때문에 장사보다 이장이 더 어렵다는 말을 할 정도로 고민스러운 것이 이 일이라, 여하튼 돌아가신 분들의 뒤처리는 어려울 수밖에 없다.

더욱이 우리나라 분묘 수의 약 87% 정도가 다른 용도로의 개발이 용이한 경사도 30° 미만의 산림지에 설치되어 있기 때문에 그의 효율적 이용에 중대한 장애물의 역할을 본의 아니게 맡게 되는 경우도 많다. 산 사람들이 충분히 이용할 수 있는 자리를 죽은 분들이 사용하고 있다는 뜻인데, 여기에다가 분묘가 설치됨에 따른 주변 숲의 훼손과 산림경관의 단절 및 부조화 그리고 壙中을 파면서 이루어지게 되는 토양 침식 등의 문제도 부차적으로 살아 있는 사람들에게는 애로점이 되지 않을 수가 없다.

최근에는 경제적 여건의 상대적인 향상으로 인하여 과거에는 특정 신분의 사람들만이 이용하던 비석이나 石人, 石獸 등 석물이 일반화되고 보편화됨으로써 사실상 시간이 지나면 잘 찾아보지도 않는 사실상의 無緣 분묘가 엄연한 有緣 분묘로 남아 있게 된다는 사실이다. 연고가 분명한 분묘는 그 처리가 더욱 어려운 것이 사실이다.

우리 모두가 언젠가는 죽을 것임에 묘지문제는 죽은 사람들만의 문제가 아니라 실은 우리들 모두의 문제인 것이다. 그러나 산 사람들은 천년 만년 살 것같이 하루하루를 살아간다. 그러면서도 묘지제도와 산소문제의 심각성에 대해서는 비교적 잘 인식하고 있는 듯하다.

1991년 3월 보건사회부가 실시한 묘지제도 개선방안 수립을 위한 설문조사의 분석결과를 보면 그런 현실을 충분히 감지할 수가 있다. 즉 화장 의무대상 확대에 대하여서는 대부분 긍정적인 반응를 보였는데, 예컨대 무연 분묘 개장시 화장 납골 의무화에 대해서는 84.2%가 찬성을 , 무연고 행려 사망자, 수용시설 무의탁 사망자 등으로의 화장의무 확대에 대하여서는 무려 70.8%가 찬성이라는 식이다. 또한 시한부 매장제에 대하여서는 대부분 도입의 필요성을 인식하고 72.7%가 20년 이하, 46.9%가 15년 이하를 적정기간으로 보고 있었다.

특히 묘지 면적의 제한에 대해서는 절대 다수가 이를 축소하여야 한다고 보고, 78.7%가 3평 이하로, 48.5%가 2평 이하로 줄여야 한다는 반응을 보인 것으로 나타났다. 호화 분묘를 불법으로 설치하려는 사회지도층 인사들이 지도층이 아니라, 국토가 당면한 토지이용상의 문제점을 직시하고 그 개선책이 이루어져야 한다고 믿고 있는 일반국민들이 지도층이라는 것을 여실히 입증하는 예라고 할 수 있을 것이다.

경주 황남동에 있는 98호 고분은 봉분 면적만 2천 평이다. 서울 근교 동구릉의 묘역은 60만 평에 가깝다. 옛날 왕들의 무덤이고 지금은 문화재적 가치가 충분한 위에 시민들의 휴식 공간으로도 손색이 없는 곳이다. 호화 분묘 설치자들은 이런 왕릉을 흉내낸 것인가. 그렇다면 떳떳하게 나설 일이지 왜 주위에 철조망을 두르고 관리인을 두어 일반인들의 접근을 막고 있는가. 그나마 골프장에 비해서는 아주 적은 면적을 차지하고 있으니, 불행 중 다행이라고 해야 할지.

어떤 호화 분묘를 가보니 묘역의 면적도 하품이 나올 정도로 넓은 데다가 더욱 가관인 것은 그 주위를 琪花瑤草로 가꾸어놓은 터에 온갖 요상한 대리석 석물을 세워놓고 아래쪽에는 연못을 파놓았으며 위에는 덩실한 팔작지붕의 정자까지 지어놓고 있었다. 대리석은 외제 수입품일 게 분명해 보였다. 보지는 못하였지만 관도 이태리제 대리석 석관이나 자바산 티크 목관을 썼을지도 모르겠다.

그런 이들에게 자선삼아 한 가지 가르침을 내리겠다. 물론 소위 저명하다는, 그러나 실제로는 사기꾼인 地官의 자문을 받아가며 그런 일들을 벌였겠지만 돈을 바라고 남의 땅을 잡아준다면 그것은 이미 정통의 풍수학인이 아니다. 욕심이 눈꺼풀을 뒤집어씌웠는데 어찌 천도를 따르는 지기가 눈에 들어올 수 있겠는가. 결국 사기에 지나지 않는 잡술일 뿐이다.

棺材는 그 땅에서 나온 것을 쓰는 것이 원칙이다. 그래서 시신이 곱게 썩어 바로 그 땅에 육신을 돌려줌이 풍수의 바라는 바인 것이다. 중국산 고급 비단으로 수의를 해입힌 시신을 이장하는데 그 수의가 시신의 살에 달라붙어 썩지 않고 남아 있어 애를 먹는 일도 있다. 외제 관이라니 말도 되지 않는 소리다. 산소 아래쪽에 연못을 판다는 것은 또 어디서 배운 못된 버릇인가. 원래 우리 속담에 쏘(沼)를 판다는 말이 있다. 집안 망했다는 뜻이다. 분묘 아래의 인공 연못 조성은 금기 중의 금기다. 고종과 순종의 능인 금곡의 홍릉, 유릉 아래에는 왜 연못이 조성되었는지 아는가. 그 능들은 왜놈들이 만든 능이다. 영원히 망하라고 고사를 지낼 때 쓰는 수법인 것이다. 돌도 함부로 쓰는 것이 아니다. 아무리 잘 써봐야 땅의 기맥을 압박할 뿐인 것이 석물이다.

그래도 힘있고 돈이 남아돌아 주체를 할 수가 없어 호화 분묘를 그런 식으로 쓰고 싶다면 이런 충고는 어떨지. 아예 그 〈귀한 송장〉을 외국의 좋은 땅으로 모셔감이 더 낫지 않을까.[1]

2 구묘 화장제는 풍수논리에 맞는다

국토 이용이라는 측면에서 이렇게 심각한 묘지문제를 가볍게 처리할 수 없다는 것이 더욱 살아 있는 사람들을 난처하게 만든다. 모든 동물 중에서 사람들만이 인간적인 방법으로 죽은 시신을 처리한다. 동물들은 그들의 시체를 아무 곳에나 방치해 버리는 것이다. 따라서 우리가 인간이기 위해서는 어떤 식으로든 사람다운 방법의 모색이 필요해진다. 뿐만 아니라 순전히 실용적인 면으로도 시신의 부패로 인해 발생할 수 있는 위생처리를 위하여 합리적인 매장 또는 화장은 요구된다. 또한 우리 살아 있는 사람은 언젠가는 반드시 죽는다. 그러니까 묘지문제는 단순히 죽은 사람들의 시신 처리문제일 뿐만이 아니라 우리 자신들의 장래문제이기도 한 것이다.

주검에 대한 처리관습은 다른 관습보다 오래간다는 것이 통설이다. 몇 가지 기능적인 것들에 대한 조사 분석으로 정책을 만들어 실시한다고 해

---

1) 이 글의 끝 부분은 拙著, 『좋은 땅이란 어디를 말함인가』 1990, 서해문집, p. 491을 전재한 것임.

서 국민들이 쉽게 따라오지는 않는 것이 또한 이 묘지제도이다.

오늘날 이 문제가 법적 장치가 허술하여 그렇게 된 것 같지는 않다. 묘지 및 매장 등에 관한 법률이 정하고 있는 묘지의 설치 금지구역을 잘 살펴보면 실제로 산소로 쓸 자리가 거의 없다는 사실을 알게 될 것인데 이에 대해서는 다음에 살펴보기로 한다.

얼마 전 한국 천주교 중앙협의회는 우리나라 묘지문제를 해결할 수 있는 획기적 방안을 제시하였다. 전체 묘지 면적이 서울의 1.6배에 해당하는 현실을 생각해 볼 때, 묘지제도는 언젠가는 개선되어야 할 일이었다. 그러나 이 문제에 관한 한 좋은 수라는 것이 있을 수가 없기 때문에 대부분 문제제기에 머무는 정도의 논란이 있었을 뿐이다.

천주교에서 제시한 개선방안은, 〈천주교 묘역에 화장장과 납골당을 설치하여 현재의 무기한 매장제도에서 매장 후 2, 30년이 지나면 구묘(즉 매장 후 2, 30년이 경과한 오래된 묘)의 유해를 발굴하여 화장하는 방법으로 묘역관리를 변경하겠다〉는 것이다. 그와 관련하여 천주교 서울 대교구는 1991년 2월 경기도 용인군에 있는 서울 대교구 공원묘지 묘역 인근에 확보해 둔 10만 평에 납골당을 곧 착공, 본격적인 〈구묘 화장제〉를 추진하겠다고 밝혔다(《조선일보》 2월 14일자 보도).

개선방안의 제시에 머문 것이 아니라 스스로 실천의 첫걸음을 내디딘 것이다. 이에 앞서 신자들을 대상으로 한 설문조사에서는 조사대상의 87.8%가 구묘화장제에 적극 또는 묵시적으로 찬성함으로써 이 제도가 앞으로 정착될 전망이 밝다는 징조를 내보였다.

물론 이것은 천주교 신자들만을 대상으로 했다는 제한이 가해져 있기는 하다. 그러나 1987년 국토개발연구원이 실시한 〈묘제에 관한 국민의식조사〉를 보면 화장에 대해서는 불교만이 지지를 하였고 유교, 천주교, 기독교는 모두 반대를 한 것으로 나타나 있다. 따라서 천주교 이외의 다른 종교 신자들도 의식의 전환이 가능할 것이라는 생각을 해볼 수 있다.

또한 당시의 조사에서는 풍수지리설의 입장에 대하여 불교만이 일부 수용하고 있다는 태도를 취하였을 뿐 다른 종교의 경우는 반대를 하고 있는 것으로 되어 있다. 이 조사에서 나타나는 것처럼 다른 종교 신자들에 비하여 천주교 신자들이 유독 화장이나 풍수지리설에 대하여 반감을 가지고 있었다고는 할 수 없기 때문에, 이번 천주교측의 제안이 보편성을 띤 것은 물론 일반화될 가능성이 있다고 보는 것이다.

천주교의 이 제안은 葬法으로 본다면 확실히 이중적이다. 처음에 매장을 하여 분묘를 조성하였다가 일정 기간이 지난 뒤에는 다시 破墓를 하여 거기서 나온 유해를 화장하자는 것이기 때문이다. 이 제안이 획기적이며 또한 한편으로는 흔쾌히 받아들일 수만은 없다는 생각을 갖게 해주는 가장 큰 이유는 화장이라는 데 있을 것이다. 아무리 죽은 지 2, 30년 뒤에라고는 하지만 사람의 육신이 불에 태워진다는 것이 끔찍하게 여겨지기에 그런 거부감이 느껴지는 것이라고 생각된다. 물론 기독교와 천주교의 경우는 부활이라는 종교관 때문에 영구 매장을 선호하는 측면도 있다.

여하튼 우리나라 사람들의 거의 대부분은 화장을 기피한다. 화장이 불교신자들만의 것이라는 사고와, 시신이 불에 태워진다는 사실에 대한 혐오가, 별로 깊이 생각해 볼 여지도 없이 화장을 타기해야 할 장법으로 생각게 만든 것이다.

그렇다면 매장은 반드시 화장에 비해서 바람직한 것인가 하면 그렇지도 않다. 우리나라의 경우는 최소한 돌아가신 뒤 사흘 후에 매장을 하기 때문에 여기에 해당되지는 않지만, 서양에서는 땅속에 묻혔다가 소생하는 경우가 있는 모양이다. 어떤 통계를 보면 미국의 병원에 입원했다가 사망한 사람 5천 명 중에서 6, 7명이 살아났다고 나와 있는 것이 있다. 두꺼운 석관이나 목관에 갇혀 땅속에 묻힌 뒤 다시 의식이 돌아왔을 때를 상상해 보라. 얼마나 끔찍한가. 차라리 확실히 죽는 것이 백 번 나을 것이라는 생각이 들지 않는가.

실제 서양의 공동묘지를 개발로 인하여 철거를 할 때 보면, 손톱으로 박박 긁어놓은 관뚜껑이나 길게 수염이 자란 시신을 보게 되는 경우가 있다고 한다. 땅속에서 살아나 고통을 당한 증거이다. 그래서 서양에서는 내가 죽은 뒤에 목을 잘라달라든가 가슴에 달군 쇠판을 올려달라는 유언이 있다는 것이다. 땅속에서 다시 살아나는 고통이 두려우니 분명히 죽인 뒤에 묻어달라는 부탁이겠다. 이런 사실을 들으면, 매장이 화장보다 낫다는 생각도 어떤 면에서는 그릇된 고정관념일 수도 있다는 것을 느끼게 된다.

여러 민족들이 주검을 처리하는 방법도 매장 일변도는 아니다. 화장을 하기도 하고 水葬을 하기도 하며 風葬을 하기도 한다. 풍장은 우리나라 서남해 섬지방에 극히 최근까지도 남아 있던 장법이다. 지방에 따라 약간의 차이는 있지만 풍장의 절차는 대략 이러하다.

먼저 지관이 바다가 보이는 섬 둔덕 중턱에 자리를 잡는다. 잡은 자리 위에 조그만 돌들을 평평하게 깔고 그 위에 널을 놓은 다음 서까래를 얹고 지붕을 만든 뒤 초가집 짓듯 이엉을 엮는다. 이렇게 하면 빗물이 안으로 새어 들어가지도 못하거니와 바람이 통하니까 시신의 살이 잘 썩는다. 이것을 草墳이라 하는데, 초분을 만든 뒤 3년에서 5년이 지나면 살은 완전히 부패하여 떨어져 나가고 뼈만 남게 된다.

이렇게 肉脫이 된 뼈를 솜에 향물을 묻혀 깨끗이 닦아내는데 미처 육탈이 덜 된 곳이 있으면 대나무 칼로 그것을 긁어내기도 한다. 이것을 식골이라고 하며, 식골된 뼈는 머리부터 차례로 삼베를 깐 새 널 위로 옮긴다. 그 위에 수의를 얹고 베로 다시 덮은 다음 장지로 옮겨 정식의 산소를 짓게 되는 것이다.

풍장의 풍속은 중국측 기록인 『삼국지』 「위지 동이전」이나 우리 쪽의 『삼국사기』 등에 나오는 것으로 보아 오래된 유습인 것은 분명하지만, 왜 그렇게 하는지는 알 수가 없다. 이 풍속이 다른 데서는 사라지고 유독 섬지방에만 남아 있는 이유도 분명치 않다. 다만 뱃사람들이 고기잡이하러 먼 바다에 나간 사이에 부모가 돌아가신 경우, 그대로 매장을 하면 영영 못 뵙게 될까봐 초분을 짓는다는 얘기가 있다.

또는 유골이 깨끗한 회백색으로 잘 육탈이 되었는지를 확인하기 위하여 초분이라는 이중장제를 택하게 되었다는 설도 있다. 이 이중장제는 변형이 되어 진주지방 등 일부 남부지방에서 오늘날도 행하여진다. 즉 돌아가신 분을 즉시 先塋 아래 모시는 것이 아니라 다른 곳에 임시로 매장하였다가 육탈이 될 3년쯤 후에 洗骨하여 선산으로 이장하는 방식이다.

티베트 사람들의 鳥葬 풍속은 더욱 기이하게 보인다. 시신을 열댓 평쯤 되는 산간 계류 평탄한 바위 위에 눕히고 칼로 시체의 배를 세로로 가른다. 내장을 들어내어 주위에 뿌리면 이미 시체의 냄새를 맡고 기다리고 있던 대머리 독수리들이 쪼아 먹는다. 다음에 머리와 손발을 떼고 살을 발라내어 던져주고 이윽고 뼈까지 바위에 난 구멍에 집어넣고 빻아 가루를 내어 보리가루와 섞어 경단을 만들어 던져주는 것으로 작업이 끝난다. 시신은 한줌의 흔적도 없이 새들의 뱃속으로 사라지는 것이다. 서구의 인류학자들은 이것이 새의 飛翔을 통하여 영혼을 하늘로 보내고자 하는 의도에서 나온 장법이라고 설명하지만, 그야 누가 알겠는가. 그들은 그렇게 하는 것이 어떤 것보다도 가장 인간적인 도리를 잘하는 것이라고 믿고 행동하는 것이리라.

그런 까닭에 우리 민족의 화장 혐오성향이 그릇된 고정관념일 수도 있다고 말한 것이다. 그런가 하면 우리나라에서도 화장을 하여 그 유골을 매장하는 것이 통례이던 시대도 있었다. 고려로부터 조선 초기에 이르던 시기에는 대체로 일반인들은 화장을 하였던 듯하다. 임금의 경우도 화장을 하여 그 유골을 단지에 넣고 능을 만들기도 하였다. 거란족이 쳐들어왔을 때 능에서 유골단지를 꺼내어 피난을 갔다가 뒤에 다시 집어넣었다는 기록이 있을 정도이다.

조선 태조 4년 헌사에서, 〈지금부터 현직 관리와 散官을 막론하고 부모님의 삼년상을 마치도록 하며, 가묘의 제도를 밝히고, 삼일장과 화장을 금하되, 모두 석 달 또는 달을 넘겨서 장사지내는 제도를 행하게 하소서〉하는 상언이 있었다. 이미 지도층에까지 미쳐 있던 화장 풍속을 단속하자는 첫번째 제안으로 보인다.

세종 때에 이르게 되면 일반인들에게도 강력한 화장 금지령을 유교의 명분을 좇아 내리고 있는 것을 보면, 이때까지도 화장은 상당히 보편화되어 있었다는 것을 짐작할 수 있다. 그러나 그것이 고비였고 우리나라는 이후 철저히 매장 일변도의 장례 관습을 유지하여 온 셈이다. 또 다른 기록에 의하면 화장에 쓰이는 장작 때문에 산림이 황폐되기 때문에 더욱 화장을 강력히 금지했다는 대목도 있다.

땅이 모자라니 이제 싫어도 화장을 할 수밖에 없는 판국인데, 화장을 권장한다면서도 화장장의 절대 수와 하루 평균 화장능력이 떨어져 그나마도 쉽지 않은 실정이다. 우리들이 원래 화장을 싫어했기 때문에 화장장을 많이 설치하지 못한 이유도 있으나, 화장장 자체가 주민들에 의하여 혐오시설로 받아들여지기 때문에 부지를 구하기도 매우 어려운 형편이다. 현재 법정 전염병 사망자는 의무적으로 화장을 하도록 되어 있고 무연고자와 사회복지시설 수용자 등도 의무화장 대상에 포함될 모양인데, 빨리 시설확충을 서두르지 않으면 이제 화장장에서 시신을 놓아두고 며칠씩 기다리는 사태가 벌어질지도 모른다.

그렇다고 매장은 좀 쉬우냐 하면 그렇지도 않다. 공설이나 사설의 집단 분묘인 소위 공동묘지를 이용하는 경우 평당 2, 30만 원을 주어야 하는 땅값도 문제려니와 대도시, 중소도시 할 것 없이 공동묘지는 모두 포화상태인지라 자리 하나 잡기에 여간 고역을 치러야 하는 것이 아니다. 게다가 묘지 관리소측의 횡포도 대단하고 시신처리 인부들의 고압적인 자세도 견디기 쉬운 일이 아닌지라 상을 당한 사람들은 슬픔에 앞서 죽음 후의 생존경쟁인지 死存競爭인지부터 신경을 써야 할 판이다.

보사부는 현재 묘지 면적 30m² 이내, 분묘 면적 20m² 이내의 면적 제한규정을 고쳐, 묘지는 20m²(6평), 분묘는 10m²(3평) 이내로 각각 축소시킨다는 복안을 갖고 있으나, 이 또한 잘 지켜질지 의문이다.

가장 심하게 토지 점유를 유도해 왔던 개인 분묘와 문중 산소의 경우도 현행 법대로 한다면 사실상 쓸 수가 없도록 되어 있기는 하다. 그러나 그것이 지켜지지를 않고, 또 전통적으로 〈山訟에 살인난다〉는 속담대로 철저한 단속도 되지를 않기 때문에 알게 모르게 국토는 잠식되어 간다.

앞서 예고한 바와 같이 생각나는 대로 몇 가지 현행 법적 장치들을 보기로 한다. 개인 묘지의 허가를 받고자 할 때는 매장 및 묘지 등에 관한 법률 시행규칙 제2조에 따라 실측도 및 구적표와 임야대장 등본을 첨부하여 관할 구청장, 시장, 군수를 거쳐 시·도지사에게 제출하여야 하나, 같은 법 제8조의 2항 및 동 시행령 제9조에 따라 국민 보건상 위해를 끼칠 우려가 있는 지역, 국방부장관이 지정하는 군 작전상 필요 지역, 도시계획법에 의한 주거, 상업, 공업지역과 녹지지역 안의 풍치지구, 수도법에 의한 상수원 보호구역, 도로법에 의해 지정 고시된 도로구역, 접도구역, 고속국도구역, 하천법에 의해 결정 고시된 하천구역, 농지확대 개발촉진법에 의한 농지개발 대상지역, 산림법에 의해 지정된 국유림, 보안림 및 채종림, 사방사업법에 의해 지정된 사방지 등에는 묘지를 설치할 수 없도록 되어 있다. 그러니까 법대로 하자면 개인 분묘를 써서 매장한다는 것은 사실상 불가능하다는 얘기다. 그런데도 개인 묘지는 끊임없이 새로 생겨나고 있으니 참으로 귀신이 곡할 노릇이다. 요컨대 화장은 싫고 매장은 어려우니, 죽어 이 한 몸 둘 곳이 없더라는 얘기가 나올 법하다. 그런 터에 제안된 천주교의 구묘 화장제이기에 더욱 돋보이는지도 모른다.

이제 문제는 두 가지로 압축된다. 하나는 산소에 매장하는 관습이 꼭 지켜져야 하는 미풍양속이냐 하는 것이고, 다른 하나는 돌아가신 분을 일단 매장하였다가 2, 3년 뒤에 시신을 발굴하여 화장하는 것이 과연 많은 사람들이 놓치기를 싫어하는 풍수 논리에 어긋나지 않느냐 하는 것이다.

첫번째 문제에서의 다른 대안은 돌아가신 후 바로 화장을 하는 방법이 있을 수 있다. 이 점에 대해서는 완전히 피동의 상태에서 시키는 대로 할 수밖에 없는 죽은 사람의 입장에서가 아니라 산 사람의 처지에서 생각해 볼 필요가 있다. 즉 살아 있는 사람들에게 돌아가신 조상님과 부모님들의 산소가 의미가 있겠느냐의 문제가 된다.

산소는 물론 살아 있는 후손들에게 묵시적이고 잠재적으로 중요한 의미를 부여한다. 또한 설날이나 추석 그리고 한식날의 성묘는 여러 모로 의미가 깊다. 전래의 예법을 따름으로써, 우리가 단지 우리들만으로 이루어진 孤我한 존재가 아니라 다 뿌리가 있으므로 해서 생겨난 생명 순환적 실체임을 다시 한번 자각하게 된다. 아웅다웅하던 형제와 숙질들이 한 줄기에 맺혀 있는 나뭇잎들임을 깨닫고, 조상의 산소 앞에서 반성의 기회를 갖게도 된다. 시집 온 며느리들은 이제 자신들이 이 집에 옮겨져 온 꽃가루로서, 하나의 몸체가 되었음을 몸으로 실감한다. 며느리인 자기는 타성받이이지만 시집이라는 이 나무에 용해되어 주체적 일부가 되었음을 시조부모님과 시부모님의 산소를 통하여 자신이 낳은 자식들에게로 연결됨을 봄으로써 그것을 확인하게 되는 것이다.

지옥으로까지 표현되는 명절의 교통전쟁 속을 뚫고 돌아가신 부모님 산소 앞에 식구들이 섰을 때, 땅속의 부모는 그러한 자식들의 자식들인 손주들에게 말 없는 교훈을 던져준 셈이다. 즉 자식이 부모를 섬김이 돌아가신 뒤에도 이러한데 하물며 살아 계실 때 있어서랴, 하는 가르침이다. 섬김이 섬김을 낳는 법이니, 여러 어려움과 귀찮음 따위를 무릅쓰고 이 자리에 설 때까지의 과정을 같이 겪은 손주들은 부모님께 대한 효의 당연함을 온몸으로 체득하는 것이다.

원래 부모님을 좋은 지기의 땅에 광중을 파고 모신 뒤 봉분을 덮어드리는 것은 오직 한 가지, 돌아가신 부모님을 편케 해드리자는 것뿐이다. 거기에 어떤 다른 이기적 목적이 끼여들 수는 없는 일이다. 그러나 자식에서 자식으로 이어져 내리는 효를 전수하기 위하여 산소를 잠시 의지하는 것은 흠이랄 수는 없는 일이다. 산소를 모신 그 땅의 성격이 강포하여 그 앞에 선 후손들의 마음가짐을 날카롭게 해서는 아니될 것이며, 그 땅의 모양이 통곡하는 망부의 자세라 역시 그 앞에 선 후손들의 마음이 음울하게 되어버린다면 그 또한 누구의 바라는 바도 아닐 것이다.

돌아가신 분이 편안한 永眠을 취할 수 있고, 그 앞에 성묘를 하는 후손들이 바로 그 산소가 있는 땅의 후덕한 기운에 힘입어 인간다운 심성을 배양할 수 있다면 그곳이 바로 좋은 산소자리가 된다. 산소의 크고 작음이나 혹은 초라하고 웅장하고는 전혀 문제가 되지 않는다. 오히려 지기에 과분한 분묘 치장은, 땅의 입장에서는 떠받치고 있기에 과중한 부담이 되고 후손들의 입장에서 보자면 그것이 결국 경관상의 부조화를 일으키기 때문에 나쁜 영향밖에는 받을 것이 없게 되고 만다.

그런데도 불구하고 산소 꾸미기에 재산 아까운 줄 모르는 행위는 자신만의 만족과 자기 과시를 달성하기 위하여 돌아가신 분을 욕보이고 후손을 기만하는 이기적 추태에 지나지 않는다. 중요한 것은 자신의 마음가짐이며, 살펴보아야 할 것은 사람과 땅과의 조화로운 결합이 잘 이루어졌느냐 하는 것일 뿐이다. 요컨대 이러한 사실만으로도 산소는 살아 있는 사람들에게 커다란 가르침을 내린 셈이다. 그러니 우선은 산소가 있어야 한다는 결론이 나온다.

그런데 앞서 살펴본 바와 같이 땅이 부족하여 영원토록 산소문제를 이 지경으로 놓아둘 수도 없다. 이제 우리는 자연스럽게 두번째 문제, 즉 돌아가신 뒤 2, 30년 후에 유골을 화장하는 구묘 화장제가 풍수 논리에 합당한 것인지를 살펴볼 때가 되었다. 이 경우 우리나라 전체 분묘 수의 약 40%에 달하는 무연고 분묘도 발굴 화장처리하여 원래의 땅으로 되돌려놓을 필요가 있다. 그러니까 무연고 분묘를 모두 없애고, 구묘 화장제를 제도화하여 정착시키면 우리는 우리의 다음 세대에게 커다란 짐을 벗어놓게 하는 덕을 베푸는 셈이다. 산소로 인한 토지 이용상의 문제들이 해결될 것이기 때문이다. 그럼 이제 구묘 화장제가 풍수적으로 받아들일 수 있는 것인지를 따져보기로 하자.

산소자리잡기 地術인 음택풍수는 동기감응론에 그 기반을 두고 있다. 동기감응이란 돌아가신 부모님의 유해가 땅에 묻혀 받은 그 땅의 지기가 자식들에게 전달된다는 믿음이다. 죽은 사람이 어떻게 살아 있는 자식에게 자신의 기를 전해 줄 수 있는가 하는 동기감응의 논리는 『錦囊經』에 비유로만 설명되어 있을 뿐이다.

3 『錦囊經』의 동기감응론

풍수 경전으로 오늘날 전해지는 가장 오래된 것은 『靑烏經』이다. 『청오경』은 한대에 씌어진 것인데, 靑烏子가 썼다고 할 뿐 저자에 대해서는 알려진 바가 없다. 그러나 그보다 체계가 잡혀 있고 내용에 있어서 실증성과 논리 전개의 합리성을 갖춘 것은 A.D. 4세기경 東晉시대의 郭璞이 지은 『葬書』라는 데 이의가 없을 것이다. 이 책은 워낙 유명하여 『葬經』이라 높여 불리며, 당나라 현종이 비단 주머니에 두고 아꼈다 하여 『錦囊經』이라는 이명으로 더 잘 알려진 책이다. 여기서 사용한 문헌은 규장각 소장본으로 도서번호 1741번인 『금낭경』과 『상백문고본』 두 가지를 대조하여 본 것이며, 一行과 張說, 泓師의 주해를 함께 참고하였다. 그중 해당 부분만을 발췌하여 의역하면 다음과 같다.

〈부모는 사람이 생겨남의 근본이라 하였다. 부모의 유해가 오행의 생기를 얻어 타게 되면, 부모의 遺體인 자식으로서 어찌 그 부모의 음덕이 대주는 복을 입지 않는다고 할 수가 있겠는가〉 하면서, 이어서 〈經에 이르기를 氣가 鬼에 감응하면 복이 살아 있는 자식에게 미친다〉고 하였다.

이에 대하여 장설이란 사람이 해석하여 말하기를 〈위에서 경이라 한 것은 대략 『古葬經』을 일컫는다. 만약 穴中에 감응이 미치면 즉 부모의 복이 자식에게 미치는데, 부모가 돌아가시어 이미 장사를 치렀기 때문에 귀라 하는 것이며, 살아 있는 자식이 그 음덕을 받는 것이기 때문에 복이 살아 있는 자식에게 미친다고 한 것〉이라 하였다.

같은 구절에 대하여, 우리나라의 풍수 원조로 추앙되는 도선국사에게 풍수를 가르쳤다고 속설이 전하는(그러나 이것은 史實이 아님) 당대의 저명한 풍수학인 일행선사는 또 이렇게 주석을 달았다.

〈위에서 경이라고 한 것은 『금낭경』의 저자 곽박이 『靑囊經』을 인용한 것〉이라고 하면서, 또 말하기를 〈살아 있으면 사람(人)이요, 죽으면 귀신(鬼)이다. 부모가 돌아가시어 장사를 지냈는데 그분들이(즉 그 귀신이) 地氣를 얻으면 같은 종류의 기가 서로 감응하게 되고, 그 복은 반드시 살아 있는 자식들에게(즉 人에게) 응험이 있을 것이다. 그것은 마치 구리광산(銅山)이 서쪽에서 무너지는데, 영험스러운 鐘이 동쪽에서 울리는 것과 같은 이치이다〉고 하였다.

이 비유에 대해서는 장설이 보다 더 구체적으로 다음과 같이 설명을 덧붙였다. 〈한나라 未央宮(白居易의 長恨歌에도 등장하는 한나라의 궁전

이름이다)에서 어느 날 저녁 아무 이유 없이 종이 스스로 울었다. 그것을
보고 임금이 괴이쩍어 주위를 둘러보며 물으니, 마침 곁에 시립하고 있던
東方朔(원래는 한 무제 때 사람. 벼슬이 金馬門侍中에 이르고 해학과 변설
로 이름이 난 사람이다. 俗說에 西王母의 복숭아를 훔쳐 먹어 죽지 않고 장
수하였으므로 三千甲子 東方朔이라 일컬어진다)이, 이는 반드시 구리광산이
무너진 일이 있을 것이라고 하였다. 아닌게아니라 얼마 되지 않아 서촉
땅 진령에 있는 구리광산이 무너졌다는 소식이 왔는데, 날짜를 헤아리니
바로 미앙궁의 종이 아무 이유도 없이 스스로 울린 그날이었다. 신기하게
여긴 임금이 동방삭에게 어떻게 그리된 줄을 알았느냐고 물었다. 동방삭
이 대답하기를 무릇 구리 종을 만든 구리는 바로 그 구리광산에서 나온
것입니다. 그러니 기가 서로 감응하는 것은 사람이 부모에게서 몸을 받은
것과 같습니다라고 하였다. 이에 임금이 감탄하여 이르기를, 물체의 서로
감응함이 그와 같은데, 황차 사람에게 있어서랴, 귀신에게 있어서랴 하고
외쳤다. 구리광산이 무너짐에 따라, 바로 그 광산에서 나온 구리로 만든
구리종이 스스로 우는 것은, 마치 돌아가신 부모의 本骸가 同氣인 자식에
게 복을 입힘과 같은 것이니, 이는 모두 자연의 이치(自然之理)인 것이
다.〉영험한 종과 구리광산의 감응에 대한 비유에 이어, 『금낭경』은 다음
과 같은 비유를 하나 더 들고 있다. 즉 〈봄이 되어 나무에 꽃이 피면 방
안에 있던 밤톨에서도 싹이 튼다〉고.

　이 비유를 장설은 이렇게 해석하였다. 〈농부가 가을에 밤을 따다가 집
에 갈무리를 하여 두었다. 봄에 밖에 있는 밤나무에 꽃이 피면, 집에 갈
무리해 두었던 밤톨도 싹이 튼다. 열매가 나무에서 떨어져 버린 지 이미
오래인데도, 거기에 꽃이 피면 여기에도 싹이 튼다. 대개 본성의 근원이
기를 얻으면 서로 감응함이, 마치 부모의 장사지낸 유골이 생기를 얻으면
자손이 왕성한 복을 얻음과 같다.〉

　이것이 『금낭경』이 밝힌 동기감응론의 비유적 설명이다. 그런데 이미
I장에서 밝힌 바와 같이 부모의 유해가 기를 받는 것은 살이나 피가 아니
고 뼈를 통해서이다. 이 부분을 다시 한번 되살려본다. 〈경에 이르기를

대개 生이란 氣의 모임이라 하였다. 그것이 응결하면 骨을 이룬다. 골, 즉 뼈는 사람의 생기이다. 죽으면 뼈만 홀로 남는다. 따라서 장사란 기를 되돌려 뼈에 들임으로써, 생에 음덕을 입히는 이치인 것이다.〉 이에 대해서 일행선사는 이렇게 주해를 하였다.

〈사람의 생이란 특별한 기의 모임인데 기가 모이면 혈과 육이 되고, 그 가운데 응결한 것은 골이 되니, 따라서 사람이 죽으면 혈과 육은 소멸되어 버리고 오직 골만 홀로 남는다(즉 피와 살은 썩어 없어지고 뼈만 홀로 남게 된다는 뜻). 골도 본래는 기의 모임인데, 살아 있을 때까지는 같은 무리로 기를 들이지만, 죽어 장사지내면 그 골은 다시 생기를 받아들임으로써 그 자손에게 음덕을 입히니, 자손은 이에 조상의 골의 나머지로 되는 것이다. 무릇 精이 祥葬이 되면 골에 들어가는데, 정기가 결합하면 만물을 이루게 되는 것이니, 자손의 생은 부모의 골로부터 근본을 삼게 된다. 오랜 옛날부터 성인의 슬기는 살아 있는 사람에게 복을 구하려 할 때 그 본(부모의 骨)이 음덕을 입게 하니, 그것이 장사의 이치이다. 생기를 本骸(부모의 유체)가 택하게 하여 복이 遺體(부모가 남겨놓은 자식)에 감응케 하니, 살아 있는 사람 역시 기인 까닭이다. 만물은 기로써 서로 감응치 않는 것이 없고, 역시 기로써 화복과 길흉이 되지 않는 것이 없으니 인간의 기쁜 일과 재앙은 비록 밖에서 와서 이르는 것이지만 기실은 사람의 기로부터 생겨나는 것이다. 그러므로 기가 길하면 祥이요, 기가 흉하면 화가 되니, 일신의 사이로부터 나오지 않는 것이 없다. 그러나 그것을 중생의 육안으로 돌아보아서는 자세히 살펴볼 수 없는 것이니, 이것이 聖人의 기교한 슬기로써 奪造化를 구하는 것이다. 葬은 본이요, 복은 末이 됨을 門으로 삼으니, 福利 따위는 또한 神妙의 방편일 뿐이다.〉

이어서 이런 설명을 덧붙였다. 〈사람의 생이란 음양이 배합하고 생기가 교감하여 모임으로써 사람이 되는 것이니, 응결하면 골을 이룬다. 죽으면 肢體와 血脈은 모두 썩으나 오직 골만은 홀로 남게 된다. 대개 人骨이 오행의 생기를 받고, 골은 사람의 생기이니, 사람은 죽어도 골은 죽지 않는다. 고로 장사란 사람의 생기와 地中의 생기가 다시 합하여 遺體를 받게 하는 것이니, 生者로서 어찌 음덕이 주입하는 복을 향수하지 않는다고 할 수 있겠는가. 이상의 논의는 오행의 생기와 지중의 생기와 유골의 생기, 이 세 가지가 합하여 하나가 되면 복이 生人에게 가히 흘러가게 될 것이 란 얘기다.〉

따라서 죽은 사람일지라도 아직은 뼈가 있어야 생기를 받을 수 있는 것이고, 뼈마저 모두 썩어 흙으로 돌아가 버렸다면, 생기를 무엇을 통해서 받을 수 있겠는가. 뼈가 토화되는 일세 30년 후에는 기를 받아들일 부모의 뼈, 즉 本骸도 없어져 버리고 말 것이니, 산소도 사실상 기념물 이외의 의미를 지니지는 못하게 된다.

이것으로 천주교가 제안한 사후 2, 30년 뒤의 구묘 화장제, 즉 시한부 매장제가 풍수원리에 어그러짐이 없다는 것이 증명된 셈이다. 실제로 표본조사에 의한 성묘 횟수를 살펴보면, 돌아가신 뒤 시간이 지날수록 점점 더 산소를 찾지 않게 되는 것으로 나와 있다.

앞서의 국토개발연구원 조사에 따르면 아버님 산소의 위치를 알고 있는 사람이 79.3%, 어머님이 73.1%로, 의외의 많은 사람들이 부모님 산소 위치를 모르고 있는 것으로 나타났다. 조부모의 경우는 74.9%와 71.5%, 증조부모의 경우는 대폭 감소하여 46.8%와 44.6%, 그리고 고조부모의 경우는 28.1%와 27.4%로 격감하고 있다. 이 조사도 위치를 알고 있느냐를 물은 것이지, 산소에 대해서 어떤 관리를 하고 있는지를 물은 것은 아니기 때문에 실제로 조부모와 그 윗대 산소는 사실상 방치된 상태에 놓여진 경우가 대부분일 것이란 짐작이 든다. 이런 산소들은 곧 무연 분묘로 되어버릴 것이 불을 보듯 뻔한 일이다.

산소의 존재는 우리의 오랜 관습과 생활풍속상 미풍양속이랄 수 있는 측면이 분명히 있으며, 또한 후손들에게 미치는 인간교육, 사회교육적 의미성이 중대한 것도 사실이다. 그렇기 때문에 산소를 모두 없앤다는 것은 좋지 않은 일이며 현실적으로 있을 수 있는 일도 아니다.

그런 점에서 천주교의 구묘 화장제는 풍수적 전통성과 토지 이용상의 합리성 양쪽을 모두 만족시킬 수 있는 훌륭한 제안이랄 수 있다.

6 실학자들의 풍수관

1 擇里에 대한 총론적 견해

조선조의 실학이 반주자학적이라는 견해가 있다.[1] 또한 실학이란 본래 유학사상의 한 학풍이라 할 때 유학사상을 떠나서 실학의 개념을 논의할 수는 없을 것이라는 주장도 한다. 철학적인 측면에서는 실학사상의 이상이 원시유학사상이라는 데는 거의 이론이 없는 듯하다.[2] 즉 조선 후기의 실학자들이 유교의 가르침에서 이탈했다는 증거는 없음이 분명하다.

실학자들의 그러한 학풍을 떠나서라도 사람들은 누구나 사는 자리를 가려왔다. 이것은 동서고금을 막론하고 예외 없이 그렇다. 공자도 〈마을이 仁하다는 것은 아름다운 것이다. 스스로 골라 仁한 곳에 살지 않는다면 어찌 지혜롭다 하겠는가(『논어』「里仁」)〉라고 하였다. 이 말이 擇里를 중시한 말이라기보다는 인을 강조한 얘기이기는 하지만, 사는 마을을 선택함의 중요성에 대해서도 충분히 그 논점을 지적한 것이라 볼 수도 있을

---

1) 李乙浩, 「韓國의 實學思想」, 《茶山學報》 제6집 茶山學研究所, 1984, pp. 241-250.

2) 吳院種, 「韓國實學思想과 湖南」, 《茶山學報》 제8집, 1986, pp. 5-9.

것이다. 맹자는 〈인이란 사람들이 편히 살 곳〉이라 하여 특히 安宅을 강조한 바 있다. 이 시대의 실학자들이 위와 같은 성현들의 강력한 영향 아래 있었을 것이라는 사실은 의심의 여지조차 없다. 그러니 더구나 그들이 택리에 관심을 가지지 않을 수 없었을 것이다.

실학자 李重煥이 말한 이 시대 사대부들의 살 곳을 가려야 할 필요성은 더구나 택리함의 심각성을 반증해 주고 있다. 당시의 사대부들은 사화의 참화를 피부로 느끼며 살 수밖에 없었던 상황인데, 얼마나 그들이 살 곳 가리기(擇里)에 어려움을 겪었는가는 다음의 글에서 여실히 드러난다.

국가의 제도가 비록 사대부를 우대하였으나, 죽이는 것을 또한 가볍게 하였다. 그러므로 어질지 못한 자가 제때를 만나면, 문득 나라의 형법을 빙자하여 사사로운 원수를 갚기도 하여 사화가 여러 번 일어났다. 명망이 없으면 버림을 당하고 명망이 있으면 꺼림을 받으며 꺼리면 반드시 죽인 다음에 그만두니, 참으로 벼슬하기도 어려운 나라이다. 그리고 사대부의 기강이 점차 쇠해지면서 옳다 그르다는 다툼이 커지고 다툼이 커짐에 따라 원수가 깊어졌다. 원수가 깊어지니 서로 죽이기에 이르렀다. 사대부가 때를 만나지 못하면 갈 곳은 산림뿐이다. 이것은 예나 지금이나 마찬가지인데 지금은 그렇게도 하지 못한다. 戊申年 여러 역적이 사대부의 신분으로서 시골에서 일을 일으켰다. 그러므로 그들을 잡아 죽인 다음에도 조정에서는 매양 산림 으슥한 곳에 큰 도적이 몰래 나오지 않을까 의심하였다. 그리고 도적이 되지 않을 것을 안 다음에는 또 그 마음씨를 의심하여 괴벽하다고 지목한다. 조정에 나아가 벼슬하고자 하면 칼, 톱, 솥, 가마 따위로 정적을 서로 죽이려는 당쟁이 그치지 않고, 초야에 물러나 살고자 하면 만첩 푸른 산과 천겹 푸른 물이 없는 것은 아니건마는 쉽게 가지도 못한다.[3]

---

3) 규장각도서, 도서번호 11638, 이중환, 『東國山水錄』, 흔히 『擇里志』라고 알려진 책의 「四民總論」.

都鄙를 막론하고 얼마나 살 곳을 가리기가 어려웠던 시대였을까를 잘 짐작할 수 있는 표현이다. 오죽하면 〈하늘 아래에서 한번 사대부라는 명칭을 얻으면 갈 곳이 없다〉고까지 했겠는가 가늠이 간다.

이들 실학자들의 택리에 관한 총론적 견해에서 공통적으로 드러나는 것은 이중적 심리구조로 인한 갈등 대목이다. 유교가 지향하는 바 修己治人적인 현실참여를 추구하면서도, 그로 인해 파생될 개연성이 높은 당쟁의 참화와 세속의 삶에 대한 회의로 인한 현실도피적 사고가 병존한다는 사실이다. 이런 내용은 곳곳에서 찾아지는데, 삶의 경제적 측면을 강조하는가 하면 어느 사이에 삶의 정신적 측면에 깊이 침잠된 모습을 보이는 식으로 혼란스럽다. 이처럼 그들 의식 속에는 참여와 도피라는 것이 지리와 풍수처럼 이원화(이에 대해서는 제2장을 참고)되어 있으면서도 혼동을 일으키는 작용을 그들에게 했었던 듯하다.

修己가 도피를, 治人이 참여를 유도했다는 단순도식이 성립될 수도 있겠으나, 보다 근본적으로는 그들이 지리와 풍수를 혼동된 사고로 지녔기 때문이 아니었을까 여겨지는 면이 분명히 있다는 것이다. 땅의 물질적 소여에 관심을 갖는 지리는 다분히 세속적이다. 그러나 인간과 땅과의 조화를 기라는 실체 불명의 특수한 작용력으로 이해하는 풍수의 입장은 어느 정도 탈속적일 수밖에 없다. 이런 점에서 택리에서의 참여와 도피, 땅에 대한 사고방식으로서의 풍수와 지리가 왜 혼동될 수밖에 없는지에 관한 소박한 답변의 출발점은 마련된 셈이다. 그들은 아직 지리와 풍수를 이분하여 생각할 필요를 느끼지 않았던 것이다. 그러면서도 타락하고 변질된 이기적 속신으로서의 풍수는 분리해 버릴 필요성 또한 절감하고 있었다. 사고의 혼란은 여기서 시작되었다.

풍수라기보다는 생활지리로 분류할 수 있는 『擇里志』의 서문을 쓴 정언유가 원저자의 의도와는 달리 은자의 勝地에 대하여서만 언급하고 있는 것에서도 잘 드러난다. 그는 桃源과 樂土를 운위하면서, 〈숨어 살려는 사람은 반드시 살 터를 잡으려 할 것이니〉하며 작자의 의도가 마치 험한 세상을 숨어 살 수 있는 자리를 제시해 주기 위하여 쓴 듯이 정리를 해

놓고 있다. 이 또한 양자 사이의 혼란에 기인된 것이다.

이에 비하여 같은 책의 서문을 쓴 저자 집안의 어른이기도 했던 실학자 성호 이익은 오히려 생활지리 쪽의 관심을 유감없이 내보이고 있다. 그는 공자의 〈군자는 살 만한 마을을 반드시 가려서 택한다〉는 말을 전제로 하여 사람이 살 수 없는 곳을 다음과 같이 정리하였는데, 대체로 합리적이고 전혀 비술적이 아니다.

〈대저 衣食이 모자라는 곳은 살지 못할 곳이고, 土氣가 사그라진 곳에는 살 수 없고, 武力이 勝한 곳은 살지 못할 곳이고, 사치하는 풍습이 많으면 살지 못할 곳이고, 시기와 혐의가 많은 곳도 살 수 없는 곳이다. 이런 몇 가지를 가리면, 취하고 버릴 것을 알게 된다.〉

이 내용은 지리이지만 풍수 본질론적 입장에서 보자면 땅과 사람과의 조화를 주로 말한 것이기 때문에 오히려 풍수지리 혼융의 경지라 할 수도 있을 것이다.

여기서 우리는 풍수 본질론에 접근할 시점에 이르렀음을 느낀다. 앞 장에서 밝힌 바와 같이 풍수지리는 원래 땅과 사람과의 조화를 추구하는 사상이었는데, 時俗이 타락되면서 그것이 이분되어 지리와 풍수가 됨을 언급하였다. 그렇다면 본래의 풍수가 추구하고자 하던 것이 무엇인지를 알아야 풍수와 지리, 양자의 분리를 확언할 수 있을 것이고, 결국 그것이 조선 후기 실학자들이 오히려 풍수와 지리를 혼동하여 본래 풍수지리의 진면목으로 돌아가고자 했던 의미를 이해할 수 있는 길이 되기 때문이다.

물론 그들이 의도적으로 풍수지리 원래의 자리로 되돌아가야 한다는 사고를 지녔다는 것은 아니다. 그들이 풍수와 지리를 분리하여 타락한 풍수를 매도하면서도, 땅의 해석과 택리의 의견 개진에 있어서는 풍수지리적으로 하지 않을 수 없었던 것은 풍수지리의 본질이 풍수와 지리, 혼융의 상태에 있는 것임을 깨달았기 때문이란 것이다.

風水思想史上의 최고의 기록인 『靑烏經』에 땅을 보는 본질에 접한 사고방식이 잘 드러나 있다. 풍수는 陰陽符合, 天地交通, 內氣萌生, 外氣成形하며 內外相乘을 원리로 하기 때문에 눈으로 산천의 형세를 관찰하고 마

음으로 바람과 물의 이치를 잘 생각하여야 음양조화에 회득하여 좋은 장
택을 할 수 있다는 것이다. 물론 이 책은 거택에 대해서도 마찬가지의 이
야기를 하고 있다. 우주 만물을 음양오행의 기로써 이루어진 것으로 보고
인생의 길흉화복이 이 음양오행의 운행에 따른다는 것이며, 사람은 땅에
서 나오는 곡식을 먹고 살다가 죽으면 흙(땅)으로 돌아간다는 것이다. 지
세의 精도 음양오행이며 곡식의 精도 음양오행이다. 사람이 穀氣가 다하
면 죽어서 土氣로 돌아간다. 그러므로 음양과 지리, 인생과 장택은 길흉이
따르게 된다는 것이다. 장지의 善惡處는 風과 水와 직결되어 있고, 그 풍
수는 지기의 길흉에 원인이 된다. 산맥의 용세가 좋고 산류의 수세가 좋
아서 藏風回水가 음양오행과 天氣에 상합하는 땅만이 생기가 충만한 吉地
이다. 이 길지는 사람의 주택이나 장지에 吉福을 얻게 해준다는 것이다.
　『청오경』의 이런 주장에는 어디 한 군데 이기적 속신은 보이지 않는다.
풍수와 지리의 혼융된 상태가 다소 錯綜되어 표현되고 있을 뿐이다. 아무
리 혹평을 한다고 하더라도 인간의 땅에 대한 소박한 외경심의 발로에 다
름아니다.
　한편 삶에 있어서 사람과 땅의 조화가 정적 교감에 의해서만 이루어지
는 것이 아니라, 먹고 살아야 된다는 큰 전제를 잊고 있지 않음은 실학자
들에 있어서는 너무나 당연한 일일 것이다. 사대부의 행실을 실행하려면
마땅히 禮가 아니면 할 수 없고, 예는 또한 부가 아니면 이룰 수가 없다
고 보았다. 이와 같은 사람과 땅의 정적 교감 및 사적 相交의 예는 이중
환의 「卜居總論篇」에서 가장 잘 드러난다. 이에 대해서는 先學의 연구예
가 많이 나와 있기 때문에 여기서는 간단히 개요만 정리해 두기로 한다.
　대체로 살 터를 잡음(卜居)에 있어서는 첫째 地理, 둘째 生利, 셋째 人
心, 넷째 山水를 살펴야 한다. 지리에서 살펴야 할 바는 水口, 野勢, 山形,
土色, 水理, 朝山朝水이다. 생리에서는 먹고 입는 일에 관계된 財理를 경
영하여 넓히는 일을 살펴야 한다. 끝으로 산수에서는 가까운 곳에 소풍할
곳이 있어 정서를 화창하게 할 곳을 살피는 일이다.
　이런 것이 어찌 지리와 풍수의 혼합이라 할 수 있을 것이냐 하겠으나,

이는 큰 제목만을 뽑은 것이요 실상 그 주장하는 바 내용에 있어서는 다분히 풍수지리적이라는 것을 알 수 있다. 이에 대해서는 다음의 논의가 증명해 줄 것이다.

2 看龍과 形局에 대한 견해

전통 풍수서에 있어서 풍수사상의 논리체계는 대체로 龍論, 穴論, 砂論, 水論의 4대 구분을 따른다. 필자는 여기서 풍수 여러 유파의 이론들을 종합하고 설명의 편의를 도모하기 위하여 그것을 보다 세분하였다. 크게 두 가지 체계로 나뉘는데, 하나는 땅에 대한 이치를 논구한 경험과학적 논리체계이고, 다른 하나는 地氣가 어떻게 人事에 영향을 미치게 되는가를 밝힌 氣感應的 인식체계 부분이다.

먼저 기감응적 인식체계 부분은 同氣感應論, 所主吉凶論, 形局論으로 나뉘고, 경험과학적 논리체계 부분은 看龍法, 藏風法, 得水法, 定穴法, 坐向論으로 세분되는 것이지만, 이의 구체적인 설명은 필자가 다른 글에서 상론한 바 있기 때문에,[4] 여기서는 생략하기로 한다. 다음의 설명 순서는 대략 위의 구분체제를 따른 것이다.

朝宗이 되는 산룡의 맥세에 대하여 이중환은 〈곤륜산 한가닥이 大沙漠의 남쪽에서 동쪽으로 의무려산이 되었고, 여기서 大斷하여 요동의 들이 되었다. 그 들을 지나서 다시 일어나니 이것이 백두산인데 『山海經』의 불함산이 바로 이곳이다. 산 정기가 북쪽으로 천리를 달려가며 두 강을 끼었고, 뒤쪽으로 뻗은 한가닥이 조선 산맥의 수령이 되었다〉고 하였다.

「卜居總論」山水 조에서는 백두산으로부터의 용맥이 어떻게 연결되어 있는지를 상세히 밝히고 있는데, 산맥의 체계에 대한 이러한 인식은 아래로는 金正浩의 「大東輿地圖」로 이어지고, 위로는 여암 신경준의 『山水經』에 연결되어, 결국 도선국사의 풍수적 안목에 줄을 대게 되는 것이다.

---

4) 拙著, 『좋은 땅이란 어디를 말함인가』, 서해문집, 1990.

　　당시 사람들이 풍수에 대해서 갖고 있던 생각은 대체로 여암의 것과
일치하는데, 그의 산수관을 약간의 무리를 감수하며 몇 가지 특성을 정리
하면 다음과 같다
　　첫째 모든 산들은 하나의 근본이 되는 산으로부터 갈라져 나갔다고 생
각한 점이다. 이것은 당시뿐만 아니라 우리나라 사람들이 고래로부터 가
져온 산에 대한 사고관념으로, 명백히 풍수사상에 맥을 대고 있다. 인체
의 經絡脈勢가 끊임없이 이어져야 사람이 생기를 골고루 공급받아 생명을
유지하고 건강을 지켜갈 수 있는 것과 마찬가지로, 산도 祖山으로부터의
생기를 공급받기 위해서는 산의 맥세가 연면히 이어져야 한다는 논리이
다. 地人相關的 관념으로 산을 유기체로 받아들이던 당시 사람들의 입장
에서는 당연지사라 할 수 있는 논거인 것이다.
　　사람에 있어서 생기가 통하지 못하는 부분에 병이 드는 것처럼 산에 있
어서도 형체를 산처럼 갖추었다고 해서 모두 생기가 흐르는 것은 아니다.
〈생기란 지리의 主로, 장사란 결국 생기를 타는 것에 지나지 않는다.
생기는 음양의 서로 맺어짐에 의한 것으로 易卦上 水火旣濟, 즉 완성의
결과로 나타난다. 음양의 어느 한쪽에 偏枯하면 생기는 곧 흩어지는데,
치우칠수록 그만큼 더 흩어진다. 이것이 극단에 치우치면 四種의 惡氣가
되며, 純陰純火이면 尖利한 살기, 純陽純水이면 산만한 死氣, 純陰純水이
면 壅腫한 病氣, 純陽純火이면 말라 흩어지는 敗氣가 되는데, 이것은 모
두 범해서는 안 되는 것들이다〉[5]라는 지적이나, 생기를 찾는 일을 선에
비유하여 단도직입적으로 문득 佛頂三昧를 얻음과 같다는 지적이 모두 산
형이 즉 생기가 아님을 말한 것이라 할 수 있다. 이것은 그들이 이미 그
때 타락하기 시작한 엉터리 풍수와 그 동안 있어 왔던 지리를 구분하고
있었다는 증거가 된다. 그러나 이 점에 있어서는 개인 사이에 차이가 있
다. 예컨대 여암 신경준은 산의 맥세의 흐름과 위치를 말하기는 하였으되
산에 대한 好惡나 생기에 대한 견해를 드러내지는 않았던 데 비하여, 다

---

5) 『山法全書』券之首 上, 生氣條, 刊行年代未詳, 상해, 九經書局.

른 실학자들은 대부분 생기를 논하고 있는 차이점을 드러내고 있다. 이 점은 분명히 이 시대가 풍수와 지리의 혼란상태에 있던 때임을 보여주는 실례가 된다.

둘째 산의 맥세 흐름을 經과 緯의 개념으로 파악하였다는 점이다. 『周算經』(下)에서 설명하고 있는 바와 같이 경은 남북을, 위는 동서를, 다시 말해서 縱橫을 뜻하는 말이다.[6] 이것도 엄격히 經緯를 구분하여 서술한 경우와 크게 묶어서 표현한 차이는 있으나, 산의 경위 개념을 도외시하고 본 학자는 없었다. 그러나 산의 흐름을 파악했으되 그 의미의 차이를 정확하게 적용하여 기술한 것 같지는 않다. 예컨대 여암의 『山水考』(一) 「山經」에서는 백두산으로부터 지리산에 이르는 산맥계를 크게 남북방향으로 기술함으로써 경의 의미를 제대로 살리고 있는 편이다. 그러나 『산수고』(二) 「山緯」와 『산수고』(三) 「山經」에서는 강원도 오대산을 기준으로 그 북쪽과 남쪽이라는 단순한 구분밖에 이루어지고 있지 않은 것이다.

이 점은 撰者未考로 되어 있기는 하지만 여암의 『산수고』를 재정리한 것이 분명한 『山經表』라는 책에 오히려 잘 밝혀져 있다. 예컨대 『산수고』(二) 「산위」에 백두산의 분지가 甲山府에도 나와 있고 茂山府에도 나와 있는 것이, 『산경표』에서는 하나의 山系로 체계를 잡아 도표화되어 있다는 것이다.

『산경표』에는 이와 같은 산의 맥세 흐름을 몇 개의 줄기로 묶어놓고 있는데, 이에 대해서는 제4장에서 이미 상세히 밝힌 바 있다. 산의 흐름에서의 각 大幹과 正幹 그리고 正脈들은 그 시작과 끝나는 지점, 그리고 이어지는 상황 및 산의 위치들을 한눈에 알아볼 수 있도록 잘 정리되어 있는 것이다. 그러나 이 문제는 『산수고』와 『산경표』의 체제를 비교하면서 보다 구체적인 연구가 이루어져야 할 부분이다.

셋째 상기 산맥세와 지질구조 그리고 烽路 사이에는 일부 겹치는 부분이 없지 않으나 인과관계는 전혀 찾아볼 수 없는 것으로 미루어, 산의 외

---

6) 『中文大辭典』第七册, 1982, 중국 문화대학 출판부, 經部에 의함.

형적 특징 이외의 어떤 과학성을 찾아내려는 노력은 전혀 무의미할 것이라는 점이다. 산맥의 방향은 지질구조의 축과 일치되는 경우가 많다는 일반원칙에 비해 볼 때, 당시의 실학자들이 근대 지리학적 소양을 가졌다고 보기는 어렵다. 이 문제는 감성적으로 오늘에 받아들여져서는 곤란하다는 생각이 든다. 왜냐하면 여암이 제시한 이 산맥의 체계가 어떤 기준에 의하여 이루어진 것인지 밝혀지지 않은 상황에서, 현행 산맥 명칭에 모순이 있다는 이유만으로 『산경표』상의 백두대간 등 여암의 산맥명을 그대로 받아들일 수는 없기 때문이다. 필자는 물론 우리나라의 산맥명이 『산경표』를 따르는 것이 옳다고는 생각한다. 다만 그 옳다는 인식이 확고할 수 있는 연구가 선행되어야 한다는 점을 강조한 것이다. 혹시 여암이 당시 일반적으로 받아들여지고 있던 풍수지리상의 생기의 흐름이라는 지술적 측면에서 맥세를 상정하였는지도 모른다. 이 점 역시 앞으로의 연구과제라 할 것이다.

넷째 水 역시 經緯의 개념으로 파악하였다. 그러나 이에 대한 것은 산에 비해서는 훨씬 더 생리에 치중하는 경향을 보이는 특징이 있다.

그런데 산맥세에 대해서는 이중환의 『東國山水錄』과 이긍익의 『燃藜室記述』의 내용이 거의 동일한 것으로 보아 이것은 아마 당시 지식인들에게 있어서는 거의 교과서적인 상식이 아니었는가 짐작이 된다. 특히 앞부분은 글자 하나 틀리지 않고 똑같음을 볼 수 있는데, 이에 대해서는 이의가 없었음을 증명하는 예일 것이다.

정동유의 「晝永編」에는 풍수지리에서 운위하는 세계의 산맥세에 대한 내용이 그대로 전재되어 있어 흥미롭다. 즉 〈천하의 산의 조상은 곤륜산이다. 그중에서 오직 세 줄기가 나뉘어 중국에 들어왔으니, 하북의 모든 산들은 하남에서부터 무주, 풍주, 헌주 등의 여러 주를 돌아서 평만에 와서 그치고, 북쪽의 여러 산들은 모두가 촉한으로부터 동쪽으로 와서 태산에서 그쳤으며 강남의 여러 산들은 민산에서 나와서 절강에서 끝난다. 이것이 이른바 三幹이라는 것이다〉라고 하였다.

용은 조산이라 불리는 명산으로부터 시작된 그 산의 본줄기와 곁가지가 연면히 이어져 내려온 것인데, 풍수에서 말하는 조산은 모두 곤륜산에서 발원하는 것으로 되어 있다. 유명한 풍수서인 『琢玉斧』에는 이에 대하여 다음과 같은 구절이 실려 있다.

〈용은 크게 셋으로 나뉘어, 남룡은 민산으로부터 일어난 장강과 남해 사이에 끼인 것이고, 중간은 서령에서 일어난 황하와 장강 사이에 끼인 것이며, 북룡은 곤륜으로부터 출발하여 압록과 황하 사이에 끼여 이어져 백두산에서 宗을 일으킨 조선풍수의 祖宗이 되는 용맥이다. 그래서 山崑崙之子孫이라고 하는 것이다.〉[7]

정동유는 물론 이것을 그대로 받아들이지는 않았다. 그런데 유의할 것은 그의 용맥세에 대한 반론이 풍수논리에 의존한다기보다는 우리 풍수의 독자성을 강조하는 데 두었다는 점이다. 아마도 반사대주의적 자주의식의 발로였을 것이지만, 백두산맥이 지리산에서 그치지 않고 일본으로 건너갔다는 항설에 대하여 보인 그의 반대논지는 흥미롭기까지 하다.

이들 실학자들이 풍수 형국론에 대하여 갖고 있는 생각은 의외로 빈약한 편이다. 원래 중국 풍수와는 달리 우리나라 풍수에서는 산의 형모로 미루어 사람의 삶을 추단하는 형국론이 발달하였다. 이들이 이에 대해서 왜 빈약한 지식만을 지니게 되었는지는 분명치 않다. 다만 그것이 민속적 풍수이기 때문에 사대부로서 그에 익숙지 못한 까닭이 아니겠는가 추측해 볼 뿐이다.

이중환은 人傑은 地靈으로 태어나는 것이라고 인식하면서도, 우리나라가 산이 많고 들이 적기 때문에 백성이 유순하고 조심성이 많으나 기개가 옹졸하다고 지적하였다. 뿐만 아니라 〈대저 옛사람들이 우리나라를 노인형 지세로서 亥坐巳向하여 서쪽을 향하여 面을 열어, 중국에 揖하고 있는 형상이어서 예로부터 중국과 친근하다 하였다. 또 천리를 흐르는 물과 백리가 되는 들판이 없는 까닭으로 큰 인물이 나지 않아서, 서융, 북적과 동호, 여진 들이 중국의 제왕이 되지 않은 민족이 없었는데 유독 우리나

---

7) 『琢玉斧』 권61, 尋龍歌.

라만은 없었다. 오직 강토만을 조심스러이 지켜보면서 강한 뜻을 다른 데
둘 여유가 없었다〉고 말할 정도였던 것이다.[8]

그러나 이 말을 사대의식이라 하는 것은 지나치다. 왜냐하면 앞뒤 문맥
으로 보건대 저열한 감상을 표현한 것이라기보다는 답답한 그의 심회를
읊은 대목이라 여겨지기 때문이다. 그러나 풍수 형국론상으로도 이러한
기술이 좋은 것이라고 말할 수는 없다.

3 藏風과 得水에 대한 견해

장풍과 득수는 사실상 풍수지리의 요체이다. 이 경우 풍수지리라는 말
은 앞서 말한 바와 같이 풍수와 지리 양자를 모두 합친 용어이다. 여기서
는 그에 관계되는 내용들을 하나하나 평가해 보기로 한다.

영조 때의 실학자 담헌 홍대용은 〈물과 산이 靈氣를 모음에 선량한 사
람을 탄생시켰다〉고 지적한 바 있다.[9] 이는 앞서 이중환이 말한 바 인걸
은 地靈이니 하는 말과 같은 말인데, 홍대용은 그의 저술활동의 대부분을
땅의 財利에 할애할 만큼 실학적이었는데도 불구하고 이런 말을 한 것을
보면, 그 역시 이 시대의 다른 실학자와 마찬가지로 地理를 地利와 風水
의 혼합으로 혼동하고 있었음에 틀림없다.

먼저 『八道總論』에 나오는 장풍에 관계되는 것을 정리해 보기로 한다.
〈청북은 지형이 높고 추우며 변방에 가깝기 때문에 꽃과 과일이 없고 물
산 또한 매우 적다. 대개 주민들이 게을러서 구차하게 살고 있다〉.[10] 〈풍
기가 웅장하고 사나워서 수려하고 밝은 경승을 따를 수가 없다. 그런데도
간혹 破天荒의 인물이 나온다.〉[11] 〈북쪽에는 높고 험한 재가 있고, 남쪽은

----

8) 『東國山水錄』「卜居總論」, 山水總論條.
9) 『湛軒書』, 內集 권3, 補遺.
10) 『東國山水錄』, 「八道總論」, 평안도 조.
11) 같은 책, 함경도 조.

강이 겹겹이 막고 있어 안팎이 산과 강물이며, 안에는 높고 험준한 성벽이 많다. 또한 기름진 들과 아름다운 평원이 있으니 진실로 天府이며 用武之國이다. 그러나 천하에 사변이 나면 전쟁의 요충지로서 필연이니 이것이 단점이라 하겠다.〉[12] 〈산과 바다 사이에 기이하고 훌륭한 경치가 많고, 골짜기가 그윽하고 깊숙하며 물과 돌이 많고 깨끗하여 혹 仙靈의 異蹟이라고 전한다. 그래서 마을사람들은 놀러다니기를 즐기고 그들의 자제들도 놀이하는 것에 물들어 문학을 하는 사람들이 적다.〉[13] 〈서쪽에 산이 너무 높으므로 마치 이역 땅과 같아, 한때 유람하면서 즐기기는 좋으나 영구히 살 곳은 못 된다.〉[14]

〈두메산골 마을에 비록 시내와 산의 기이한 경치가 있어 한때 난을 피하여 살기는 좋으나 대를 이어 살기에는 적당한 곳이 아니다.〉[15] 〈바람과 기온은 固密하고, 강과 산이 맑고 넓으며, 토지가 비옥하여 많은 사람과 사대부가 대대로 살고 있다.〉[16] 〈고을이 두메 안에 활짝 열려서 환하게 밝고 넓으며, 물이 푸르고 산이 평평하여 형용키 어려운 별다른 또 하나의 맑은 기운이 있다. 그래서 경내에는 대를 이은 사대부가 많이 살고 있다.〉[17]

〈강 밖에 산이 좌우에서 문을 잠근 것처럼 가리워서 땅의 이로움이 최고이다.〉[18] 〈마을이 두 강의 사이에 있는데, 두 강이 청룡과 백호를 삼아 마을 앞에서 모여 깊은 못을 이룬다. 오대산 서쪽의 赤嶽山의 맥이 여기서 끊겼다.〉[19] 〈태백산은 堪輿家가 말하는 소위 漲天水星이다.〉[20] 〈官衙는

---

12) 같은 책, 황해도 조.
13) 같은 책, 강원도 조.
14) 같은 책, 같은 조.
15) 같은 책, 같은 조.
16) 같은 책, 같은 조.
17) 같은 책, 같은 조.
18) 같은 책, 같은 조.
19) 같은 책, 같은 조.
20) 같은 책, 경상도 조.

태백산 왼쪽의 지맥 가운데 있는데, 形家는 回龍顧組라 말한다.〉[21] 〈마을
은 감여가가 말하되 살기를 조금은 벗은 곳이다.〉[22]

〈남쪽은 바로 善山이요, 산과 내가 상주에 비하여 더욱 밝고 깨끗하다.
전하여 오는 말에 따르면 조선의 인재 절반은 영남 사람이요, 영남의 인재
중 절반은 선산에 있다고 하였다. 임진왜란 때 명나라 군사가 이곳을 통과
했는데 명의 술사가 우리나라에 인재가 많음을 두려워하여 군사를 시켜
마을 뒤 산맥을 끊고 불타는 숯으로 이곳을 뜸질하게 하였다. 또 큰 쇠못
을 박아서 땅의 정기를 눌러놓아 그 후로는 인재가 배출되지 않는다.〉[23]

〈산이 살기를 벗고 들 가운데를 굽이쳐 돌았고, 두 줄기 물이 둘러싸고
있어 氣脈이 풀어지지 않아 제법 살 만한 곳이 많다.〉[24] 〈남원에는 아직
도 은은한 살기가 있다.〉[25] 〈부여는 만약 도읍지로서 논한다면 판국이 작
고 좁아서 평양이나 공주보다는 훨씬 미치지 못한다.〉[26] 〈내포는 평시에
나 전시에나 모두 살 만한 곳이다. 그러나 땅이 산 위에서 모여 만들어져
있으니 朝山을 볼 수 없는 까닭으로 밝고 맑은 기발한 기운이 없다.〉[27]
〈들의 모양이 서로 겹치고 감싼 듯하여 감여가는 살기를 벗었다고 말한
다.〉[28] 〈지세가 동쪽은 높고 북쪽은 낮아서 은연중 살기가 서려 있다.〉[29]
〈산수가 비야하여 살 곳이 못 된다.〉[30] 〈북쪽에서 뻗어온 한 산이 수구에
서 서로 합쳐져 마치 대문 같다.〉[31] 〈영인산이 두 개의 물 사이에서 멈춰

---

21) 같은 책, 같은 조.
22) 같은 책, 같은 조.
23) 같은 책, 같은 조.
24) 같은 책, 전라도 조.
25) 같은 책, 같은 조.
26) 같은 책, 충청도 조.
27) 같은 책, 같은 조.
28) 같은 책, 같은 조.
29) 같은 책, 같은 조.
30) 같은 책, 같은 조.
31) 같은 책, 같은 조.

서 기세와 맥이 풀리지 않았으므로 좌우와 전후에 모두 이름난 촌락이며 사대부의 집안이 많다.〉[32] 〈雪羅山이 하늘에 높이 솟아 그 모양이 卓笏과 비슷하다.〉[33] 〈보통 때도 살기가 충천하고 낮에도 해가 빛이 없다. 땅의 형세가 서북쪽으로 빠져 흐르듯 달아나 정기를 잡아두어 쌓이지 않으므로 부자가 적고, 주민은 많으나 항상 구설이 많고 천박하여 살 만한 곳이 못 된다.〉[34] 〈읍 전체의 사면이 산 위에 있다. 산 위에 자리잡은 터에 안으로 들이 전개되고 산이 낮아서 밝고 명랑하여 또한 대를 이어 사는 사대부가 많다. 그러나 땅이 높고 바람이 차갑고 토질이 메말라서 부자는 적고 가난한 사람이 많다.〉[35] 〈월역산은 공주의 진산이고 미산은 가흥의 주산이다.〉[36]

〈수구가 막혀 있어 강물이 나가는 쪽을 알 수 없다. 읍과 촌락이 들판과 통하여 동남 방면으로 활짝 틔어 기후가 맑고 상쾌하다.〉[37] 〈강화의 한 줄기 맥이 서쪽 해안을 따라가다가 또 무너지고 홍수로 움푹 꺼진 石脈이 되고, 작은 포구 하나를 지나서 교동도가 되고, 개성 교외의 안산이 되고, 섬의 북쪽은 한강 물이 흐르는데 이곳에 이르러 개성의 案水가 되었다.〉[38] 〈백악산을 形家는 말하기를, '하늘을 꿰뚫는 목성으로서 궁역의 주산이 된다'고 하였다.〉[39]

〈서울은 정동 방향과 서남쪽이 낮고 허약하다.〉[40] 〈「道詵留記」에 흙을 허물지 말고, 오히려 흙과 돌을 돋우어서 궁전을 만들라고 하였다.〉[41] 〈감

---

32) 같은 책, 같은 조.
33) 같은 책, 같은 조.
34) 같은 책, 같은 조.
35) 같은 책, 같은 조.
36) 같은 책, 같은 조.
37) 같은 책, 경기도 조.
38) 같은 책, 같은 조.
39) 같은 책, 같은 조.
40) 같은 책, 같은 조.
41) 같은 책, 같은 조.

여가는 진봉산이 玉女粧臺之形이라고 하였다. 그러므로 고려의 임금이 여러 대를 걸쳐 중국의 공주와 결혼한 것은 이 산 때문이다. 아울러 筆山이 있는 까닭에 나라 사람이 중국의 과거에 급제하였다. 그러나 백호산 쪽이 약한 까닭으로 나라에 이름난 재상이 없고 누차 무신의 난이 있었던 것도 이 때문이다.〉[42]

위의 내용들은 논의의 여지없이 풍수가에서 하는 얘기와 같다. 당시 실학자들의 지리관이 결국 풍수지리적 안목을 벗어나지 않았었다는 좋은 증거가 된다.

한편 「복거총론」에서는 풍수적 내용이 더욱 구체적으로 언급된다. 상기 「팔도총론」의 내용이 집대성된 느낌인데, 이것의 소개가 결국은 이중환의 풍수지리사상이라고 할 만하다.

그는 卜居의 조건으로 지리, 생리, 인심, 산수를 보아야 한다고 하였다. 여기서 생리와 인심은 합리적인 지리학 분야에 속하고, 지리는 풍수지리에 속하며, 산수는 양자가 혼합되어 있다고 생각된다.

또 지리에서는 수구, 야세, 산형, 토색, 수리, 조산조수를 보아야 한다고 했는데, 이것은 그대로 풍수의 장풍, 득수법술에 해당된다. 수구는 주산을 정점으로 하여 좌우의 청룡 백호사가 마을 앞에서 맞닿는 모양을 일컬음인데, 이 경우는 옷깃이 목의 양쪽에서 나와 가슴을 여며주듯, 자물쇠로 빗장을 지르듯 해야 좋은 땅으로 평가받는다. 이런 지세는 풍수 명당론이 말하는 소위 山河襟帶, 水口關鎖의 전형적인 길지이다. 따라서 명백히 이 주장은 풍수적이라 할 수밖에 없다. 문제는 이런 땅이 산중에서는 구하기 용이하지만 들판에서 구하기는 어렵다는 점이다. 이런 경우, 〈반드시 거슬러 흘러들어오는 물이 있어야 한다. 말할 것도 없이 높은 산이나 그늘진 언덕이나 물이 거슬러 힘있게 판국을 가로막았으면 좋은 곳이다〉라고 제안하고 있다. 이것은 내외수류역세의 땅으로 이런 곳은 홍수 발생시에 절대로 명당 안이 침수가 되지 않는다.

---

42) 같은 책, 같은 조.

그런데 수구관쇄를 중시하다 보면 명당의 規局이 너무 좁아질 우려가 다분히 있다. 옷깃을 여미는 것은 좋은데 그것이 지나치면 답답한 감을 줄 수 있다는 뜻이다. 그래서 그는 野勢를 그 다음으로 보라고 권한 것이다. 이 역시 지극히 풍수적이다. 〈무릇 사람은 陽氣를 받아서 사는 것인데, 하늘은 곧 양기의 빛이므로 하늘이 작게 보이는 곳은 결코 살 곳이 못 된다. 이런 까닭으로 들이 넓을수록 터는 더욱 좋은 곳이 된다. 해와 달과 별들이 항상 환하게 비치고 바람과 비와 차고 더운 기후가 고르게 알맞은 곳이면 인재가 많이 태어나고 또한 질병도 역시 적다. 가장 기피해야 하는 곳은 사방의 산이 높아서 누르는 듯하고 해가 늦게 뜨고 일찍 지며 밤에는 혹 북두칠성이 보이지 않는 곳이다. 이런 곳은 靈光이 적고 陰氣가 쉽게 침입하여 잡귀의 소굴이 될 수 있다. 이런 곳은 아침 저녁으로 나쁜 산 기운(山嵐)이 들어 사람을 병들게 하기가 쉽다〉[43]고 하였다. 풍수의 소위 산세비교에 있어서의 상대성을 충실히 따르고 있는 주장이다.

그의 山形에 대한 견해는 완전히 풍수서를 그대로 옮긴 것처럼 풍수이론을 따르고 있다. 〈산형의 祖宗은 조각 樓閣飛揚之勢라야 한다. 주산이 수려, 단정, 청명, 연한한 것이 최상이다. 뒷산 맥이 끊어지지 않고 계속되면서 들을 건너다가 갑자기 높고 큰 봉우리로 치솟고, 지맥이 감싸듯 돌면서 작은 분지를 만들어 궁 안에 들어온 것 같고, 주산의 형세가 온화하고 풍부하여 마치 겹집이나 높은 궁전 같은 것이 그 다음이다. 사방의 산이 멀리 있어서 평탄하고 넓으며 산맥세가 평지로 뻗어내려 강물을 만나 그쳐서 터를 만든 것이 또 그 다음이다. 가장 기피해야 할 것은 뻗어내려온 산맥이 나약하고 우둔하며 생기가 없거나 혹은 산 모양이 무너지고 기울어져서 길한 기백이 적은 곳이다. 무릇 땅에 생기가 없고 吉氣가 없으면 인재가 나지 않는다. 이러한 소치로 산형을 가리지 않을 수 없는 것이다.〉[44] 어디 한군데 첨삭의 여지도 없는 풍수 그 자체이다.

---

43) 『東國山水錄』,「卜居總論」, 地理條.

44) 같은 책, 같은 조.

土色에 있어서도 死土와 生土를 구분하고 있고, 수리에 있어서도 산수의 조화를 음양의 相配로 파악하는 사고방식을 내보이고 있다. 그러나 역시 지기에 관계되는 신비한 땅의 기운을 무시하지 못하면서도 의식주에 관계되는 합리적 지리를 도외시하지 않는 이중성을 보이고 있는 것은 필자의 가설과 같다. 조산과 조수에 있어서도 풍수적 내용과 지리적 내용이 혼합되어 표현되는 것은 마찬가지다.

언제나 직사를 피하고 굴곡유장함을 요체로 삼는 것은 지리가 인간 심성의 형성에 중요한 작용을 한다는 풍수의 기본원칙을 충실히 따르고 있는 견해라 할 수 있을 것이다.

그들이 풍수와 지리를 혼용했다는 증거는 부지기수이나 그 대표적인 예를 『燃藜室記述』에 나오는 청계천 명당수 논쟁에서 살펴보기로 한다.[45]

세종 때 집현전 수찬 이현로가 范越鳳의 풍수설을 가지고, 도성 안의 개천(청계천)에 더러운 물건 버리는 것을 금하여 명당 물을 맑게 하자고 청하였다. 집현전 교리 어효첨이 소를 올리기를 〈범월봉은 오계의 한 술사이온데, 이른바 명당의 물에서 냄새가 나고 더럽고 불결하니 悖逆하고 凶殘한 상이 있다고 말한 것은 장사지내는 땅의 길흉을 말한 것이옵고 도읍의 형세에 대해서는 말이 미치지 않았습니다. 대개 그의 뜻은 神道는 깨끗한 것을 숭상하기 때문에 물이 불결하면 신령이 편안하지 못하여 이 같은 응보가 있다는 것이옵고 국도를 논한 것은 아니옵니다. 도읍한 곳을 말씀드리자면, 사람의 수효가 번성하면 자연히 더럽고 냄새나는 물건이 쌓이게 되오니 반드시 통한 도랑과 넓은 개울이 도성 사이에 동서남북으로 파여져서 그 더러운 것을 흘려보낸 후에라야 도성 안을 깨끗이 할 것이오니 냇물이 맑을 이치가 없습니다. 이제 도읍의 물을 한결같이 산골짜기 물처럼 맑고 깨끗하게 하려면 이것은 형세가 되지 못할 뿐만 아니오라, 이치로 말씀드린다 해도 생사가 서로 다르고 귀신과 사람의 몸이 다르온데, 묘지에 쓰는 일을 어찌 도읍에 쓴단 말입니까〉 하니, 임금이 이

---

45)『燃藜室記述』, 別集, 제60권, 地理典故.

르기를 〈어효첨의 말이 정직하다〉 하고, 드디어 이현로의 말을 쓰지 않았다는 것이다.

이때 풍수하는 자들이 궁성의 북쪽 길을 막고 성안에 假山을 만들어 지맥을 돕고자 청하니 효첨이 소를 올리기를 〈이제 궁성의 터를 보옵건대 땅으로 들어간 깊이가 역시 한 길이 넘사옵니다. 가령 술사의 말과 같이, 이미 땅속을 한 길이 넘도록 파서 성의 주맥을 끊었다면 사람들이 길로 다니는 것을 금하는 것은 역시 사소한 일이 되옵니다. 또 끊어진 산맥에 흙을 보탠다면 이것은 살을 도려내고 合瘡시키는 것이온데, 어찌 혈맥이 통하겠습니까. 만일 그 기맥을 통하게 하려면 반드시 먼저 궁성을 헐어야 할 것이오니, 이것은 필연 당치 않은 이론이옵니다〉 하였다.

나중의 내용은 왕릉의 주산 맥이 끊길 소지가 있으니 왕릉 뒤의 길을 폐쇄하라는 상소에 관계된 얘기이다.

그들은 이 논쟁에서 풍수의 용어와 논거를 가지고 토론을 벌여 나가지만 그러나 실제 주장하는 바는 대단히 현실적인 입장을 취하고 있다는 점에 주목할 필요가 있다. 이미 그들은 풍수와 지리를 구분하여 쓰기 시작하였고 쟁점도 주로 풍수 논리의 현실에 대한 有關適合性 파악에 주력하고 있다는 것이다. 현실적이라는 것은 실증주의적 합리성과는 다르다. 현실 파악에 있어서는 그런 합리성뿐만이 아니라, 비실증적인 여러 가지 경험들과 정황, 그리고 상황의 추이 등이 복합적으로 어우러져 작용하는 것이기 때문이다. 보다 분명히 말한다면 그들의 지리관은 풍수와 지리의 혼돈상태의 것이지만, 그것이 지리라고 해서 합리적이고 풍수라고 해서 비합리적인 것이 아니라, 요는 현실에서 그것이 어떤 의미를 지니고 있느냐에 중점을 두고 있더라는 뜻이다. 따라서 현실성과 합리성은 결코 같은 말이 될 수 없던 것이 당시 지리가들의 사고방식이었다.

한편 그들은 풍수 득수법에 대해서는 거의 언급을 하고 있지 않은데, 이는 득수법 자체가 가지고 있는 고도의 술법적 성격 때문일 것으로 생각된다. 다만 그들은 근대적 의미의 水理論이랄 수 있는 문제에 대해서는 합리적 설명을 가하고 있는데, 이 점은 풍수지리 중에서 비실증적 인자가 너무 강한 것은 빼기 시작한 하나의 증거로 의미를 갖는다.

그러면서도 실증이 불가능한 瘴氣에 대해서는 곳곳에서 언급을 하고 있는데, 물에 있는 어떤 質素가 장기에 해당되는지가 아직 밝혀진 것은 아니지만 그것이 대부분 그 지방의 풍토병의 원인이 된다는 것으로 미루어 보건대, 여기에 대한 의학지리학적 medical geography 연구는 필요하다고 본다.

또 한 가지 吉地와 福地 그리고 勝地에 대해서도 이중환은 상당히 자세한 언급을 하고 있는데, 이는 주로 도참적 사고와 연결되는 것으로 왕조 말엽이면 흔히 횡행하던 것으로, 특히 그 이외의 어떤 실학자도 이에 대한 언급이 없는 것을 보면 이것은 그의 개인적인 정치적 歷程과 무관치 않을 것으로 여겨진다.

4 陰宅發蔭에 대한 玄同 鄭東愈의 견해

조선 후기 실학자들의 예외 없는 공통된 견해는 陰宅發蔭에 있어서는 하나같이 부정적이라는 것이다. 간혹 그러한 원칙에 관계없이 발음을 받은 실제 예를 거론하는 경우가 있기는 하지만 그것도 충효를 강조하기 위한 방편 정도로 생각하고 있을 뿐이다. 그러나 이것이 그들의 풍수에 대한 무지를 드러내는 것이라고는 판단하지 않는다. 오히려 그들은 이 이기적으로 타락하기 쉬운 동기감응에 의한 후손발복을 경멸하고 있음을 드러내는, 따라서 풍수 본질에 보다 근접된 의식을 나타낸 것으로 보는 것이 타당하다.

다음에 인용할 내용은 주로 정동유(1744－1808)의 『晝永編』(上, 下)에 실려 있는 것으로 이하 출전을 밝히는 일은 생략하기로 한다.

먼저 그는 陵寢의 깊이에 대한 심도 있는 견해를 피력하고 있다.

송나라 영종의 喪 때 范蜀公이 상소하기를, 〈乾德 初年에 宣祖를 改葬하였는데, 그 安陵의 제도는 깊이가 57척, 높이가 39척이었습니다. 그 하관과 묘역의 멀고 가까움의 제도도 다 이와 걸맞게 하였습니다. 아마 태조께서 생각하심이 깊고 멀어서 후장하는 것이 효도에 보탬이 없다고 생각하고, 중간 정도의 제도를 만들어서 후세에 법을 보인 것입니다. 폐하께서는 태조의 중간 제도를 받들어 安陵의 제도를 법으로 하시옵기를 원합니다〉고 하였다.

효종의 상을 당함에 있어 趙如愚의 상소는 대략 다음과 같다. 〈陵寢의 제도는 모두 서적에 실려 있습니다. 皇堂의 아래 깊이는 57척, 높이는 39척, 陵臺는 삼층으로 정방형이니, 각 면마다 길이가 90척입니다. 이미 높고 또 넓으며 守衛로움이 지극히 엄중합니다. 후대에서 마땅히 본받아야 할 것입니다. 처음에 나라가 남쪽으로 옮겨짐에 따라 잠깐 왕릉을 稽山에 卜定한 것은, 아마도 영구한 제도가 아니기 때문에 실로 얕게 장사하였던 것입니다. 그것은 본래 神京을 수복한 뒤에 告由하고 靈駕를 옮겨갈 것을 기도한 것입니다. 그 뜻은 비록 매우 아름다우나 어느덧 세월은 遷延되어 이미 60여 년이 되었습니다. 대체로 昭慈陵의 서쪽에 이미 다섯 穴을 모셨으나 그 깊이는 다 9척도 되지 못하여 겨우 관을 덮을 정도이므로 듣는 자들이 한심하게 여기고 있습니다. 바라건대 폐하께서는 오직 영구한 기도로써 깊고 굳게 매장하는 것을 모두 옛 제도에 따르도록 하십시오.〉

이를 현동은 다음과 같이 평하고 있다. 〈대체로 范公의 소는 57척의 깊이와 39척의 높이를 검약한 제도라고 말하여 그것을 넘는 일이 없기를 청하였고, 조여우는 그것을 '이미 높고 또 넓다'고 말하여 그 뜻이 더욱 이것을 넘을 수 없다고 말한 듯하였다.

그 규모가 시대를 따라 줄어든 것을 충분히 알 수 있으나 만약 9척에 차지 않아서 겨우 관을 덮을 수 있을 정도라면 서인의 장사와 무엇이 다르겠는가. 비록 장차 개장할 것을 전제로 하더라도 어찌 이토록 얕게 해야 한단 말인가. 대저 秦, 漢 이래로 사람을 매장하는 법에 일찍이 풍수설을 개입시킨 일은 없었다. 그런 까닭에 깊이 파서 지맥을 끊는 것을 꺼리지 않고, 오직 사치하고 화려하게 하기에만 힘썼던 것이다. 그런 까닭에 소위 중간 정도의 제도(中制)라는 것이 오히려 저렇게 깊고 넓었던 것이

다. 그러나 송나라가 남쪽으로 건너온 뒤로는 풍수설이 점차 왕성하여졌
기 때문에 그렇게 된 것이고, 반드시 개장할 계획이 있어서 잠깐 얕게 매
장한 것은 아니라는 것이다.〉

그러나 근래에 이르러 매장의 깊이를 매장될 자의 키 높이 정도, 그러
니까 5척 정도로 하는 습속을 보아서는 오히려 풍수가 매장의 제도를 간
편히 만들어준 것이 아니냐 하는 생각도 든다.

현동은 이어서 아주 특이하게도 화장에 대한 문제를 거론한다.

〈우리나라에서는 고려 이래로 장사지내는 법으로 오로지 풍수설만을 일
삼아 왔다. 그런데 고려 때의 장사에는 오히려 기물의 부장품을 사용하였
기 때문에 壙中을 매우 넓게 만들었다.

또 석회를 사용하지 않았으며 돌로 담을 쌓고 넓은 돌을 가져다 광을
덮었다. 지금 간혹 무너진 곳이 있어서 그 속을 들여다보면 옛 그릇과 옛
돈이 많이 남아 있다. 돈은 다 송나라의 鑄錢이다. 그중에 화장한 것은
불타고 남은 뼈 한 瓶뿐이건만 그 광중의 넓이는 또한 모두 이와 같다.
그런 까닭에 고려 현종 경술년(1010)의 변란 때는 태조의 재궁(임금의
관)을 삼각산 향림사에 옮겨 봉안하였다가 다시 현릉에 環葬하였으니, 재
궁을 내왔다가 들여놓았다가 함을 마치 창고 속의 물품을 내었다가 넣었
다가 하는 것처럼 하였다. 비록 풍수설을 채용했다고는 하나 제도로서는
또한 어설프다.

조선조 이래로는 이미 화장하는 일이 없고, 또 장사에는 반드시 석회를
사용하였으며, 기물의 부장품을 사용하지 않는다. 비록 부장품을 사용하고
자 하더라도 관을 넣는 외에는 법이 餘地 있는 것을 허용하지 않는다. 이
것이 풍수의 이치이다.

그런 까닭에 비록 국가의 山陵이더라도 지하도를 통하여 재궁을 내려놓
은 뒤에 기물의 부장품은 退壙에 안치하고 석회로 그 위를 견고하게 쌓아
서 사이에 틈을 두지 않는다. 이것은 옛날 제왕의 장례와는 비록 같지 않
으나 시체와 혼백을 편안하게 하는 도리로는 광중이 견고하고 밀착한 것
이 비워지고 넓은 것보다는 반드시 나을 것이다.〉

성종 임진년에 남원군 양성지가 便宣疏를 올렸는데, 소 가운데서 말하기를 〈서인은 부모의 시신을 뜨거운 불속에 넣고도 가엾어하지 않는다〉고 하였다. 그렇다면 그때에도 아직 고려의 풍속을 따라 화장을 행하는 사람들이 있었던 모양이다.

〈천하 사람들이 번번이 화장을 오랑캐 풍속이라고 하여 그 허물의 원인을 원나라에 돌린다. 그러나 원나라의 세조가 화장을 엄금한 것이 법령에 드러나 있다. 그러나 그에 비해서 명나라에서는 그 말기까지 화장을 폐지하지 않았었다. 모든 궁인이 죽으면 소위 靜樂堂 화장탑의 아궁이로 보냈으니 차마 사람으로서 할 수 있는 일이 아니었다. 그래서 어떤 귀빈은 재물을 내어 백성의 땅을 사서 화장탑의 아궁이에 가기를 원치 않는 궁인들을 그 땅에 묻히게 해주었다.

누가 명나라의 禮敎가 도리어 오랑캐인 원나라만 못하다고 생각하였겠는가. 그런 까닭에 세상 일을 논평하는 사람은 史實을 상고한 뒤에 말하지 않아서는 아니되는 것이다.〉

따라서 위의 언급으로 미루어보면 조선조 성종대까지는 화장이 일반인들에게 광범위하게 이용되었던 모양이다. 매장의 확대는 성종대 이후인 것으로 짐작된다.

현동은 사대부들까지 음택풍수가 근본을 대고 있는 동기감응설을 공부하고 따르는 까닭을 다음과 같이 논파하고 있다.

〈장지의 길흉이 자손의 화복을 좌우한다는 설이 옛날에는 없었다. 오직 『後漢書』「袁安傳」에 그런 말이 있을 뿐이더니 진나라 때부터 그 뒤로는 역사책에 보이는 것이 이루 다 헤아릴 수 없을 만큼 많아서 드디어 온 천하에 고칠 수 없는 풍속으로 되었다. 그러나 중국 이외의 나라에서는 신라 때 이후로 오로지 우리나라만이 그 方術을 숭상하였고, 그 밖의 四夷에는 지금에 이르기까지 이 풍속이 없다. 그렇다면 장지의 길흉이 자손에게 복이 되고 화가 된다는 이치가 오직 중국과 우리나라에만 행하여지고 다른 나라에는 행하여지지 않는 까닭이 있단 말인가.

풍수설은 徵驗이 있는 것 같기도 하고 없는 것 같기도 하며 믿어야 할 것 같기도 하고 믿어서는 안 될 것 같기도 하여 진실로 깨닫지 못하겠다. 그런 까닭에 그 설은 진나라의 곽박을 시조로 하고, 이를 이어서 그 방술을 행한 자는 거의 중이나 도사 등 세상을 피하여 숨어 사는 사람들이 많았다. 五代 때에 이르러 益字 楊筠松이 그 술법의 비조가 되었으나 또한 드러난 사람은 아니었다. 그러던 것이 주자 때에 이르러 산릉을 논의하는 데 오로지 풍수설을 말한 것이 있기 때문에 그 뒤로는 사대부들이 드디어 이 술법을 학업으로 삼아 연구하는 것을 부끄럽게 여기지 않게 되었다.〉

현동은 당시 지배계급까지도 이런 邪道에서 빠져나오지 못한 까닭을 그것을 완전히 무시할 수 없는 어떤 측면, 즉 지배이념으로서의 주자학 때문이라고 분석하였던 것이다.

그는 또 이런 사례도 늘어놓고 있다.

〈고려 태조가 동쪽으로 정벌하여 청도에 이르니 적이 모여서 산성을 점거하고 있는데 성의 이름이 吠城이었다. 그런데 수없이 공격하였지만 이길 수가 없었다. 이에 태조가 근심을 하니 승 寶壤이 말하기를, '폐성은 개가 짖는 성이라는 뜻입니다. 개라는 동물은 밤에는 지키지만 낮에는 지키지 않으며, 앞은 지키지만 그 뒤쪽은 잊어버리는 습성이 있습니다. 마땅이 낮에 그 북쪽을 공격하십시오'라고 하였다. 태조가 그대로 좇았더니 적이 과연 패했다고 한다. 이것은 바로 『水經』 속에 나오는데, 子胥가 麥城을 공격하던 방법이다. 자서는 장차 맥성을 치려고 할 때 먼저 驢城, 磨城의 두 성을 만들어가지고 맥성을 쳐서 깨뜨렸다. 이런 까닭에 그 당시에 동쪽으로는 나귀(驢)가 보리(麥)를 먹고, 서쪽으로는 보리를 갈아버리니(磨), 맥성이 깨뜨려졌다고 하는 떠도는 말이 있었다고 한다. 이 일을 가지고 말한다면 이름의 뜻이 서로 제어하여 相生, 相剋의 법칙이 저절로 행한 것이다. 이것은 운수인가 이치인가, 진실로 알 수 없는 일이다. 그런데 또한 항상 應驗이 없지도 않다. 이것이 바로 뒷세상에서 禁呪의 방법이니 禳災法이니 하는 邪道가 있게 된 근원인 것이다.〉

5 陰宅發蔭에 대한 湛軒 洪大容과 聾菴 柳壽垣의 견해

농암 유수원(1694 – 1755)은 그의 『迂書』「論彈劾條」에서 풍수설의 믿을 수 없음을 아주 재미있는 비유로써 전달하고 있다.

그는 臺諫의 論劾이 항상 허실을 밝히기 어렵다고 걱정하는데, 이제 자네가 한갓 六院大察의 탄핵을 믿으나 그것도 합당한지를 알 수 없지 않은가라는 질문에 대한 대답으로 시작하고 있다.

〈우리나라 대간의 말을 믿기 어려움은 자못 저 지사들의 풍수설과 같다. 지사들이 산자리를 보는 것에도 포폄이 있겠지만 땅속의 길흉은 단언하여 알기가 어려울 것이고, 臺諫이 사람들의 잘못이나 악행을 논핵하는 것이 많지만 실적을 들지 않으면 허실을 분변하기 어려운 것이다. 이런 까닭에 풍수설만을 惑信하는 자들은 반드시 禍敗를 부르고, 한갓 대간의 논박만 믿으면 끝내는 세도에 재앙을 끼치게 되는 것〉이라고 하였다. 그가 풍수설을 불신함이 이와 같았던 것이다.

담헌 홍대용(1731 – 1783)은 그의 『담헌서』에 다음과 같은 문답체로 풍수설의 근거 없음과 허망함을 상세히 지적한 바 있다.

〈땅에 지진이 생기고 산이 옮기는 것은 무엇 때문입니까.〉

〈땅이란 活物이다. 脈絡과 榮緯가 실상 사람의 몸과 같은데 다만 그 몸뚱이가 크고 무거워 사람처럼 뛰고 움직이지 못할 뿐이다. 이 때문에 조그만 변이 일어나도 사람은 반드시 괴이하게 여겨 재앙이니 상서니 하고 함부로 추측한다. 그 실에 있어서는 水火와 風氣가 두루 流行하다가 막히면 지진이 일어나고 격하면 밀어 옮기기도 하나니, 그 형세가 그렇게 되어 있는 것이다.〉

이것은 명백히 그가 땅을 유기체로 보고 있었음을 나타내는 대목이다.

〈땅에 온천과 鹽井이 있는 것은 무슨 까닭입니까.〉

〈太虛는 水精이고 태양은 火精이며 지구는 水와 火의 찌꺼기이다. 수와 화가 아니면 땅은 능히 살아 활동할 수 없다. 돌고, 위치를 정하고, 만물

을 내고 성장시키는 것은 수와 화의 힘이다. 이 온천과 염정도 수화가 서로 부딪쳐서 생기는 것이다.〉

〈그렇다면 사람이 죽어서 그 장사를 지내는데 그 묘자리가 길하지 않으면 바람과 불이 재앙을 만든다고 하는데, 또한 그런 이치가 있는 것입니까.〉

〈水火와 風氣는 운행하는 길이 있으니, 實을 만나면 피해 달아나고 虛를 만나면 모이게 된다. 장사를 지냄에 있어 그 옳은 도를 잃으면 재앙이 반드시 이르나니, 해골이 엎어지거나 뒤쳐지거나 타버리거나 심지어 벌레가 생기고 썩어 없어지기까지 함은 장사를 안전하게 지내지 못한 때문이다.〉

여기서 그는 동기감응이 아닌 묘자리 棺槨 속에서 일어날 수 있는 일들은 그것이 충분히 그럴 수 있는 일임을 인정하고 있다.

〈장례를 치를 적엔 토질이 깨끗하여 물, 불, 바람, 벌레의 작용할 데가 없었는데, 뒤에 혹 이장을 하려고 구광을 헤쳐보면 편하고 좋은 자리가 별로 없는 것은 무슨 까닭입니까.〉

〈좋은 물음이구나. 사람이 부모에게, 살아계실 때 봉양을 극진히 하고 돌아가시면 정성을 다하며 남기신 글과 남기신 의복을 받들고 삼가 갈무리하는 것은 공경의 극치인데, 더구나 유해에 있어서랴. 묘자리란 유해를 갈무리하는 곳인데, 감히 공경하고 삼가지 않을 수 있겠느냐.

그렇기는 하지만 布帛이나 衣衾은 생존시에 봉양하는 기구이고, 관곽이나 旌翣은 남보기에 아름답게 하는 장식으로, 흙에 들어가면 썩어서 유해를 더럽힐 뿐인데, 오직 눈앞에 보이는 아름다움만 힘써, 필경엔 더럽히는 것은 생각지 않으니, 효도하고 또 지혜롭다고 할 수 있는 행동이겠느냐.

더구나 虛하면 반드시 딴 물건을 끌어들이는 것은 땅의 생리이다. 정삽을 갖춤으로 해서 곽은 허해지고, 옷과 이불이 썩음으로 해서 관이 허해지고 역청과 회석이 견고함으로 해서 광은 허해진다. 물, 불, 바람, 벌레는 모두 허함으로 해서 생기는 것이니, 슬프다. 부모의 유해를 갈무리함에 있어, 안으로 썩을 물체를 입히고 바깥으로 풍화를 끌어들여 四肢 百節이 타고 흩어져 시체를 보존하지 못한다면 마음이 快하겠느냐.

대저 土는 物의 모체요 생의 근본이다. 비단으로 족히 그 아름다움에 겨룰 수 없고 구슬도 족히 그 깨끗함에 비길 수 없는 것이다. 오직 사람의 육체란 濕한 데 거처하면 병이 생기고, 좋은 의복도 땅에 가까우면 더러워진다. 그러므로 높은 집에서 겹방석을 까는 것은 흙을 멀리하기 때문에 귀한 것이요, 움막에서 거적을 까는 것은 흙과 가깝기 때문에 천한 것이다.

사람이 옛 습관에 젖어 그 근본을 잊어버린다. 죽음에 임해서 殮襲하는 의복이 두텁지 못할까 염려하고 관곽과 회석이 단단하지 못할까 염려하여, 깊은 걱정과 긴 계획은 오로지 흙을 멀리하기를 꾀한다.

생사의 도가 다르고 귀천의 物이 다르나, 누른 正色으로 따뜻하고 윤택함이 土보다 더 귀함이 없으니, 참 아름답고 참 깨끗함이 실로 유해의 寶藏이라는 것은 알지 못한다.

그러므로 무덤도 만들지 않고 나무도 심지 않음은 태고시대의 너무 質朴한 일이었고, 베로 싸기만 하고 관이 없이 裸葬한 것은 達士의 괴이한 짓이었으며, 茶毘로 사리를 모아 탑을 쌓는 것은 佛氏의 정법이었고, 벽돌로 둘러쌓고 기와로 관을 만든 것은 성인의 적중한 제도였던 것이다.〉

〈그렇다면 가장, 좋은 법은 茶毘이고 그 다음은 裸葬입니다. 무덤을 만든다, 나무를 심는다, 벽돌로 쌓는다, 기와로 관을 만든다고 할 필요가 있겠습니까?〉

〈스승을 장사지내는 데는 의리를 주로 하고 어버이를 장사지내는 데는 恩愛를 주로 하는 것이다. 불교의 가르침은 은애를 끊고 의리를 세웠으며, 중국의·가르침은 의리를 굽히고 은애를 폈다. 그러나 왕손을 나장한 것은 풍속을 바로잡는 데 과격했던 때문이다.

중국에 나면 자연 그 의가 있다. 곧 검소함을 숭상하고 그 꾸밈을 절제하며 그 근본을 잊지 않고 時義를 참작하여 俗習에 따르지 않고 어버이의 안장을 길이 생각하는 일이다. 대개 판판한 언덕과 높은 산은 모두 福地인데, 무슨 풍화의 재앙이 있겠느냐, 이것은 남의 자식된 자가 마땅히 알아야 할 일이다.

대개 成周時代에는 文을 숭상하여 예악과 문물이 너무 갖춰졌고, 孟氏
는 墨氏를 배척함에 있어 薄葬을 나무랐다. 그러나 관을 무겁게 하고 明
器를 써야 하고 흙이 어버이 피부에 닿지 않아야 한다는 의론은 폐단이
없지 않은 것이다.〉

〈宅兆의 길흉과 자손의 화복이 한 氣로 감응된다고 하는데 과연 그런
이치가 있습니까?〉

이에 대한 담헌의 반론은 쉬우면서도 정곡을 찌른다.

〈중형을 당한 죄수가 옥에 있을 때 겪는 고통이 견딜 수 없다 하여, 옥
밖에 있는 그 죄수의 아들이 몸에 악한 병이 생겼다는 말을 듣지 못했거
늘 하물며 죽은 자의 혼백에 있어서랴.

비록 그러하나 기술이란 허망하여 본래는 그럴 이치가 없지만 그런 줄
로 믿어 내려온 지 오래고, 마음을 모으고 靈을 합하면 無를 상상하여 有
를 이루나니, 가끔 中人의 기교를 하늘이 따라준다. 입이 여럿이면 금도
녹이고 비방이 쌓이면 뼈도 녹아진다는 말이 이치가 있는 것이다.

대개 天文에 대해서 祥瑞와 災難, 卜占에 있어서 길흉, 地術에 있어서
의 화복은 모두 그 이치가 마찬가지이다.

蔡季通이 귀양을 갈 때, 남의 묘를 옮겨준 것을 후회하였다. 연고 없이
남의 묘를 이장시켰으니 뉘우쳐 마땅하나 사실은 오직 간사한 술법을 믿
은 것이 후회의 근본이었던 것이다.

더구나 紫陽 朱子의 山陵議狀이 오로지 術家의 말만 주장한 것이 너무
심한데도 臺史가 이 말이 儒宗에서 나왔다 하여 감히 의논하지 못했다.
이러므로 간사한 말이 거침없이 퍼져서 천하가 미친 듯하여 訟獄이 들끓
고 인심이 날로 무너지게 되었으니, 폐단의 혹독함이 어찌 禪學이나 事功
에 비등할 뿐이겠느냐.〉

주자라는 그들의 宗組가 한 말까지도 비난해야 할 정도로 풍수의 타락
이 극에 달했음을 알 수 있다. 그러나 그는 풍수의 본질, 즉 하늘과 땅과
사람의 조화스런 균형까지 비난했던 것은 아니다. 그는 물과 산이 靈氣를

모음에 선량한 사람을 탄생시켰다고 했던 사람이다.

6 陰宅發蔭에 대한 星湖 李瀷의 견해

성호는 풍수설에 대하여 심한 모멸감을 지니고 혹평을 서슴지 않았다. 아주 냉소적이다. 다음의 내용은 『星湖僿說』에서 인용한 것이다.

〈堪輿之術(풍수를 말함)은 날로 새롭고 달로 풍성하여 사람의 화복이 모두 다 墳塚에 매였다고 여기며, 지나치게 믿는 자는 혹 두세 번씩 파기도 하니, 이는 오직 길흉이 이로 인한 것이 아닌가 두려워서이다. 근세에 宰臣 某가 全州府尹으로 있을 적에, 慶基殿 부근의 사방 산은 오랫동안 居民들의 장지가 되어 무덤들이 옹기종기 너무도 많으므로 파가게 할 것을 주청하자 조정에서 허락하였다. 부윤은 부하 장졸을 시켜 일일이 가서 광중의 화복과 그 자손의 繁多함을 살펴보게 한 바, 부호한 자의 묘라 해서 반드시 좋지도 않고 고단하고 빈약한 자라 해서 단정코 흉하지도 않았다는 것이다.〉

이 얘기를 사람이 직접 와서 전해 주더라는 것이다.

〈옛날에 蔡西山이 풍수에 능하여 軒杭에 오래 산 이후에 대대로 鄕相이 되니 사람들은 그것이 채서산이 묘를 가린 복이라고 말하였다. 그러나 매양 鄕人과 더불어 장지를 가려서 고쳐 정해 준 것에 있어서는 그 길흉이 다 證驗되지 않았다. 그가 道州로 귀양갔을 적에 시를 준 자가 있어 이르기를,

남의 집안 좋은 묘를 다 파냈으니
원통한 넋 호소할 길 다시 없구려.
先生이 邵堯夫의 術 지녔다면
道州로 갈 날을 미리 말 못했는가.

라 하였는데, 대개 그 전에 詹元善이 薦하기를 그가 邵康節의 學을 전수
했다고 한 때문이었다. 사람으로 하여금 배를 잡고 웃게 한다.〉

성호는 풍수 최고 최대의 경전인 『靑烏經』과 『錦囊經』에 대해서도 직
접적인 비판을 가한다.

〈『羅大經』이 그의 鶴林玉露에서 堪輿를 논설하되, '郭璞이, 본 뼈(本
骸)는 기운을 타고 남은 신체(遺體)는 음덕을 받는다고 했으나, 이 말이
도무지 통하지를 않는다. 무릇 銅山이 서쪽에서 무너지면 靈鐘이 동쪽에
서 울리고, 밤나무가 산에서 봄을 만나면 방에 있는 밤도 싹이 트는 것은
바로 활기가 서로 감응되어 그런 것이다. 지금 마른 뼈가 썩어서 아픔도
가려움도 모르고, 오랜 세월을 겪어서 썩은 흙이나 이리저리 나부끼는 먼
지로 변했거늘, 어찌 생존한 자와 서로 느낌을 통하여 화복을 이룩할 수
있겠는가 하였는데, 나는 羅氏가 말한 그 뜻은 바르나 말은 옳지 않다고
생각한다.

가령 나무가 산에서 봄을 만나지 않았다면 밤은 방에서 싹이 트지 않
겠는가? 또는 도끼로 찍거나 불을 놓아서 나무의 뿌리와 가지를 하나도
남겨두지 않았다면, 저 방에 저장된 밤이 봄 기후가 왔을 때 싹이 트겠는
가 트지 않겠는가? 銅山과 靈鐘도 그 이치가 마찬가지이다. 이 두 구절은
다 『청오경』에 나오는 것으로서 지리에 관한 술법의 宗脈이 된 것이지만,
내가 보건대 이 말 자체가 아무 근거 없는 빈 논리로써 나씨의 변론이
아직 부족함을 애석하게 여기는 바이다.〉

『청오경』과 『금낭경』을 혼동한 외에는 날카로운 변설이라 하겠다.

그러나 성호는 「胞胎十二神方位法」과 「五行長生方位法」을 말함에 있어
서는 상당히 구체적으로 그 문제를 지적하면서도 전혀 믿지는 못하겠다는
다소 회의적인 반응을 보이고 있다.

〈내가 일찍이 周禮 大司樂의 鍾, 呂로써 六合, 三合을 정한 說과 先後
甲, 先後庚으로써 이를 증거한 것을 참고해 보았는데, 이어서 감여가가 胞
胎法과 正祿法에 대하여 생각이 미쳤다.

무릇 天干과 地支는 모두 24위로서 각각 12위씩이다. 그러나 요즈음 사

람들이 으레 천간을 지지에 붙여서 生과 破를 점치는데, 지지는 원래의 정해진 법이 있은즉 천간도 마땅히 별도의 配布가 있어야 할 것이므로, 巽, 庚, 癸가 金局으로, 坤, 壬, 乙이 水局으로 乾, 甲, 丁이 木局으로 艮, 丙, 辛이 火局으로 된 것이라고 본다.

내가 또 생각해 보니 물은 배합됨이 있을 뿐 분류됨이 없어야 하고, 산은 분류됨이 있을 뿐 배합됨이 없어야 하므로, 두 가지(물과 산)의 형상이 교차되고 음양이 맞아야만 元氣가 융화되어 변화가 생기게 되며, 또한 水氣는 아래로 나아가고 山氣는 위로 향해야 하는데, 만일 두 가지가 다 아래로만 나아간다면 아무런 조화도 생기기 못할 것이다.

그 이치가 십분 이렇기 때문에 물을 가까이한 向은 낮은 데를 취하고, 산을 가까이한 向은 높은 데를 취해야 한다. 마땅히 이 같은 이치로써 局을 정해야 할 것인데, 今世의 술가들이 모두 반대의 것을 취하는 것은 무슨 까닭인가. 나의 친구 아무개가 지리에 관한 신서가 방금 중국으로부터 도입되었는데 그 설을 믿는 자들이 이전에 坐를 위주로 하던 것을 버리고 向을 위주로 한다고 하니 다행히도 나의 생각과 우연히 부합한다. 그러나 과연 그러한 것인지는 알 수가 없다〉는 것이다.

풍수설과 직접적인 관계가 있는 것은 아니지만 성호는 귀신에 대하여 재미있는 해석을 가하고 있다. 여기에 그 전문을 소개하기로 한다.

〈程子가 이르기를 귀신은 조화의 자취라고 했다. 조화는 귀신에게서 나오는데, 마치 바람이 진동하지만 바람을 볼 수 없는 것이므로 진동의 자취를 因하여 그 바람을 미루어 알 수 있으나 자취로는 그 물체를 완전히 파악할 수 없는 것이다. 經에 이르기를 귀신의 덕됨이 극히 지극하다고 하였으니, 조화는 덕을 이룬다는 말과 서로 통하니, 아마도 조화는 귀신의 자취이다〉라고 해야 할 것이다.

橫渠는 二氣의 良能이라 하였는데, 주자는 程子의 말이 橫渠만 같지 못하다고 하였다. 나는 二氣를 음양으로 본다. 鬼는 陰의 靈이고, 神은 陽의 靈으로서 자연적으로 그렇게 된다. 그러므로 양능이라 하는 것이다. 귀신은 그 이름이고 양능은 곧 덕의 표현이다.

橫渠는 또, 하나인 까닭으로 신이고 둘이 있는 까닭으로 不測이라 했다. 대체로 기에는 음양이 있으니 둘이 된다. 一陰一陽은 조화에서 말미암아 나오는 것으로서 넓고도 隱微하고 정밀하며 妙合이 어긋남이 없다. 그렇기 때문에 추측할 수 없는 것이다. 그러나 일음일양을 이루는 것은 곧 一氣의 往來이다. 그러므로 신이라고 하는 것이다. 주자가 말하기를 이르러 펴는 것은 신이 되고, 돌이켜 돌아가는 것은 귀가 된다고 했다. 이를 합쳐서 말하면 귀가 신 안에 포함된다. 그러므로 하나인 것이다.

필경 二氣가 絪縕하면서도 理가 또한 주인이 된다. 그렇기 때문에 어긋나지 않는다. 둘이 존재하면서 능히 하나일 수 있는 것이 이것이다. 주자는 또 甘薯를 가지고 비유했으니, 그 香氣를 신이라 부르고 그 즙액을 귀라 불렀다. 이것은 또 魂魄의 설이다.

7　陰宅發蔭에 대한 楚亭 朴齊家의 견해

초정은 우리나라가 정통의 학문만이 성하고 이단은 거의 없다고 단정을 하면서 오직 하나의 예외로 풍수를 꼽을 정도로 그것을 이단시하였다. 그리고 그 해독을 불교나 노자학설보다도 더 무서운 풍속으로 받아들이고 있다. 또 당시의 사람들이 얼마나 그에 몰두하여 있는지를, 〈허리에 나침반을 찬 사람은 천리 길을 나서도 길 양식을 갖지 않는다〉고 표현하였다. 특히 전라도 일대가 우심해서 열 집이면 아홉 사람이 지관 노릇을 한다고도 하였다. 심지어는 〈이미 백골이 된 부모님을 두고서 자기 운수의 좋고 나쁘고를 점치고자 하니 그 심보가 벌써 고약하다〉고도 하였다. 그의 풍수에 대한 견해는 주로 풍수 자체에 대한 것이라기보다는, 그로 인한 사회적 폐단을 지적하고 있음이 특징이다. 이제 그의 『北學議』에 나타난 몇 가지 대목을 살펴보기로 한다.

〈남의 산을 빼앗고 남의 상여를 쳐부수는 것은 옳은 일이 아니고 묘를 時祭보다 성대하게 지내는 것도 예가 아니다. 살림을 몽땅 없애고 해골을 수습하지 못하면서 요행으로 잘되기를 바라서 법 아닌 짓을 하는 것은 낱낱이 말하기도 어려울 지경이다. 백성의 생업이 안정되지 못하고 송사가 번거롭게 일어나는 것도 모두 葬師(즉 지관)의 책임이다.〉

그는 땅속에서 일어나는 일들을 상당히 합리적으로 이해하고 있었다는 흔적이 보인다. 그는 逃屍穴 현상이 충분히 일어날 수 있는 일이며 결코 신비스러운 일이 아님을 말하고 있다.

즉 그는, 〈지금 사람들이 改葬을 하면서 광중에 물이 들어온 흔적이 있다느니 곡식 껍질이 있다느니 관이 뒤집혔다느니 시체가 없어졌다느니 하는 일로써 영험스럽다고 하지 않는 자가 없거니와, 이것은 땅속에 예사로 있는 일이고 화복과는 조금도 관계가 없다는 것을 전혀 모른다〉고 말하였다. 그것은 과연 옳은 말이다. 시신이 광중에서 없어지는 일은 얼마든지 설명이 가능한 일이고, 이런 현상을 풍수에서는 逃屍穴이라고 부른다.

도시혈이란 시신이 뒤집히거나 유골이 흩어지고 관의 방향이 뒤흔들리거나 혹은 관 자체가 아예 없어져 훗날 이장하고자 하여 광중을 파면 시신은 간곳없고 빈 구멍만 뻥하니 뚫려 있는 경우를 말한다. 이의 이론적인 것은, 〈天德方이 空虛하면 시체가 뒤집힌다고 한다. 乙, 辛, 丁, 癸方이 凹陷하면 유골이 흩어진다고 한다. 辰, 戌, 丑, 未脈에 乾, 坤, 艮, 巽을 만나지 못하면 시신이 딴 곳으로 옮겨간다.

逃屍 찾는 법 ── 龍과 坐와 得, 破의 數를 합하여 五로 除한다. 一이 남으면 壬, 子方의 六步, 二가 남으면 丙, 午方의 十四步, 三이 남으면 甲, 卯, 乙方의 二十四步, 四가 남으면 庚, 酉, 辛方의 三十六步, 五로 나누어 떨어지면, 辰, 戌, 丑, 未方으로 五十步 떨어진 곳에 가서 찾으라, 운운〉하는 것이지만, 매우 어려울 뿐더러 실제 이 방법으로 도시혈을 찾아낼 수 있는 확률은 상당히 낮다.

이것을 아주 쉽게 찾아낼 수 있는 방법이 있는데 그것이 지형학의 소위 mass wasting 현상 중 土壤匍行 soil creep 이론이다. 토양포행이란 풍화층의 제일 윗부분, 즉 토양층에서 진행되는 암석과 돌부스러기들의 이동을 가리키는 것인데 속도가 매우 느려서 눈으로 직접 관찰할 수는 없다. 다만 결과적으로 나타나는 현상을 통해서 그 같은 과정이 斜面에서 일어나고 있다는 것을 알 수 있을 뿐이다.

토양포행은 온대습윤지역을 포함한 다양한 기후지역에서 보편적으로 일어나지만, 기후의 계절적 변동이 큰 지역에서 가장 활발하게 일어난다.

토양이 얼었다 녹았다 하거나 물에 젖었다 말랐다 할 때는 팽창, 수축현상이 반복된다. 토양이 팽창할 때는 岩屑이 사면에 대해 직각방향으로 들리며, 수축할 때는 수평면에 대해 수직방향으로 내려앉는다. 따라서 토양이 팽창과 수축을 반복할 때마다 암설은 사면 아래로 약간씩 이동하게된다. 또한 동물이 사면에서 구멍을 파거나 흙을 밟을 때, 식물이 성장하고 부패할 때, 지진이 일어날 때도 토양이 요동되며, 그때마다 암설은 아래로 이동한다.

토양포행에 있어서 암설의 이동속도는 사면경사의 증가에 비례하여 빨라지나, 대체로 연간 Imm 이하에서 수cm까지의 폭을 갖는다. 그리고 포행의 속도는 지표면에서 밑으로 내려갈수록 감소하는데, 깊이 Im 미만의 표층이 포행의 영향을 가장 많이 받는다. 전주나 수목이 사면 아래쪽으로 기울어지는 것은 깊이에 따라 포행의 속도가 감소하기 때문이다.

토양포행이 효율적으로 일어날 수 있는 최적 경사는 5° 라고 알려져 있다. 경사 이외에도 포행에 영향을 끼치는 요인으로서는 물질의 구성과 식물피복을 들 수 있다. 점토의 함량이 많은 토양은 비가 온 후 많이 팽창하기 때문에 보다 빨리 이동한다. 그리고 식생은 암설을 제자리에 고정시키는 역할을 하므로, 식물 피복이 양호한 지역보다 불량한 지역에서 포행이 보다 활발히 진행된다. 그러나 잔디 같은 풀은 뿌리가 깊지 않아 포행하는 암설 또는 토양과 더불어 함께 이동하기 때문에 억제력이 적다.

포행하는 암설은 집단적으로 내부구조를 서서히 변경시키면서 마치 粘性이 큰 물질이 흘러내리는 것처럼 이동한다. 따라서 그것은 유동성 이동에 속한다.

사면 위에 놓인 암괴가 토양포행과 유사한 과정에 의하여 개별적으로 이동하는 것은 岩石匍行 rock creep이라고 한다. 특히 암괴 밑에서 성장하는 霜柱는 암석포행을 일으키는 주된 역할을 한다.

토양포행 현상은 우리나라 도처에서 일어나고 있고 더구나 경사도 $5°$ 정도에서도 일어날 수 있다는 점을 감안하면 상당히 많은 수의 산소가 아마도 시신이 없는 빈 무덤이 되어 있을 가능성이 높다.

늦봄에 비가 쏟아질 때 도로개설로 산의 사면을 직면으로 절개 open-cutting한 면에 오래된 관이 반쯤 삐죽하게 솟아 있는 경우가 있는데, 이것도 逃屍穴 자리에서 이탈한 관이 흘러다니다가 절개지에서 모습을 드러낸 보기 흉한 예이다.

이것은 이동속도가 느리기 때문에 전신주나 비석 따위가 경사면에 비스듬히 서 있다든지 하는 여러 가지 증거를 통해서만 알아낼 수 있다. 그러나 증거만 포착되면 분명히 그 현상이 일어나고 있다고 단정할 수 있기 때문에 누구나 쉽게 그런 자리는 찾아낼 수 있는 것이다. 초정이 별로 놀라지 않고 그런 현상을 기술할 수 있었던 것도 그런 현상의 본질을 꿰뚫어본 때문이 아닌가 여겨진다.

무덤자리의 음덕이 썩 믿을 만하지 못함은 이렇게 표현하고 있다.

〈저 泉壤 아득한 중에 떠도는 기체가 사라지기도 하고 늘어나기도 하는 것과 물질이 변화하여 엉켜 이루어지는 것이 어느 지경에 이르지 않으랴. 지금 榮貴한 집들은 특별히 그 조상의 무덤을 파보지 않은 것뿐이다. 만일 그런 집들도 무덤을 파본다면 반드시 몇 가지 걱정스러운 일이 있을 것이다. 또 가난하거나 후손이 없는 무덤도 파보면 가끔은 소위 길한 기운이 엉키어서 흩어지지 않는 일이 있다. 옛 글에, 옛적에는 묘를 수축하지 않는다고 하였다. 대저 땅 위에 있는 사람으로서 땅속 일을 다 의심하는데 천하에 안전한 무덤이 어찌 있으리오.〉

이것은 효자와 仁人의 마음으로 궁구하지 않을 수 없었던 것이다.

도대체가 음택발복의 허망함이 말할 나위도 없는 것임을 이렇게 강조하기도 했다.

〈매장이 아니라 수장, 화장, 조장, 현장을 하는 나라에도 또한 인류가 있고 임금과 신하도 있다. 까닭에 오래 살고 일찍 죽음과 팔자가 궁하고 좋음과 집안이 흥하고 망함과 살림이 가난하고 부함은 천도의 자연이고 사람의 행동에 관계되는 것이 아니다. 장사한 터의 좋고 나쁨에 관련시켜 논할 것은 아니다.

중국의 들녘을 보면 모두 다 밭에다가 장사를 지냈는데 한없이 넓은 들에 봉긋봉긋한 것이 서로 비슷하며 당초부터 청룡, 백호며, 砂格, 眞穴 따위가 다른 것이 없다. 시험삼아 우리나라 地師에게 이곳에 와서 묘 터를 잡게 한다면 浩浩蕩蕩하여서 평소에 공부하였던 것을 바꿔야 할 것이니 장사에 대하여 한 가지로만 논할 수 없음이 이와 같다.

지금 四柱를 말하는 자는 천하 일을 죄다 사주에 돌리고, 相法을 말하는 자는 천하 일을 상법에다 돌리며, 무당은 무술에다 돌리고, 지관은 장사하는 데에 돌리는바, 무슨 방술이든지 그렇지 않은 것이 없으니, 한 사람의 일로써 과연 누구에게 맡겨야 할 것인가. 左道란 믿을 수 없는 것임을 여기서도 알겠다.〉

뿐만 아니라 성호는 공동묘지 제도와 유사한 안을 제시하기도 했다.

〈학식 있는 사람이 중요한 지위를 맡으면 마땅히 풍수들의 문서를 불사르고 풍수 노릇 하는 것을 금하여 백성들에게 길흉화복이 장사와는 관계없음을 알게 해야 할 것이다. 그런 뒤에 각 고을마다 山地 한 곳씩 잡아두고 백성에게 그 씨족의 내력을 밝혀 씨족끼리 장사하게 하기를 중국의 북망산 제도와 같게 한다. 만약 본 고을에 적당한 장소가 없으면 이웃 고을 지역이라도 백리 안쪽에다 정하게 한다. 장사 날은 가리지 않으며 하관할 땅속에는 회를 굳게 쌓고 비석과 誌石을 자세하게 한다. 이와 같이 하면 사대부들이 산지 때문에 서로 다투든가 빼앗는 일은 저절로 그칠 것이고 부자들이 묘 터를 넓게 잡는 일도 쉽게 금해질 것이다.〉

가장 중요한 그의 지적은 그가 은연중에 타락한 엉터리 풍수와 제대로 된 지리를 구별했다는 점일 것이다. 즉 그는 이렇게 말하였다.

〈임금이 나라를 세운 다음, 도읍을 건설하려면 반드시 그곳 산들이 서로 감싸 안았고 배와 수레가 모여들기에 편리한 것과 천하의 정세를 살펴서 결정한다. 『詩經』에 그 땅의 둔덕과 습지를 살피며 응달과 양지를 헤아린다는 말이 있는데, 이는 그 땅의 지형을 말한 것이다. 옛사람들이 지리는 모두 경치와 지세가 좋은 것을 말한 것이고 화복을 말한 것이 아님을 알지 못한다. 대저 풍수설의 근거 없음은 고금 名儒들이 이미 상세하게 말한 바 있지 않은가. 결코 새로운 일이 아니다.〉

8 요약 및 결론

우리나라 사람들이 땅을 보는 안목은 그 출발에 있어서부터 이중적이었다. 땅을 합리적이고 이성적인 측면에서 의식주라는 경제적 용도를 중시하며 생각한 것이 그 하나이고, 다른 하나는 땅의 본원적인 성격, 다시 말해서 생명의 원천으로서 우리의 삶을 있게 하였고 또 사후 우리들의 永眠의 居所로 생각하는, 어떻게 보자면 매우 신비스럽고 비합리적일 수밖에 없는 대상으로 보아온 것이 다른 하나이다.

인지가 깨이면서 이것은 어떤 식으로든 이론을 정립하는 과정을 거쳐 결국 풍수지리로 정착이 된다. 중국으로부터의 이론적 도움을 받은 것은 사실이나 크게는 자생적인 풍수지리의 체계화라 할 수 있는 한국의 풍수 사상은 신라 후대에 토착화된 것으로 보인다. 이때의 풍수지리는 분명히 경제적이고 합리적인 지리와 본원적이고 비술적인 풍수의 혼합체였다. 이것이 개국과 혁명의 이념으로서의 역할을 수행하여 고려 왕조를 일으키게 된다.

왕권이 안정되면서 풍수지리는 신비적 풍수와 합리적 지리로 이원화되기 시작하며, 그중 풍수는 상당한 정도의 타락의 길을 걷는다. 조선 초기 한때 또다시 풍수지리의 일원화 환원이 이루어진 적도 있지만 그것은 잠시였고, 이 이중성 또는 이원화는 더욱 심화되는 길을 걷는다. 이것이 조선 후기 실학자들에게 있어서는 어떻게 나타나느냐 하는 것이 이 글이 알고자 하는 목적이었다.

아마 당시까지도 이러한 풍수지리의 이중적 성격이 실학자들에게 남아 있었으리라는 것이 가설이었는데, 이 점은 명백히 그렇다는 것이 이 글을 통하여 밝혀진 셈이다. 그들은 택리에서 이 이중적 심리구조를 여실히 드러내고 있었다. 즉 현실참여적인 유교의 대 사회관에 따라 합리적인 지리의 관점에서 살 만한 터를 논하면서도, 다른 한편으로는 당쟁으로부터 자유스럽고자 하는 현실도피적 풍수를 결코 도외시하거나 소홀히 하지 않는 것에서 잘 드러난다.

그들은 풍수지리에서 풍수와 지리를 분리하여 이해할 만한 지리학적 수준에 이르지 못했음에도 불구하고, 그러나 자신들이 실제로 체험했던 이기적 俗信으로 타락한 풍수를 분리하고자 하는 갈등을 겪었던 것으로 믿어진다. 이것이 그들에게 혼란스러운 이중심리구조를 만들어준 것이다. 어떤 면에서는 그들이 당시의 타락한 풍수를 매도한 것은 풍수 본질, 즉 인간과 땅과의 조화로운 관계를 유지하자는 그것으로 돌아가고자 하는 노력의 일환이었는지도 모른다. 일종의 풍수와 지리의 혼용, 즉 풍수 본래의 자리로 돌아가고자 하는 의지일 수도 있다는 말이다.

실학자들은 모두 예외 없이 곤륜산에서 발원하여 백두산에서 宗을 일으킨 산맥세 체계의 가시적 정리에는 일치된 견해를 보이고는 있으나, 산의 地中을 흐르는 地氣를 논함에 있어서는 그 존재 자체에 대한 可否가 엇갈리고 있다. 이것은 그들이 풍수와 지리를 혼동하고 있었다는 또 하나의 증거가 되는 것이기는 하지만, 어떤 면에서는 그들이 산맥을 외형에 의존하여 판단했을 뿐 그 체계화에 있어서는 지질구조 등 근대지리학적 소양이 없었음을 드러내는 부분이기도 하다. 그들은 비합리를 배격하면서도 근대적 의미의 합리를 실증할 어떠한 수단도 개발해 내지는 못했던 것이다.

또한 그들은 택리의 조건으로 인심과 산수를 논함에 있어서 잘 드러나는 바와 같이 전혀 반주자학적이지도 않았고, 한국 풍수의 한 전형이랄 수 있는 형국론을 거의 도외시하는 데서 드러나는 바와 같이 사대부 출신다운 한계 그대로 전혀 민중적이지도 않았다. 적어도 그들의 지리저술에 있어서는 그렇다는 것이다.

그들은 국토문제에 대한 논쟁에서 풍수의 용어와 논거를 가지고 토론을 벌여 나가지만 그러나 실제 주장하는 바는 대단히 현실적인 입장을 취하고 있었다. 이미 그들은 분명히 의식하고 그런 것 같지는 않지만 풍수와 지리를 구분하여 쓰기 시작하였고, 쟁점도 주로 풍수 논리의 현실에 대한 유관 적합성 파악에 주력하고 있었다. 그들에게 있어서는 현실적이라는 것은 실증주의적 합리성과는 다르다. 현실파악에 있어서는 그런 합리성뿐만이 아니라 비실증적인 여러 가지 경험들과 정황, 그리고 상황의 추이 등이 복합적으로 어우러져 작용하는 것으로 판단했기 때문이다. 보다 분명히 말한다면 그들의 지리관은 풍수와 지리의 혼동상태의 것이지만 그것이 지리라고 해서 합리적이고 풍수라고 해서 비합리적인 것이 아니라 요는 현실에서 그것이 어떤 의미를 지니고 있느냐에 중점을 두고 있더라는 뜻이다.

그들은 풍수를 잘 알고 있었다. 그러나 그들이 알고 있던 풍수는 타락한 곁가지 풍수라는 인식은 없었던 듯하다. 그들이 지리라고 생각했던 것이 오히려 본래의 풍수지리에 근접한 것이었다. 그러나 그들은 거기서 기의 개념을 빼버림으로써 오히려 풍수를 지리에서 제거해 버리는 우를 범하였다. 그들이 정성을 들여 논박한 것은 풍수라고도 할 수 없는 타락하고 천박한 이기적인 풍수였기 때문에 그들의 주장은 역설적으로 오히려 풍수지리 본질로 돌아가자는 운동처럼도 여겨졌다.

7 두려워해야 할 것

1 땅 보기를 이렇게 한다

요즈음은 별로 그렇지도 않지만 전에는 아이들이 흙을 참 많이도 집어 먹었다. 그러고도 배탈이나 다른 탈이 나는 경우는 거의 없었다. 오히려 웬만한 배앓이는 흙만 잘 골라 먹으면 낫는 수도 있었다. 시골 마당에서 키우는 닭이나 개는 병이 들면 우선 먹는 것을 일체 끊고 난 다음에, 적당한 장소를 골라 땅을 파고 눕는다. 그리고는 가끔 그 땅의 흙을 먹기도 한다. 그러다가 병이 낫는다.

이런 사례들은 풍수사상이 지적하는 바 땅에 생기가 있어 배탈난 아이나 병든 짐승이 그 힘을 입어 치료하는 경우이다. 이럴 때 흙을 좀 집어 먹은들 누가 무어라 할 것이며, 땅에 끼친 해악이 무어가 있겠는가.

이런 사고는 비단 우리나라를 비롯한 동양세계에만 있는 것은 아니다. 서양의 경우에도 특정의 장소에 지방신 genius loci이라든가 플레눔 ple-num이라고 부르는 地靈 the spirit of place이 존재하여 이것들이 건강이라든가 번영에 관계된다고 믿는 사고방식이 있었다.

예컨대 이집트 사원의 聖室은 孵化 incubation라 불리는 꿈의 치료

dream healin의 장소로서 이용되었다. 몸을 정결히 하고 금기를 지키는 등의 세심한 주의를 한 뒤 그곳에서 잠을 자면 그곳 지령의 작용으로 꿈 속에서 치료되거나 치료법을 계시받을 수 있었다.

성스러운 境內는 그리스어로 히에로스 테메네스 hieros temenes, 라틴 어로 템플룸 templum이라 불리는데, 聖과 俗의 장소 사이에 장벽을 짓고 구분하였다. 여기에는 숲, 샘물, 聖水 혹은 山頂 등 특출한 경관이 포함된 다. 그 안에서는 환경이 자연상태대로 보존되는데, 지령의 존재가 환경 그 자체의 질적 가치로 인식되기 때문이다. 어떤 성소의 지령은 질병 치료의 기원대상이 되기도 하는데, 그런 장소들이 현대의학에 의하여 질병, 특히 호흡기계통 질환 치료에 적절하다는 것이 밝혀지고 있다. 이 점은 히포크 라테스도 장소에 따라 질병에 좋은 곳과 나쁜 곳이 있음을 지적한 바 있 다. 그는 도시건설에 있어서도 이 요인을 따르라고 충고하였다.

뉴멕시코의 경이로운 질병 치료지역인 엘 상투아리오 데 치마요에는 에 스파냐계 성당이 건립되었는데, 이곳은 원래 원주민들이 그 땅의 흙으로 병을 치료하던 치료장소 medicine place로서의 성지였던 곳이다. 여하튼 서양의 경우에도 이와 같은 사례는 수없이 많다. 이런 경우에 대해서는 필자의 다른 글이 있으므로 여기서는 이것으로 줄이기로 한다.

문제는 땅 기운에 의지하여 병을 고치고, 흙을 먹어 속을 편케 하는 데 있는 것이 아니라 그 땅을 송두리째 가지려고 하는 욕심에 있는 것이다. 도대체 땅의 임자가 누구인가. 언제 사람이 땅을 만든 적이 있었던가. 땅 이 그 자리에 놓여 있는 것이 김씨 가지라고, 이씨 가지라고 그렇게 되어 있는 것인가. 하늘의 해와 달이 뜨고 지는 것이 어떤 목적을 가지고 그러 는 것이 아닌 것처럼, 땅도 무슨 목적이 있어서 누구에게 주어지는 것이 아니다. 이것을 풍수에서는 땅의 公義性이라 한다. 私情에 얽매인 것이 아 니라 계절이 바뀌고 하늘에 별이 빛나는 것처럼 아무런 사심도 없이 그냥 그렇게 되어 있는 것이 땅이라는 뜻이다. 이것이 바로 자연이라는 말이 지니고 있는 원뜻이다.

사람들이 이 공의와 자연대로 살아간다면 무엇이 두려울까. 그러나 그렇게 살지 못하는 것이 사람들이고, 그러다 보니 여러 가지 공연한 금기와 규율을 두어 두려움의 대상으로 삼는 것이 문명 속의 사람들이다. 요컨대 욕심이 두려움을 만들었다는 얘기인데, 풍수에서는 어떤 모양의 산을, 그리고 땅을 두려워하는지 살펴보기로 한다.

좋은 땅이라 하여도 완전한 아름다움일 수는 없다는 것이 풍수사상가들의 생각(論風水 好地無全美)이다. 蔡牧堂이라는 지리학자가 말하기를, 〈결함이라는 것이 질서정연하게 놓여 있는 것은 아니니, 천지의 기묘함은 행복도 재앙도 착함도 음란함도 세상사람으로 하여금 쉽게 알아내지 못하도록 배려를 하였다. 그리하여 천지 조화도 완전한 결과를 낸 법이 없고, 성인도 전능은 아니었으며, 하늘은 서북으로 기울었고 땅은 동남을 채우지 못하였으니, 이것이 불가에서 말하는 缺陷世界인 것이다.

뿐인가. 맹자도 제후의 位에는 오르지 못하였고, 顔回도 壽를 다하지 못하였으며, 子路와 子貢도 젊어서는 빈천을 면하지 못하였으니, 온전한 복을 받은 사람이란 없는 것이다. 어찌 땅이라고 하여 완전함이 있을 수 있겠는가. 혹 용이 진실되면 혈이 졸렬하고, 또 혹 용혈은 아름다우나 砂水에 흠이 있으니, 완전한 땅이란 없는 것이다. 이것이 천지만물의 情인 것이니, 만약 全美를 찾는다고 한다면 이 세상에는 찾을 수 없으리라〉하였는데, 옳은 말이다. 욕심을 부려 완전한 땅을 찾겠다고 이장을 밥먹듯이하고, 집을 양택풍수 원리에 맞추어보겠다고 집을 헐고 다시 짓기를 물마시듯 한다면 이것은 천도에 어긋나는 일이니, 어찌 地里가 좇아줄 것이며, 人事에 합당하다 할 수 있으랴. 옆집이 저녁거리가 없는데 멀쩡한 집을부수며 땅의 복을 바라는 사람이 있다면 모두가 미친 짓이라고 생각할 것이다. 그러나 자신이 바로 그런 부류인 줄을 모르는 사람들은 이 세상이아니라 저 세상에 가서 전미의 땅을 찾을 일이다.

세상에서는 무덤 치장에 재미를 붙여 그것이 얼마나 땅을 해치는 일인지를 모르고 가히 광분의 상태에 이른 사람들이 있다. 卜應天이 말하기를, 〈땅은 여유가 있는 것이니 열려야 할 곳은 열려져 있고, 산은 부족하니북돋워야 할 곳은 북돋워야 한다〉하였고, 곽박은 〈사람들이 땅을 다루는 것은 완전함을 따르고 결함을 피하기 위함이니, 높은 곳은 돋우고 낮은 곳은 보하라(增高益下)〉 하였으며, 채목당은 이르기를 〈산천의 融結은 하늘에 달려 있고 산천의 裁成은 사람에게 달려 있다〉고 하였다.

땅에 부족함이 있으면 더하여 북돋우는 것은 가하거니와 자연을 해치지는 말아야 한다는 소리다. 귀한 보석은 뛰어난 장인이 맡아야 하고 천금의 갑옷은 의당 졸장의 소임이 아닌 것이다. 장인도 명장도 아닌 자들이 세상의 풍수를 왜곡하고 있는 꼴은 정말 눈뜨고는 못 볼 일이다.

땅을 다루는 일은 반드시 지혜 있는 자가 해야 할 것이니, 아름다움만을 탐내어 알지도 못하는 자가 함부로 손대어 기와를 헐고 흙으로 덮는 일이 생겨서는 아니될 것이다. 필요도 없는 담을 둘레에 쌓아 올리고, 깊은 연못을 파서 오히려 경관을 우울하게 만들며, 望柱石에 석인, 석수까지 세워 땅의 기를 위압한다. 정자를 만들고 소용에도 닿지 않게 도로 포장을 하여 오히려 망인의 쉼터를 저자거리로 만들어놓고는 무지막지하게도 좋으라 한다. 이것이 바로 돈들이고 화를 자초하는 일이다.

대개 음택이건 양택이건 흠이 있을 때 정도에 따라 쌓는 일은 가하나 파는 일은 삼가해야 한다. 주자가 이르기를 〈조상 묘 근처를 파고 일으키는 것은 용맥을 傷케 하고 地氣를 發泄시키는 凶禍〉라 하였으며, 謬金精은 이를 자세히 부연하여 말하기를 〈來龍은 파고 뚫는 일을 가장 싫어하는 것이니, 그리하면 반드시 지기가 소진되는 일이 있을 것이다. 穴前에 못을 파는 일은 금기라, 소상히 관찰한 뒤에 피치 못할 형편에만 시행할 것이다. 塋前을 높여 왕릉처럼 보이게 하는 것도 일체 피하여야 할 일이니, 그리하면 재앙을 피할 길이 없다. 명당 주변은 항용 깨끗함이 최상이라 잔디 이외의 것은 어떤 경우에도 오히려 병이 되어, 없는 것만 못하다〉고 하였다. 이들의 말은 물론 산소에 대하여 주의를 주는 것이기는 하지만, 보다 넓게 해석할 필요가 있다. 즉 모든 땅의 성품을 논한 것으로 보아, 땅을 괴롭히는 어떠한 행위도 땅의 이치, 즉 지리에 어긋나는 것임을 밝힌 것으로 보아야 한다.

땅은 거짓이 없고 용서도 없다고 하였다. 땅은 궁량이 깊고 넓어 무한

한 포용력을 지닌 것이라 웬만한 정도는 감싸주지만 그것이 어떤 한계를 넘게 되면 가차없는 응징을 행하는 것이라는 사실을 명심해야 한다. 응징의 대상도 행위자인 그 인간만이 아니라 모든 인간에게 무차별적으로 떠넘겨진다는 특징을 갖는다. 따라서 땅을 해치고 자연을 파괴하는 행위는 천도와 지리에 대해서 뿐만이 아니라 人事에 대해서까지 죄를 짓는 일임을 알아야 한다.

2 지리가 人事를 말한다

사실 풍수에서 가장 중시하는 것은 조화이다. 그러나 이것이 균형을 뜻하는 것은 아니다. 자연상태에서 제대로 균형인 것은 없다. 사람의 얼굴도 크게 보면 균형 balance인 것처럼 보이지만 자세히 관찰하면 그렇지 않다는 것을 금방 알 수 있다. 눈도 크기가 다르고 콧구멍도 짝짝이며 입술도 삐뚜름하다. 그런데도 멀리서 보면 균형인 것처럼 보이는 것이다. 바로 이런 것이 조화 harmony이다. 따라서 풍수가 두려워하는 것은 불균형이 아니라 부조화라 할 수 있다. 왼쪽 눈이 오른쪽보다 작다고 왼쪽 눈을 수술하여 찢어놓는다면 균형을 이룰 수 있을지는 모르나 대단히 부조화가 된다. 인간이 자연을 훼손함은 마치 이와 같은 일이다.

풍수에서 자연의 조화로움을 살피는 일은 산의 모양에서 시작이 된다. 산은 살아 있는 것으로, 그 속에는 생기가 지나간다. 그래서 산을 용이라 부르는 것이다. 사람은 이 용에 의지하여 그 기를 받아 살아가는 존재이다. 용은 사람을 품에 안을 준비가 되면 그러한 자세를 취하게 된다. 양팔을 벌리거나 부드러운 손짓을 한다거나 하는 일 따위가 그런 것이다. 용이 그런 자세를 취하면 조화를 이룬 좋은 땅으로, 사람들은 인간다운 삶을 그 속에서 누릴 수가 있다고 보는 것이 풍수사상이다. 용이 몸을 비틀며 사람을 받아들이기를 거부하는 곳은 부조화의 땅으로 그런 곳은 풍수가 꺼리는 바이다. 이제 그에 관계되는 용의 자태에 대해서 알아보기로 하자. 산을 바라볼 때 제일 먼저 떠올리는 것은 그 산룡이 나를 바라보는 것인가 아니면 등을 돌리고 있는 것인가를 확인하는 일이다. 이것을 용의 面과 背라고 한다. 따라서 용의 배와 면을 다른 말로 하면 산룡의 有情, 無情을 구분하는 일이다. 배란 등을 돌렸다는 것이니 이것은 무정한 용이다. 이런 용에 억지로 사람이 기대려 하면 그 산룡과 쓰고자 하는 사람의 기가 맞지를 않아 좋지 못한 일이 사람에게 생긴다. 면이란 얼굴이란 뜻이니 산이 유정하게 사람을 바라본다는 뜻으로 이런 땅이 조화를 이룬 곳이다. 그러니 우리는 면하고 있는 용을 찾아야 한다. 산룡의 면이 열린 곳은 아름다운 광채가 나고 단정하며 빼어난 자태를 지녀 정이 넘쳐 흐른다. 등을 돌린 배의 산룡은 산이 흠칫한 느낌을 주고 거칠며 추한 인상을 풍긴다.

〈사람에게 배와 면이 있는 것처럼 땅에도 그러한 것이 있으니, 모름지기 땅의 배면에 대하여 자상하게 알아야 땅을 바로잡을 수 있는 것〉이라고 『玉髓經』은 지적하였다. 내게 정을 지니고 부드럽게 접근하는 사람에게 복을 기대할 수 있고, 내게 악감을 품고 무정하게 다가서는 사람에게서는 화가 예정되어 있을 뿐이다. 누차 강조하거니와 땅은 살아 있는 것이다. 산은 사람과 마찬가지다. 산의 태도를 볼 줄 알고 산의 얘기를 들을 수 있어야 지리를 말할 수 있다. 祖山의 정기를 받아 내려오던 용은 살아 있는 생명체이니만큼 여러 가지 자세를 취하게 된다. 머리를 돌리기도 하고 허리를 곧추세우기도 하며 다리를 구부려 웅크리기도 한다. 때로는 기지개를 켜고 또 혹은 하품을 하기도 한다. 이때 용이 사람을 끌어안을 계제가 되면 그에 합당한 자세를 취하게 된다. 사람을 포용할 적당한 형세를 이룬다는 뜻이다. 이와 같이 맥을 따라 흘러내려 온 산룡이 사람을 맞을 자세가 되었는지를 판별하는 방법을 藏風法이라 한다는 것은 이미 말한 바 있거니와, 용의 유정, 무정을 살피는 일은 바로 그 장풍의 기본이 된다. 그것을 알 수 있다는 것은 용과 대화가 가능하다는 뜻이 되기 때문이다.

산룡이 사람을 끌어안을 자세를 갖추었을 때, 그 품안이 명당이 된다.

어머니가 아기에게 젖을 먹일 때, 아기를 양 손으로 품 안에 안고 아기 입에 젖꼭지를 물린다. 이 경우 어머니의 품이 명당, 젖무덤이 혈장, 젖꼭지가 혈처가 된다는 것은 이미 앞에서 밝힌 바 있다. 땅에 있어서도 마찬가지다. 땅은 어머니이니까. 주위가 산과 강에 의하여 어머니의 품속처럼 안온하게 조성된 일정 장소가 명당이다. 그 명당 중에서 땅 기운이 집중되어 있는 좁은 범위가 혈장이고, 그중에서 바로 지기가 인체에 교류될 수 있는 지점이 혈처인 것이다. 이런 곳이 바로 용의 면이며, 용의 배에서는 명당도 혈장도 혈처도 성립이 되지 않는다. 그런 곳은 품속이 아니기 때문이다.

용에는 또 맞아들이는 산과 배웅하는 산이 있는데, 이 또한 조화를 이루어야 함은 두말 할 여지가 없다. 채목당이 말하기를 〈지리라는 것은 人事와 더불어 不遠한 것이니, 사람의 성정은 한결같지 아니하나 向背의 道는 분명하게 나타나는 것이라, 나를 향한 것은 반드시 주선하여 서로 사귈 뜻이 있는 것이고 나를 배반하는 것은 반드시 싫어하기 때문에 버리고 돌아보지 않는 것〉이라 하였다.

비록 잠시 동안 거짓으로 꾸밀 수는 있을지라도 진정한 태도는 그렇게 되는 것이 아니다. 무릇 상대라는 것은 군신이 상련(君臣相戀)하고 부부가 상친(夫婦相親)하며 형제가 상정(兄弟相情)하는 것과 같이 나를 향하여 정을 주는 것이다. 얼굴만 보는 자는 거짓을 얻기 쉽고, 성정을 보는 자는 진실을 취할 수 있는 것처럼 산을 대함에 있어서도 그 본질은 겉모양새가 아니라 역시 그 성정에 있는 것이다.

이런 예를 생각해 보자. 아름다운 산이 앞에 있어 심히 유정해 보이는데, 기실은 이곳이 주인되는 땅이 아니라 손님의 땅일 수 있다는 점이다. 陸象山이 설명한 것처럼, 〈달은 서쪽에서 뜨는데 밝기는 동쪽 언덕이요, 구름은 하늘에서 일어나는 데 어둡기는 땅 위〉라는 말을 이해하면 된다. 그렇다고 하여 유정이 지나쳐 굴욕의 자세가 되는 것은 옳지 못하다. 情心과 비굴은 엄연히 다른 것이기 때문이다.

이리하여 주인처럼 의젓하고 유정한 면에 의하여 명당이 만들어지면 그곳에 의지하여 사람들은 삶의 터전을 일군다. 산룡이 유장하게 와서 혈을 짓고, 청룡과 백호는 혈을 감싸안으며, 앞으로는 가까이에 책상과 같은 案山이, 그리고 멀리로는 친구 같은 단정한 朝山이 보호를 해주면 좋다. 규국이 넓으면 큰 도읍이 들어서고 보통이면 마을이 서고 좁으면 산소가 된다. 막히거나 윽박지르거나 기울어진 명당은 꺼린다.

부스러기와 같은 돌이 있는 명당도 좋지 않다. 특히 曠野 명당은 속기가 쉬워 주위를 요한다. 이것은 명당의 판국이 텅 비어 없는 듯한 것이니, 극히 흉한 것임에도 불구하고 천군만마를 포용할 수 있는 땅으로 오해하기가 쉽다. 욕심이 이런 땅을 고르게 하는데, 이는 땅이 사람을 속인 것이 아니라 사람의 욕심이 눈을 멀게 하여 제 스스로 속은 까닭이다.

3 물과 자연의 회생

좋은 명당에는 좋은 샘이 있어야 하는데, 『人子須知』에는 다음과 같은 종류의 샘들을 열거하고 있다. 먼저 嘉泉이란 물맛이 달고 빛이 맑으며 향기가 있는 것이다. 휘저어도 혼탁해지는 법이 없으며, 사시사철 물의 양이 똑같고, 더울 때는 물이 차고 추울 때는 따뜻하여 더 이상 바랄 것이 없다. 이것은 眞應水라고도 하는데 陽宅에 있어 늘상 이런 물을 마시면 부귀장수하며 경사가 끊임이 없다고 한다. 중금속을 비롯한 각종 폐수로 오염된 더러운 강물을 마셔야 하는 오늘의 우리들에게는 꿈 같은 애기이나, 그 물을 그렇게 더럽혀 놓는 것이 결국 사람의 욕심이었으니 자업자득인 셈이다.

冷漿泉이란 것이 있는데, 이 물은 맛이 담백하고 색은 혼탁하며 기는 비린 것이라 泥水泉이라고도 한다. 이 물로는 관개도 못 하고 양치나 세수도 못 하며 더구나 먹을 수도 없는 것이라 매우 두려운 것이다. 이는 龍氣가 위축되어 지맥이 성글게 새어나가는 것으로, 여름에는 흘러넘치고 가을이나 겨울에는 오히려 마른다. 양택에서 이 물을 마시면 가난함은 물론 여러 가지 질병에 시달리다 결국 단명으로 끝난다.

맛이 식혜와 같이 단 醴泉이란 것이 있는데, 이는 聖王의 덕이 神物을 감동시켜 나는 것으로 마시면 장수한다. 성인의 덕이 위로는 하늘에 미치고 아래로는 땅에 이를 때, 사람에게 예천수를 마시게 한다는 옛말이 있다. 바로 그 샘이다.

풍수에서는 온천을 湯泉이라 한다. 옛 사람들은 탕천을 유황이 물 밑에 있는 고로 물이 위로 올라오며 끓어서 더워지는 것으로 이해하였다. 별로 틀림이 없는 생각이다. 이것은 용의 왕성한 기운이 융화되어 샘이 되고 이 샘이 끓어올라 그 기를 발산시키는 것이기 때문에 혈을 이루지는 못한다고 보았다. 楊筠松 같은 이도 탕천에서는 땅을 찾지 말라고 하였다.

礦泉이란 밑에 쇠돌이 있고 위에 샘이 있어 거슬러 나온 것을 말한다. 그 빛이 붉으므로 紅泉이라고도 하는데, 용의 기맥이 쇠돌에 모였다가 샘이 있는 길을 따라 올라오다가 붉게 되는 것이라 어느 날인가는 쇠돌을 캐낼 때가 올 것이므로 비록 땅이 아름답다 하여도 써서는 아니된다. 또는 기가 쇠돌에 모여 다른 곳으로 기혈을 맺지 못한다고 설명하기도 한다. 쇠돌이란 광물자원을 뜻하는데 오늘날 광산지대의 생활환경이 어떤지를 떠올려보면 이 말이 거짓이 아님을 짐작할 수 있을 것이다. 이와 비슷한 것으로 銅泉이란 것이 있는데, 물빛이 쓸개액과 같으므로 膽泉이라고도 하며 용맥의 왕성한 기운이 샘에 모였기 때문에 보통의 기를 지닌 일반인의 경우는 혈을 짓지 못한다.

湧泉은 샘이 땅 속이나 암석 가운데서 솟아나 잠깐 일어나다가 곧 그치기도 하고 흰 거품을 일으키기도 하는 것으로서, 이 샘이 있으면 지기가 여기서 發洩이 되므로 명승지는 될지언정 혈은 되지 못한다.

賤泉이란 것은 여자가 소변을 보는 모양과 같이 구멍 속에서 흩뿌리듯 나오는 샘인데, 지극히 음랭하고 살기가 등등하여 결코 혈이 될 수 없는 그런 종류이다.

沒泉이란 물이 아래로 스며나오는 샘이다. 이것은 밑에 빈 구멍이 있어서 다른 곳과 연결되어 이곳에 고인 물이 빠져나가는 것으로 흐르는 것을 볼 수 없으니 혈의 융결을 기대할 수 없는 경우이다.

黃泉이란 땅 속으로 스며드는 물을 말한다. 비가 많이 오면 물이 불어 오르고 그치면 금방 물이 땅 속으로 스며버려 항시 말라 있는 곳이다. 바람에 불려다니는 모래와 같아 龍氣가 허망하게 소모되는 것으로 이해한다. 밟으면 발자국이 남는 힘없는 땅으로 구덩이는 깊고 물은 아래로 떨어지기 때문에 水落黃淺이라고도 한다. 사람이 쓸 수 있는 자리는 만들지 못하는 땅이다.

漏泉이란 물이 새어 점점이 떨어지는 것인데 용의 기운이 약하기 때문에 혈을 맺지 못한다.

冷泉은 새파란 물이 차게 흘러나오는 곳으로 역시 두려워해야 할 땅에 속한다.

龍湫泉은 蛟龍이 생겨나는 샘으로 날이 가물 때 이곳에서 기우제를 지내면 비가 내린다고 한다. 陰氣가 강하여 혈을 맺지 못한다.

끝으로 瀑布水 역시 산 사람이든 죽은 사람이든 우뢰와 같은 물소리 때문에 쉴 수가 없기 때문에 쓸 자리로는 보아주지 않는다. 다만 그윽하고 깊은 맛이 나는 곳은 신선이 노는 땅이 될 수는 있을 것이다. 이런 곳에 신선이 될 욕심으로 자리를 잡으면 오히려 폭포의 기에 눌려 狂態를 보이기 쉬우니 조심할 일이다. 최근에 사람들이 경관이 수려한 곳에 콘도미니엄이니 리조텔이니 하고 건축을 하는데, 그런 장소들은 일시 머물며 관상할 자리이지 결코 의식을 놓고 잠을 잘 터는 아니다. 이런 곳은 흔히 바람과 물이 울부짖는 듯한 소리를 내는 땅(風水悲愁之地)이기도 한데, 이에 대해서는 다른 곳에서 설명할 기회가 있을 것이다. 여하튼 좋은 경승지를 욕심을 부려 저 혼자 차지하고자 하는 과욕이 결국 자신을 파멸로 이끄는 일이 되는 것을 사람들은 알지 못한다.

긴 백사장에 한적한 해변을 이룬 곳도 이와 마찬가지의 풍수적 논리에 의하여 사람이 잠을 잘 곳은 아니다. 으스름 달빛이 비치는 夜牛에 격심한 통곡소리와도 같은 파도소리를 들으며 그 극단의 음기를 받아들인다는 것은 겉보기에는 멋이 있을지 모르나 지기의 내용으로는 묘혈을 파는 일이 된다. 그런 경승지에 별장을 가지고 있는 사람들은 당장 그곳을 원래의 자연에 돌려주고 즉시 떠나는 것이 옳다. 그렇지 않으면 욕심이 자신을 망칠 것이다.

대저 인간이 땅에 대하여 가져야 할 두려움은 무엇인가. 그것은 한마디로 욕심이다. 풍수는 끊임없이 땅에 대한 사람들의 욕심에 대하여 경고한다. 풍수가 가르치는 조화는 땅의 모양이 조화를 이루는 것으로 해결되었다는 식의 것은 아니다. 그것은 사람 심성의 조화를 더욱 중시한다. 조화된 심성만이 조화를 이룬 땅을 찾을 수 있기 때문이다.

오늘의 땅을 바라본다. 거기에 무엇이 남아 있는가. 인간의 욕심이 모든 땅 위에 더러운 흔적을 남겨놓고 있음을 볼 수 있을 따름이다. 왜 더럽혔는가. 역시 욕심 때문이다. 욕심은 땅을 망쳤고 망쳐진 땅에는 풍수가 설 자리가 없다. 결국 사람들이 땅과 풍수를 함께 망친 셈이다.

宋代의 저명한 지리가 호순신은 〈산은 움직임이 없이 굳건히 자태를 드리우고 있는 것이라 음에 속하고 물은 움직여 흐름을 주도하는 것이라 양에 속하는데, 음은 體常을 도로 삼고 양은 변화를 주로 삼는다. 그런 까닭에 길흉과 화복은 물에 의하여 더욱 강한 영향을 받는다〉고 하였고, 또 이르기를 〈산은 사람에 비유하면 형체와 같은 것이고 물은 사람에 비유하자면 혈맥과 같은 것이다. 사람의 형체의 생장과 번영, 쇠퇴는 겉모양인 형체보다는 그의 혈맥에 달려 있다. 혈맥의 도수가 순조로우면 그 사람은 건강할 것이어니와, 그 절도를 잃어버리면 병들어 망함이 자연의 이치〉라고도 하였다.

지금의 땅은 어떤가. 산은 체상의 도를 잃고 지리멸렬이 되었으며, 물은 죽어 시체가 되니, 혈맥이 메말라 변화의 주체 자리를 잃은 지 오래이다. 절도를 잃은 정도가 아니라 완전히 失節의 단계에 이르렀으니, 지금 속히 산천을 희생시키지 않는다면 호순신이 이미 예언한 바와 같이 병들어 망하는 참화를 면치 못할 것이다. 회생의 오직 한 길은 사람들이 땅에 대한 욕심을 버리는 것으로부터 시작됨을 명심할 일이다. 욕심이야말로 땅에 있어서 가장 두려워해야 할 적이다.

제 4 부

환경문제에 대한 풍수적 시각

8 풍수 말세론

1 풍토와 추억

이제 40대 중반을 바라보는 나이에 추억 운운하려니 낯간지럽다는 느낌이 든다. 그런데 지리학을, 그것도 우리 민족의 전통 지리사상인 풍수를 전공으로 하다 보니 적지 않은 답사를 하게 되었고, 그러다 보니 風土가 우리에게 주는 심리적 각인을 무시할 수가 없었다.

눈 덮인 산야를 바라보며 역사를 생각한다거나 황혼녘의 산자락에서 저녁 짓는 연기를 피워올리는 골짜기 마을을 내려다보며 고향을 떠올리는 따위의 일들은 흔히 경험할 수 있는 일일 것이다. 눈앞에 전개되는 경관을 시각에 의한 지각현상으로만 파악하지 말고 그것이 지니는 심상의 의미를 정리해 보라고 학생들에게 강조하지만 잘 되지를 않는 모양이다. 울진의 불영 계곡이나 영월의 어둔이 골짜기, 정선의 그림 바위와 같이 뛰어난 풍광을 바라보면서도 그 명미한 자연에 자신을 혼입시키지 못하고 삶의 현장에서 쌓아둔 털어버리고 싶은 기억들을 계속 간직하는 사람들의 속성을 무엇이라고 말해 주어야 할지.

입춘이 지나면서 들판에 흙바람이 일기 시작하면 나는 돌아가신 아버님이 생각난다. 과수원을 하시던 아버님은 초봄이 되어 찬기운이 가실 때쯤 되면 새로운 땅을 찾아 나서시는 것이 연례 행사처럼 되었다. 그 당시에야 토지 투기라는 것도 없었거니와 몇 번의 경험에서 주위사람들로부터 듣기에는 아버님의 복숭아밭 옮기기는 손해만 보는 일인지라, 10대 후반의 내 나이로는 도저히 이해할 수 없는 행태로밖에는 비치지 않았다.

대학원을 졸업하고 군대를 갔다 올 때까지 아버님의 그 일은 계속되었다. 그 후 내가 대학에 교수직을 얻어 지방에 내려갈 때에야 연로하신 아버님은 그 일을 그만두시게 되었다. 전북대학교에 재직하고 있을 때, 나는 아버님께 이제 대학을 그만두고 과수원을 하면서 좋아하는 공부를 계속해 보겠다는 말씀을 드린 적이 있었다. 전주 근교의 어느 과수원을 아버님과 함께 걸으면서의 일이었는데, 복사꽃이 만발한 따뜻한 봄날이었다. 앞서 걸으시던 아버님은 아들 녀석의 치기만만하고 철없는 만용을 걸음도 멈추시지 않고 들으시더니, 그저 한마디, 배운 게 아깝지 않냐, 하시는 거였다. 그것으로 대학교수에서 과수원 주인으로의 전업은 포기하고 말았다. 어떤 꾸중보다도 가슴을 치는 말씀이셨기에 다시 생각하고 말고도 없었다.

그런 일이 있고 나서 한 달쯤 뒤에 아버님은 갑자기 돌아가셨다. 저녁 진지까지 잘 드시고 돌아가셨는데, 나는 전주에 있었기 때문에 임종도 하지 못하였다. 그 불효를 생각하면 사람이 산다는 것이 무엇인지를 떠올리게 된다.

그 이후 나는 흙바람이 이는 초봄의 들판을 걷게 되면 아버님이 떠오르면서 온몸이 텅 비어버린다. 그리고 걷잡을 수 없도록 떠나고 싶다는 생각에 빠져버린다. 어디로인지도 모른다. 구체적인 장소가 떠오르는 것이 아니다. 아마도 어린 시절로의 회귀 원망은 아닐는지.

저무는 들녘에서 쌀쌀한 그러나 춥지 않은 바람을 맞으며 생명의 원기를 느끼는데, 왜 문득 돌아가신 아버님이 떠오르는 것인지. 생명이란 그렇게 순환하며 돌아오는 것이라는 가르침인지. 삶과 죽음이 흙바람 속에서 그 경계를 무너뜨리며 휘돌아드는 모습을 마음으로 보는 것은 아닌지. 왜 서울에서는 추억을 떠올릴 수 없는 것인지.

추억이 떠오르지 않는 서울이라는 땅의 풍토를 계속 견디어내며 살아가
야 하는 것인가 깊은 회의에 빠질 때가 한두 번이 아니다. 그런데도 떠나
지 못한다. 생명이 있는 삶의 현장에 뛰어들 용기가 없어서인가. 그러나
자신을 다진다. 언젠가는 풍토와 추억이 어우러지는 좋은 땅으로 돌아가
리라고. 그러면서 풍수사상을 공부하여 왔다. 언제나 아버님에 대한 추억
을 땅에다가 비추어보면서. 삶은 땅 위에서 이루어지는 것이 아니라 땅과
더불어 이루어지는 것이라는 생각을 수없이 가슴속에 새기면서.

각설하고, 앞서도 강조한 바와 같이 우리나라 풍수 역사를 유심히 살펴
보면 재미있는 현상을 발견할 수 있다. 세상이 비상하게 돌아가 말기적인
증상을 보이기 시작하면 풍수도 타락을 시작하는데 이것이 극에 달하면
개벽, 즉 요즘 얘기로 혁명의 기운이 무르익어 새로운 왕조가 탄생되더라
는 것이다. 우연히 그렇게 되는 것이 아니라는 것은 사례가 한두 번에 그
치는 것이 아니라, 삼국시대 이래 지금까지 변함없이 이와 같은 역사가
반복되는 것에서 알 수가 있다.

요즈음의 경우는 어떠한가. 풍수의 입장에서는 말할 나위도 없는 말세
이다. 땅은 온통 이용과 소유의 대상으로만 여겨지며, 그것도 정도가 너무
철저하고 지나쳐 이제는 말세를 넘어 인류의 종말을 말하는 단계에 이른
것을 보아도 알 수 있는 사실이다.

더구나 그런 틈을 타고 풍수 자체의 타락도 역시 극에 달한 느낌이다.
아무리 풍수가 산소자리 잘 잡아 후손의 발복을 보자는 이기적인 속신이
아니라고 강조하여도 쇠귀에 경읽기가 되어버리고 마니, 이 노릇을 어쩌
자는 것인지. 지금까지 올바른 풍수에 대하여 써온 글들도 비록 그 의도
는 풍수의 긍정적인 측면을 강조하고 나아가 풍수사상이 타락한 지리관과
토지관을 수정할 수 있는 대안이라는 주장을 펴기 위한 것이기는 하지만,
결과적으로 타락한 풍수 유행에 톡톡히 한몫을 차지하게 되는 것이 현실
이고 보니, 그만두는 것이 낫겠다는 주위 사람들의 충고도 일리가 있다고
하겠다.

명문거족의 묘자리, 집터를 보아주고 돈을 뜯어내는, 풍수를 빙자한 사

기가 어떻게 땅의 이치를 다루는 풍수지리가 될 수 있겠는가마는, 그러나 어찌하랴. 사람들은 오히려 극도로 타락한 그것을 풍수라고 믿고 있으니, 그렇게 일반인들에게 오해되고 있는 풍수를 대학 선생이란 사람이 훌륭한 민족의 지혜이며 오늘에 되살릴 가치가 충분히 있다고 떠드니, 어찌 믿지 않을 수 있으랴. 그러면서 열심히 묘자리, 집터잡기에 여념이 없다. 나아가서는 풍수는 오히려 핑계가 되고 그 일을 빌미로 하여 본격적인 부동산 투기와 풍수 사기행각에 나서니, 도대체 이 일을 어찌 수습해야 할지 막막할 때도 없지 않다.

소문을 듣자면 풍수상 길지 명당이라면서 아직은 값이 싼 야산자락을 수만 평 구입하여, 그것을 풍수에 현혹된 사람들에게 분양해서 돈을 챙기는 사람도 있다고 한다. 제발 헛소문이기를 바라지만 지금의 세태를 살피건대 전혀 있을 수 없는 일만도 아닐 것 같다.

이렇게 되고 보니, 나의 의도가 어디에 있었건 일반인들을 오도한 책임의 상당 부분이 나에게 있음을 시인치 않을 수 없게 되고 말았다. 커다란 죄를 지었다. 일이 이렇게 꼬일 수도 있는 것인가. 타락한 풍수를 그토록 비난하며 바로잡겠다고 애를 쓴 것이 오히려 그 타락한 풍수를 유행시키는 결과를 빚을 줄은 정말 몰랐다. 그래서 이제는 풍수의 논거를 빌려 땅과 풍수를 오도하는 자들에게 위협을 해야겠다는 생각까지 든다. 땅의 이치에 그릇된 행동을 하면 天機가 무심치 않아 미구에 큰 재앙을 맞을 것이라고.

우리가 대학에서 풍수를 연구하는 이유는 다음과 같은 두 가지 분명한 사실에 뿌리를 둔다. 우선은 오늘의 지리학이 지나치게 서양 것의 도입, 적용, 해석에 머물고 있음으로 인하여, 국토에 대한 이해가 기능 위주의 것으로 편파적언 인식 대상이 되고 있음을 풍수사상에 의지하여 고쳐보자는 의도가 있다. 그와 관련하여 공간구조 자체가 사람을 제외시키고, 경제발달이라든가 국토개발이라는 목표를 달성키 위하여 소위 인간 소외의 비인간적 지역구성을 획책함으로써, 도대체 누구를 위한 개발이며 무엇을 위한 발전인지를 고민케 하는 우를 범했다고 보고, 그것을 극복할 수 있는 사상의 대안으로 풍수를 떠올리게 된 것이다.

그를 위하여 풍수 자체에 대한 연구가 선행되지 않을 수 없으며, 그 일환으로 지역 범위가 좁고 따라서 사례연구가 현실적으로 편리한 음택을 일차적인 연구의 대상으로 삼았을 뿐, 그것이 목적일 수는 없었던 것이다. 또한 풍수에서는 산 사람의 陽基와 죽은 사람의 陰宅을 구하는 논리가 다를 바가 없는 것이라, 지금까지의 이야기들이나 앞으로의 이야기들이 음택에 국한된 것이라는 오해는 없었으면 한다. 양기와 음택의 차이는 산 사람은 움직여다니니 터가 넓어야 하고 죽은 사람은 움직임이 없으니 規局이 좁아도 괜찮다는 것 이외에는 아무것도 없다.

그런데 문제가 간단치 않은 것이, 그렇다면 산소자리의 地氣가 문제가 없는 것이냐 하면 그렇지도 않다는 점이다. 분묘의 基地는 분명히 후손에게 영향을 미친다. 그런데 이것을 강조하면 오히려 있는 사람들이 더 달려든다. 없는 사람들이야 땅 서너 평 구입하는 것도 어려운데 언제 고르고 말고 할 형편이 되겠는가. 그래서 나는 요즘 서양말로 딜레마에 빠졌다. 陰宅風水를 강조하자니 풍수의 타락을 부채질하는 꼴이 되고, 그렇다고 아무 근거도 없는 낭설이라고 말하자니 거짓이 되고.

산소 잘 써서 명문거족이 되고 자리 잘못 잡아 패가망신했다는 이야기는 이제 신물이 나지만, 외국어대 독문과 강사 김두규 선생이 보내온 글은 그 발상이 재미가 있어 소개해 보기로 한다. 〈독일 유학중 어느 세미나에서 킬 대학의 지리학과 교수가 기독교가 유럽에 전파되기 이전에는 유럽에도 풍수설 같은 믿음이 있었다는 얘기를 들었다. 그 잔재가 지금도 독일에서는 분명히 나타나는데, 각 도시를 가보면 그 도시의 중심이 되는 성당은 그 도시에서 가장 좋은 곳에 자리잡고 있으며, 성당의 주인이라 할 수 있는 주교가 죽으면 바로 성당 밑 지하실에 묻는데, 이것이 그 증거라는 것이다.〉

그러면서 김선생은, 〈현대 서양인들이 자유롭고 평등한 삶을 누리는 것은 그들이 죽으면 누구나 다 교회의 공동묘지에 묻히는 탓일지도 모르겠다. 그들은 명당을 더 이상 따지지 않기 때문에 무작위적으로 이 사람 저

사람이 발복을 받거나 재앙을 받아 평등한 사회가 되지 않았나 추측을 해 본다〉는 것이다. 그럴 듯한 이야기로 들린다. 그럼에도 불구하고 음택문 제에 대한 나의 입장은 아주 곤혹스럽다.

다시 한번 분명히 말해 둔다. 땅의 이치(地理)는 사람이 제 할 바를 다하여(人事) 그것이 스스로 하늘의 뜻(天道)에 부합될 때 소기의 성과 를 올릴 수 있는 것이다. 욕심으로 기술만 앞세워 되는 일이 결코 아니 다. 그러면서 오늘 우리의 땅의 이치를 반성해 보기로 하자.

땅을 다루는 방법에는 두 가지가 있다는 점을 밝힌 바 있다. 하나는 땅 의 실체적인 측면, 그러니까 눈에 보이고 손으로 만질 수 있는 흙과 돌과 미생물의 집합체인 물질로서의 땅을 보는 것이고, 다른 하나는 땅의 본질 적인 측면, 다시 말해서 땅이 지니고 있는 만물 소생력인 地氣로서의 그 것을 보고자 하는 것이다. 앞의 것을 地理라 하고 뒤의 것을 風水라 한 다. 요즈음은 너무나 지리에만 탐닉하여 땅이 지닌 생명성을 소홀히 하는 경향이 있는가 하면, 한편 또 지나치게 술법에 머물러 시대에 맞지 않는 점이 많아졌다. 땅이란 지리만으로도 풍수만으로도 이해되지 않는 부분이 있다. 제대로 땅을 이해하자면 지리와 풍수 양자를 균형 있게 살펴보아야 한다. 그래서 예로부터 풍수지리라 하는 것이다.

이런 사고는 나 혼자만의 생각이 아니다. 서양의 유명한 중국학자 니덤 J. Needham도 지리학의 전통을 두 가지로 나누었는데, 그 하나는 과학 적이고 계량적인 地表 記述科學 scientific or quantitative cartography이고, 다른 하나는 종교적이고 상징적인 博物誌 religious or symbolic cosmography라는 것이다.

간단히 말해서 사람들의 땅을 보는 안목이 합리적인 기술과 해석에 치 중하는 측면이 있는가 하면, 그와 반대로 땅을 신비하고 기묘한 어떤 힘 을 지니고 있는 존재로서 이해하고자 하는 노력이 상호 병존되어 내려왔 다는 주장이다. 이것은 우리나라의 경우도 마찬가지다. 地誌 및 지도학적 전통이 그 하나라면 풍수 및 도참적 전통이 다른 하나이다. 지지와 지도 학이 과학적이고 계량적인 것이라면 풍수와 도참은 종교적이고 상징적인 것이 될 터이다.

이런 사고방식은 전통 풍수서에 있어서도 전거를 제시할 수 있을 정도로 보편화된 지리학의 분류방법이었다. 『繪圖足本地理大成 山法全書』라는 풍수 집대성의 풍수서 서문에는 이런 글귀가 있다. 〈지리라는 학문(地理之學)에는 두 가지가 있다. 하나는 地利之學이고 다른 하나는 地脈之學이다. 지리란 산천의 험함과 평탄함을 살펴 성곽과 고을과 마을을 설치하여 나라를 세우고, 한편으로는 도로와 촌락의 멀고 가까움을 거두어 출입에 용이하도록 하며, 땅의 높낮이를 알아 도랑을 파고 개천을 뚫어 관개에 이익되게 함을 말한다. 지맥이란 땅의 음양과 그 흐름을 관상하여 크게는 建都立邦하고 작게는 卜宅營葬하여 복됨과 길함을 맞아들이는 일이다. 따라서 지리는 백성의 후생에 공하는 일이고 지맥은 명운을 관장하는 일이다.〉

이렇게 동서고금을 막론하고 땅이 이율배반적인 두 가지 속성을 지니고 있음을 알았음에도 불구하고 대체로 지리는 과학이고 합리로서 대접을 하고, 지맥 풍수는 미신으로 푸대접을 하여 왔기 때문에 오늘의 땅의 형편은 역시 동서양을 불문하고 부조화, 불균형, 비인간화의 길을 걷게 된 것이라고 판단하는 것이다.

2 파괴되는 환경

雪心賦가 지적하는 바와 같이 땅이 지니고 있는 생명력(地靈)이 사람다운 사람(人傑)을 태어나게 하는 것이다. 그 생명력인 땅의 靈氣를 무시하고, 나아가서는 그것을 파괴하는 오늘의 상황은 원천적으로 인간성을 황폐화시키는 시대에 해당이 된다. 氣가 化하여 形을 生하는 것인데, 死氣가 되어버린 오늘의 땅에서 무슨 좋은 모습을 바랄 수 있겠는가 하는 논리이다.

그러나 형과 기의 관계가 그리 단순한 것만은 아니다. 송나라 철종 때의 승려인 司馬頭陀의 『寓形論』「達僧問答條」에 보면 이런 구절이 나온

다. 기가 凝聚하여 형을 이룬다고 했는데, 기는 다시 형을 따릅니다. 어찌
된 일입니까, 하고 물으니 達僧이 대답하기를, 〈형으로 응취된 기는 일정
부동의 것(一定不動之質也)이라 형을 따르는 기는 그 현묘한 이치가 생성
불궁의 것(隨形之氣生生不窮之妙也)이다. 이로써 형과 기는 서로 떨어질
수 없는 관계임을 알 수가 있으며, 그럼으로써 능히 그 변화를 이룸을 알
겠다. 그래서 『葬書』에 이르기를 土가 있으면 기가 있다고 한 것이다. 또
한 토는 형을 이루어 그 속에 기가 행함으로써 물질이 생기는 것〉이라고
도 하였다.

　기는 사람에겐 百骸九竅(몸 속의 모든 뼈와 눈, 코, 입, 귀의 일곱 구멍
에 똥, 오줌 구멍을 합하여 모두 아홉 구멍)를 부여하였고 형은 땅에게 萬
水千山을 이루어 주었다. 따라서 땅과 사람은 근본과 隱顯이 있으며, 胎息
孕育을 행하나니 그 변화가 무궁한 것이다. 나서 자라고 늙어 죽음에 땅
과 사람에 차이가 없다는 말인데, 땅은 公義인 자연에 맡겨 무상함을 모
르나 사람은 공연한 私情에 휩싸여 허망함을 느끼니 그 기미의 운행됨에
는 쉼이 없는 것이다. 그래서 산을 살피는 일은 사람을 살피는 일과 같
다. 사람이 기력이 쇠잔해지면 卵精之交와 雲雨之情을 행하지 못하여 번
식이 중단되는 것과 같이 만약에 山龍을 버려놓으면 혈이 맺힐 까닭이 없
는 것이다(若有生成之龍 必有生成之穴). 오늘에 버림받지 않은 산천이 어
디에 있는가. 그러고도 천지의 조화를 기대할 수 있겠는가.

　뭇 산이 머무는 곳이 진혈(衆山之處是眞穴)이라 하였으나, 요즈음은 그
런 곳은 유원지가 되어 저자거리가 되거나 아니면 깎아 뭉개져 별장 호텔
이 들어선다. 뭇 물이 모이는 곳이 명당(衆水聚處是明堂)이라 하였으나,
요즈음 그런 곳에는 공업 용수가 풍부하다고 공업단지가 들어서서 공장
폐수만 모여든다. 이렇게 하고 나서 일컬어 발전이라고 한다. 깎아뭉갠 길
지, 더러운 물만 모여드는 명당. 이러고도 땅의 생기를 말한다면 말하는
자만 미치광이가 되지 않을는지.

　『洞林秘訣』에 이르기를 명당이 오므린 손바닥(掌心) 같으면 집안에서
金을 됫박질로 다룰 만큼 부귀를 누리리라(家富斗量金) 하였는데, 이런

곳에는 오히려 오염된 공기가 모여 흩어지지를 않을 것이니, 명당은커녕 凶地만 되지 않아도 다행일 것이다.

또한 이 책은, 〈흙이 무너져 내리면 神魂이 불안하고 초목의 잎이 떨어지면 旺氣가 장차 쇠할 것〉이라고도 하였는데, 오늘의 우리 땅은 개발로 흙이 무너지고 산성비로 말미암아 나무가 枯死하니 편히 쉴 곳이 없어진 상태이다. 그러나 주의하라. 이 말은 음택만을 얘기한 것이 아니다. 삶터도 이에 어긋나지 않는 것이니, 토석이 붕괴하고 초목이 고사하는 곳은 산 사람도 정신이 불안하고 몸이 고단하여 살 곳이 못 된다.

그렇게 된 책임이 사람에게 있음은 이미 그 시대의 지리가들이 꿰뚫어 본 바이니, 〈터의 근본은 천지 조화로 인하여 형성된 것이나, 그것을 의지하여 득과 실을 받는 것은 사람의 마음에 달려 있다(穴本天成 福由心造)〉라고 하였다. 편안함을 도모하다가 그것이 버릇이 되어 게으름이 되었고, 그 게으름을 더욱 확장하기 위하여 땅을 헐고 물을 말렸으니 누구를 원망하겠는가. 땅을 소유하였거나 땅의 이용에 관한 정책을 결정하는 자들은 깊은 반성이 있어야 할 것이다.

지리의 도(地理之道)는 음 중에서 양을 구하고 양 중에서 음을 찾는 일(陰中求陽 陽中覓陰)인데, 이것은 땅의 이치가 결국 음양의 조화를 찾는 일임을 밝힌 글이다. 생기라는 것도 음양이 교접하여야 일어나는 것이라 그렇지 못하면 생기가 아닌 惡氣가 되어버린다. 예로부터 악기에는 네 가지가 있다고 하였으니, 純陰純火이면 첨예한 殺氣, 純陽純水이면 산만한 死氣, 純陰純水이면 부스럼 같은 病氣, 純陽純火이면 말라 비틀어진 敗氣가 된다.

오늘의 땅, 특히 도시의 땅들은 온통 살기, 사기, 병기, 패기가 충만하여 어느 한 곳도 기댈 곳, 쉴 곳이 못 된다. 불행인지 다행인지 사람의 기(人氣)도 또한 그를 닮아 살기, 사기, 병기, 패기로 변질되어 버렸기 때문에 사태가 얼마나 심각한 지경에 이르렀는지를 알지 못하고 있으나, 아마 상황을 제대로 이해한다면 기절을 하여 일어나지를 못할 것이다. 땅도 사람도 모두 지쳐, 이제는 서로가 서로를 죽이는 단계에 이른 것이다.

『山法全書』의「生氣條」는 말한다.〈그러나 생기는 말로는 표현이 아니된다. 눈으로 알아낼 수도 없고 전달을 할 수도 없다. 만약 생기를 감지할 수만 있다면 풍수의 모든 이론들은 소용이 없어진다. 이미 본질을 보았기 때문이다. 생기는 마치 禪의 단도직입과 같아 문득 佛頂三昧에 달하면 더 이상 말이 필요 없는 것이다.〉현대인들에게 행여 그런 경지를 바랄 수 있겠는가.

일반인들의 경우도 문제이지만 더욱 문제인 것은 국토개발이건 도시계획이건 토지이용계획이건 간에 계획가들이 현장의 땅에 대한 답사를 철저히 하지 않는다는 점이다. 물론 그들은 달리 생각할 것이다. 우리의 작업에 그 땅의 地氣를 느껴야 할 필요가 무엇이 있는가, 혹은 우리도 사회조사를 한다고. 그러나 여기서 말하는 답사는 그런 식의 조사를 말하는 것이 아니다. 또한 그럴 필요가 없다는 생각이 사실상 많은 문제를 일으켜왔다고 보기 때문에 이것은 어찌 보면 땅에 대한 가치관의 문제일는지도 모른다. 그러나 이 점은 분명한데, 내가 살아갈 곳이냐 아니면 그냥 계획만 짜놓고 관계치 않을 곳이냐 하는 데 따라서 그 계획 자체가 크게 달라질 것은 확실하지 않겠느냐는 것이다.

모든 풍수서가 한결같이 강조하는 바는 조화와 균형감각을 유지하라는 것이다. 오늘의 계획가들이 그런 감각을 완전히 잃어버리거나 무시해 버린 것 같지는 않다. 문제는 그들이 현장을 모른 채, 현지주민의 입장에 서서 계획을 수립한다는 원칙을 지키지 않는 데서 시작이 된다. 그들에게 있어서 현장은 철저히 기능적으로 이용해야 할 계획의 대상일 뿐이기 때문이다.

그들의 삶터는 그들이 계획을 세우고 있는 그곳이 아니며, 또한 그들의 거주처는 인공적인 조화나마 이루어져 있는 곳이기 때문에, 그리고 그들의 소득 수준이 뒷받침해 주는 경제적 여유가 그들을 절박지 않게 하기 때문에 그런 결과가 빚어진다.

『人子須知』에서 徐善繼, 善述 쌍둥이 형제는,〈땅을 다루는 자 필히 산을 오르고 물을 건너는 수고(登涉之勞)를 마다하지 말라〉고 하였고,『望

龍經』에서 吳景鸞은, 〈땅을 구하는 자는 반드시 천하를 편력하라(求地者
必遍歷山岡)〉고 충고하였다. 최근의 계획가들이 그런 노고를 감수치 않음
으로써 비현실적인 탁상공론에 머무는 일이 많기에 하는 말이다.

적어도 하나의 땅의 용도를 계획함에 있어서 현지답사는 땅에 대한 예
의로서도 필수거니와, 더 나아가서는 그 계획 때문에 영향을 받을 주위의
땅들에 대해서까지도 극진한 보살핌이 있어야 할 것이다. 이것을 오경란
은, 〈일방의 산수를 遍踏하여 생기 발원처인 祖山으로부터 어떻게 가지를
쳐서 이 땅을 품게 되었는지를 살펴야 한 뼘의 땅을 얻을 수 있는 것(遍
踏一方山水 以分其祖宗枝幹 而後始得地焉)〉이라고 표현하였다.

풍수에서 땅을 살피는 데는 뒤쪽의 할아버지, 아버지 산으로부터 자기
가 쓰고자 하는 명당 터를 거쳐 좌우로는 청룡과 백호까지, 앞으로는 안
산과 조산까지를 조심스럽게 살피라고 하는 깊은 배려를 하고 있는 것이
다. 오늘의 환경영향 평가제도가 어찌 이런 땅에 대한 대접을 따를 수 있
겠는가. 물이 없는 땅은 생기를 말할 수 없는 땅이다. 그래서 물 없는 용
은 능히 생함이 없다(龍若無水 不能生)고 하였다. 지금은 멀리에서 댐을
막아 물길을 터서 無水之龍에 물을 댄다. 막힌 물은 死水라 하여 불길하
게 여기는 것인데, 댐을 막아 물을 들임으로써 자연의 도를 깨트렸다. 안
락함이 몸에 이르렀으니 어찌 깨어진 道의 禍가 없으랴. 댐으로 막힌 상
류에는 인공호수가 조성된다. 일컬어 호반도시니 호숫가의 그림 같은 마
을이니 하며 낭만적인 생각들을 떠올리는데, 실제 그곳에 살고 있는 사람
들이 당하는 고통은 상당한 바가 있다. 조상 대대로 일 년에 며칠 구경
할까말까하던 안개는 시도 때도 없이 끼어 가슴을 답답하게 하는가 하면
그로 인한 기관지 계통의 질병은 왜 또 그리 빈발하는지. 물갈이가 안 되
어 물은 썩어가고 뱀들은 터전을 잃고 민가에 내려와 이부자리 속에서 뱀
이 기어나오는 판이다.

안동지역 댐 피해 대책위원회는 댐 건설로 인한 환경변화가 호흡기, 관
절, 신경 계통의 질병을 유발하는 직, 간접요인이 되고 있을 뿐만 아니라
농작물의 결실이 늦어지고 있으며 과실의 당도 함유량이나 색깔 등이 나

빠 큰 피해를 입고 있다고 행정심판 청구를 낸 바 있다. 이 위원회에 따르면 댐 건설 이후 이 지역 안개일수가 연평균 24일에서 70일로, 서리일수는 59일에서 96일로 늘어났으며, 연평균 기온도 11.4°에서 10.9°로 내려가고 있다는 것이다. 특히 댐 지역 습도가 높아지면서 저기압성 역전층이 형성되어 주택, 공장, 차량 등 각종 요인에서 발생되는 오염물질이 공중으로 발산되지 않아 큰 피해를 입고 있다는 주장도 나왔다.

이에 대해서 『道法雙譚』이라는 地家書는 〈산천의 형세는 큰 나무라고 여겨 판단하면 편리하다(山川形勢 如大木然)〉고 가르친다. 그 근본 뿌리를 다치면 나무 전체가 죽어버리고, 줄기가 가늘면 가지가 견디지 못하며, 가지가 부러지면 열매를 맺지 못한다.

우리의 국토 역시 그러하다. 樹幹動脈이랄 수 있는 강과 하천, 그리고 실핏줄이라 할 수 있는 시내와 개울은 막히고 오염되고, 일부 산들은 이상 비대하여 기름기가 끼었으며, 어떤 곳은 수척하여 뼈를 드러낼 지경이다. 이름하여 국토의 불균형 성장이라는 것인데, 이것을 위의 비유로 전치하면 얼마나 끔찍한 상황인지를 짐작할 수가 있다.

뿌리를 대고 있는 땅속은 아스팔트와 철근 콘크리트로 다져지고, 水脈은 썩어 화학물질이 주조를 이루는 수분이 꽉 막힌 水幹을 타고 오르려 하나 올라갈 방법을 찾지 못한다. 그래서 야윌 대로 야윈 본 줄기 위에는 그러나 열매는 많이 달아 보겠다고 가지를 너무 키워 그 불균형이 산들바람에도 나무가 쓰러질 듯 위태롭다. 동쪽에 지은 빌딩 때문에 잎이 빛을 보지 못하여 서쪽의 햇빛이라도 많이 받겠다고 그쪽으로만 잎이 무성하니 이런 부조화는 세상에 그 유례를 찾아볼 수 없는 것이었다. 게다가 산성비가 내려 나무 전체는 시들어가는데, 산성 눈 때문에 겨울에도 冬藏을 제대로 할 수가 없으니 방사능에 노출된 기형 나무도 이보다는 덜 참혹할 것이다. 『道法雙譚』이 가르친 대로 우리의 국토를 큰 나무라 보고 오늘의 地相을 살피니 이런 꼴이다. 이런 국토에서 살아 있다는 것이 기적처럼 느껴진다.

혹자는 말하리라. 공업을 한층 더 성장시켜 축적된 國富로 과학기술을 더욱 발전시키고 그로써 이런 문제들을 해결해 보자고. 그것은 마치 군살을 수술로 도려내자는 것이니 그 부자연스러움과 부작용을 어찌할 것인가. 한편 농업은 마치 살의 때를 벗기는 것과 같아 자연스러우며 부작용이 없다. 계속 이런 농업을 이어나가면 오히려 땅의 자생력과 물의 자정력을 키워주기 때문에 회생의 희망이 보인다. 이제 농사는 덩치가 큰 외국에 비하여 경제성이 떨어지니 집어치우고 다른 길을 찾아보자는 사람들도 그들의 발상이 전혀 천도와 지리에 벗어난다는 점을 자각하고 격심하게 반성할 일이다.

돈이 되는 일이라면 세상에 못할 일이 없는 지경에 이르렀는데, 아마도 그중에 가장 그 적나라한 예를 보이고 있는 부문이 땅에 관한 것이리라. 심지어는 산에 있는 돌도 캐다가, 아니 잘라다가 수출을 한다. 물론 풍수에서는 石山을 길하지 아니한 것으로 보기는 한다. 그러나 그것이 그렇기 때문에 석산을 훼손시켜도 된다는 뜻은 결코 아니다. 땅에는 다 나름대로의 존재 이유가 있는 것이라, 산 위에 놓여져 있는 돌 한덩이도 다 자연의 조화속인 것이다. 그런 땅은 사람이 거주하기에 적합치 못하다는 뜻일 뿐, 절대로 나쁜 땅이 아니다.

돌은 땅의 뼈와 같은 역할을 한다(石者 山之骨)고 하였다. 그래서 돌의 색은 밝은 청백의 색으로 윤기가 나는 것이 좋으며(石色 明潤靑白 佳) 삐죽삐죽 솟아나고 부스러지고 불에 타서 말라 죽은 듯 건조한 흑색은 흉하다(嵯峨 破碎 焦枯 乾燥 黑爲凶)고도 하였다. 깨뜨려 버려진 돌산은 살코기를 발라놓은 쇠뼈와 같이 보기가 흉칙하다. 그런 흉칙한 몰골의 산을 바라보며 살아야 하는 사람의 심성은 어찌 되겠는가.

뿐만이 아니다. 廖金精은 그의 『五大乘氣論』에서 돌에도 돌 나름대로의 기가 있음을 설파한 바 있다. 그가 말한 다섯 가지 乘氣란 山乘秀氣, 石乘殺氣, 坪乘積氣, 水乘遺氣, 泥乘生氣 등이다.

산에는 秀氣가 있는데, 그것은 단정하고 우아 장려하며 맥락은 맑고 자세하다. 모나기도 하고 둥글기도 하며 튀어나오기도 하고 쑥 들어가기도 하지만 산은 모름지기 그런 기를 잃지 않아야 한다. 사시장철 사람에 시달리는 오늘의 산들에 수기가 남아 있을까.

돌의 살기는 산이 다하고 물이 합하는 入首處, 즉 穴의 전후좌우에 죽순처럼 솟아나온 것을 말하는데, 이것도 모름지기 둥글고 깨끗해야 상을 이루고(圓淨成象), 그래야 정신이 시원해진다(精神發露). 주위가 모두 오염되었는데 어디 가서 그런 것을 찾으랴. 평지에는 맺힌 곳도 마디진 곳도 없이 마치 풀뱀이 물을 가르듯, 밝음과 어둠을 구분할 수 없는 여명의 새벽에 선 듯하며 지맥에 왕성한 기운을 맺는데, 이것이 積氣이다. 중장비로 밀어붙여 맥이 살아남은 곳을 찾을 길이 없다. 산세가 웅건하고 내룡의 맥세가 웅장하다가 물을 건너 하나의 터전을 이루었는데, 기가 물이 교차하는 지점에 머물러 문득 푸른 샘으로 고였으니 이런 곳에는 遺氣가 자리하여 泉中立穴을 이룬다. 깊은 산골에 들어가도 이제 이런 모습을 찾기는 어렵게 되었다. 平田 중에 미세한 솟음이 있어 둔덕을 이루었는데, 산천의 旺氣가 숨은 듯 있다. 이것이 생기니 음양이 교접하는 땅이라 八風을 두려워할 이유가 없는 곳이다. 역시 말살된 기맥의 세월인지라 현장에 그런 것이 남아 있다는 자신을 가질 수가 없다.

3 풍수 말세와 삶터 회복의 지리학

楊筠松이 그의 『怪穴賦』에서 적절히 지적한 바와 같이 천태만상이며 천변만화하는 땅의 형세와 형태를 살핌은 마치 사람의 신체를 살핌과 같은 것(龍之行度 如人之身)이다. 앞서 땅을 살핌을 큰 나무를 대하듯 하면 편리하다는 얘기를 했는데, 요컨대 땅을 살아 있는 것으로 보라는 얘기겠다. 서양에서는 지구 전체가 살아 있는 생명체의 시스템이라 이해하는 가이아 Gaia 이론이라는 것도 있는데, 그러나 이것은 본질적으로는 풍수와는 다른 사고방식이다.

이제 말하고자 하는 결론으로 들어가 보기로 하자. 대체로 서양의 문물을 받아들이기 시작한 1900년대 초 이래 우리의 땅은 이용과 소유의 대상으로써 사실상 그를 죽이는 개발이라든가 근대화라는 이름 아래 변질되어져 왔다. 사람은 땅을 죽이고 죽은 땅은 다시 사람을 죽이는, 서로가 서로를 죽이는 이른바 相殺의 순환 고리를 만들어왔다고 할 수 있다. 그리고 그 정도는 이제 막바지에 달한 느낌이다. 더 이상은 사람의 생명력이 아무리 끈질기고 신체가 아무리 환경의 변화에 융통성을 지니고 대처할 수 있는 성질의 것이라고 하더라도 무리이다. 사실상의 풍수적 말세현상이 도래한 것이다.

이제 남은 방법은 누차 강조하거니와 땅에 대한 욕심을 버리는 것은 물론, 그것을 이용과 소유의 대상으로만 여기는 잘못된 지리관, 토지관을 없애버리고, 땅과 사람이 서로를 살리는 相生의 풍수 본질로 돌아가는 길밖에는 없다. 이런 고민은 비단 풍수 전통을 가지고 있는 우리들만의 것은 아니다. 서양인들도 최근 이와 같은 문제들에 대하여 심각한 회의를 시작하고 있다.

휴스턴 James Houston이라는 지리학자는 단순한 건축적 구조물인 공간 space과 인간적 의미가 부여된 삶터 place를 구분하면서 대단히 재미있는 분석을 하고 있다. 그에 의하면 전통 사회에서는 사람들이 자신들이 살고 있는 장소를 개인적인 그리고 자연환경적이고 문화적인 삼중의 방식으로 의미를 부여하며 살았다는 것이다. 그러나 고도의 기술 사회인 오늘날에는 지구 전체가 단일한 인위적 문화로 동질화되어 버리는 경향이 있다. 삶터는 점점 그 실체가 없어져 가고 그 대신에 직업이 사람의 正體性을 규정하는 비인간적 공간구조의 사회로 전락하고 말았다는 주장이다. 그 표현방식의 차이는 있으나, 주장하는 바와 현실공간을 이해하는 맥락은 풍수와 다를 바가 거의 없다.

하비 콕스 Harvey Cox는 도시의 본질을 익명성, 이동성 그리고 불안의 근원이라고 서술한 바 있다. 이것은 현대의 도시에서 사람이 살아간다는 것이 외부지향적이 되었고 모든 행위와 사고는 획일화, 표준화되었으며 또한 모든 현상은 일시적인 것으로 받아들이고, 만들어진 것은 파괴되고 만다는 철저한 기계주의를 말한 대목이다. 인간적인 척도와 인간적인 가치들이 기술 관료들의 명령에 의하여 마멸되어 가는 세계에서, 인간 고유 정신들의 삶터가 결여되어 버렸음을 상징하고 있다. 어느 한 사람의 가치가 그의 경제적 수입과 사회적 역할에 의하여 규정되는 시대란 그 사람이 비인간적 공간 속에서 살아가는 기계의 한 부품일 뿐, 사람으로서는 아무것도 아니라는 것을 말해 주는 것이다.

지리학이 地誌學에 만족하고 사실상 중심적 관심사라 할 인간 자체에 관한 내용물을 잃어도 괜찮다면 모를까, 그렇지 않다면 지리학은 인간의 정체성과 인간 환경의 불확실성 때문에 지리사상 분야에 있어서 격심한 변화가 야기될 것이다. 이제 우리는 단지 하나의 공간과학일 뿐 삶터의식이 결여된 지리학을 받아들일 것인가, 아니면 의미로운 삶터들을 모색하는 지리학으로 발전시킬까 하는 기로에 서 있다고 그들은 진단한다. 의식 있는 학자들은 서양에 있어서도 문제의 심각성을 꿰뚫고 있는 것이다.

휴스턴의 견해를 좀더 소개하기로 한다.

이는 자본주의 혹은 공산주의 따위의 낡은 이데올로기들을 구분하는 선택이 아니라, 기계-기술적 정신 technocratic spirit과 인간적 정신 humanistic spirit을 나누는 보다 근본적인 선택과 연결된다. 삶터의 경관들은 정신의 경관들을 반영한다. 이 세계의 경관들이란 인류의 과거, 현재 그리고 미래의 一過的 세계가 씌어지는 스크린에 지나지 않는다. 또한 대지란 인간의 필요와 욕망, 의미와 탐욕, 공포 따위가 거듭 씌어지는 양피지에 불과한 것인지도 모른다.

생태적 차원에서 볼 때, 지금 우리는 지구 최후의 날에 처한 위험스럽고 민감한 상황의 지각현상을 말하자는 것은 아니다. 우리는 그리스어로 크리시스 krisis라고 하는 것을 말해 보자는 것뿐이다. 이 심판은 산업문명이 대지의 물리적 환경에 대하여 가지는 본래적 불일치들을 반영하고 있다.

인간의 무한한 욕구가——인간은 이를 자신의 합당한 필요, 기본적으로 채워져야 할 최소한의 것과 구분조차 못하는——생물계의 한계와 충돌하는 경로에 우리가 놓여져 있음은 자명한 사실이다. 결코 충족되지 않는 인간적 탐욕의 맥락 속에서 이 땅을 변질시키는 과학 기술의 능력들과 그로 인하여 발생하는 처분키 어려운 쓰레기들 등은 매우 빠른 속도로 지구라는 별의 자정 능력 범위를 넘어서고 있다. 생태적 차원에서 볼 때 인간은 이 지구와 조화된 원만한 가정 속에 살고 있는 것은 아니다. 린 화이트Lynn White를 비롯한 학자들은 현재의 환경 위기가 초래된 데 대하여 유대－기독교적 전통 Judaeo-Christian tradition을 비난하고 있다. 그렇다면 땅과 삶터에 관한 성서적 관점은 무엇일까가 문제가 되는데, 여기서는 그에 관한 언급은 자제하기로 한다.

문화적 차원에서 보면 인간이 땅을 포함하는 생활 공간을 놓고 인간 이외의 다른 경쟁자와 벌여온 투쟁이 지금도 계속되고 있으며, 그것도 훨씬 파괴적인 무기를 가지고 계속되고 있다. 강대국들의 경쟁적인 영향력들, 아랍인과 유대인들의 그 격렬한 싸움은 정치적 야망의 단순히 수평적인 압력보다 훨씬 위험한 상태가 존재함을 암시한다. 領土性이란 단지 동물적인 것일까. 땅에 대한 인간의 욕구는 깊고도 영적인 것일까.

이 문제는 우리로 하여금 인간에게 있어서 삶터가 본체론적 의미를 갖는 것이 아닌가 하는 보다 진전된 차원의 문제로 접어들게 한다. 소외에 대한 인간의 현대적 감각이 갖는 우주론적 의미는 무엇일까. 왜 인간은 삶터 속에 있지 않는가. 소외에 대한 마르크시스트들의 해석은 본질적으로 인간 노동에 관한 것으로 국한되어 있는가, 아니면 그보다 더 깊은 의미가 있는가.

인간은 일리치 Ivan Illich가 제시하듯이 보다 더 유희적인 도구들을 필요로 하는가. 아니면 슈마허 E. F. Schumacher가 처방하듯이 휴먼스케일의 회복이 치료책이 되는가. 혹은 삶터 속에 있고자 하는 인간의 기본 욕구는 이상의 처방들로는 안 되고 인간의 靈性 spituality의 복합적 이해를 포함하는 보다 더 깊은 것일까.

지리학자들 역시 이러한 현대적 이슈들에 사로잡혀 있기는 마찬가지다. 그래서 많은 지리학자들이 마르크시즘, 인간주의, 경험주의적 이데올로기 등에 의지하여 이를 해결하려는 노력을 보이고 있다. 한 가지 명백한 사실은 삶터는 단순한 공간이 아니라는 점이다.

삶터가 아닌 그저 단순한 공간이라는 것은 설명 가능하지도 않고, 그 무엇엔가 연루되어 있지도 않으며, 수학적 의미 외에 어떠한 의미도 갖고 있지 않다. 그런데도 오늘의 기술 관료들은 있지도 않은 그런 수학적인 ·단순한 기능 공간에 집착을 한다. 우리는 지상을 그린 지도가 天上의 관찰로부터 만들어진다는 것을 잊고 있다. 우리의 옛 지도들이 발로 그린 것이 地上의 지도라면 서양의 지도는 철저히 천상의 관찰로 이루어진 것이라는 점을 상기하면 될 것이다.

반면 삶터 개념은 인간적 맥락을 띠고 있다. 예를 들면 삶터 관념에서는 그 땅에서 어떤 역사적 사건이 벌어진 곳이라든가, 예술품이 만들어진 장소라는 식의 역사적 관련성이 있는 공간 개념을 떠올린다. 人間事의 우연과 의무와 추억과 정서가 만나는 곳이다. 인간사와의 연루들로 가득 차 있는 곳이며 인간사의 제한점들이 인지되는 곳이다. 삶터는 소속을 내포한다. 삶터는 정체성을 정립하고 소속감을 규정하며 운명을 가늠한다. 삶터는 뿌리와 방향을 제공하는 삶의 기억들로 가득 차 있다.

또한 삶터는 인간의 의지를 구현시키기 위한 인간적 특성을 제공한다. 그러므로 삶터에는 수평성뿐만이 아니라 수직성도 존재한다. 삶터는 인간의 가치, 인간의 욕구가 가진 수직성을 구현하기 때문이다.

자, 이제 결론은 난 셈이다. 비인간적인 단순한 공간 속에서 살아갈 것인가, 아니면 계량화로는 결코 그려내지 못할 ·인간적인 삶터에서 살아갈 것인가. 그런데 오늘의 인간들은 철저히도 삶터를 파괴하고 그것들을 단순한 공간으로 만들어버리는 일에 광분하여 왔다. 말 그대로 미친 짓이다. 그러면서도 그 미친 짓을 발전이라 강변해 왔다. 풍수는 서양의 지리학자들이 말하는 ·삶터 회복의 지리학이며, 오늘에 풍수를 되살릴 필요성 또한 그 점에 있는 것이다. 독자들이여, 이제는 내 자식 잘되기만을 바라는 산소자리잡기의 엉터리 풍수에서 벗어나야만 한다. 삶터가 파괴된 뒤에 내 자식만 잘살 수 있다고 생각하는가. 절대로 있을 수 없는 일이다. 그것이 풍수의 논리이기도 하다.

9 서울 방학동 은행나무 터의 풍수적 해석

1 은행나무 터의 來龍 脈勢

이 장에서는 한 구체적인 장소를 풍수적 관점에서 보면 어떤 해석이
가능한지를 살펴보기로 한다. 대상은 서울 도봉구 방학 3동, 수령 8백 년
된 은행나무가 있는 盆地狀 지형의 지역이다.

앞 장에서 인간적 의미가 부여된 삶터 즉 장소 place와 경제성과 기능
만을 강조하는 공간 space이라는 개념이 어떻게 다른 것인지를 설명한 바
있었다. 지역의 풍수적 해석이란 모름지기 단순한 공간이 아닌 삶터로서
의 지역을 살핀다는 특성을 지닌다. 출퇴근 거리, 시장까지의 거리, 학군,
앞으로의 지가상승 가능성 등 경제성과 기능이라는 다분히 인간소외적 요
소가 내함되어 있는 공간으로서 땅을 다루는 것이 아니라, 그곳에 있으면
마음이 편해지는 곳, 친구들과 벌거벗고 헤엄을 치던 곳, 아버님께서 돌아
가신 어머니의 관을 지고 저기 저 동구의 느티나무를 돌아 살여울고개를
넘던 곳, 임진왜란 때 의병이 진을 치고 왜적의 목을 베던 곳, 점수 아버
지에게 소박을 받은 점수 어머니가 치마를 둘러쓰고 뛰어들어 자살을 해
서 그곳은 가기가 꺼려지는 쏘(沼)가 있는 곳 등, 어느 것 하나 삶의 혼

적과 인간적 의미가 배어 있지 않은 것이 없던 그런 삶터로서 땅을 바라보는 것이 풍수적 땅보기이다.

풍수에서는 아무리 좁은 범위의 땅을 본다고 할지라도 반드시 할아버지산(祖山)으로부터의 脈勢를 순차적으로 살피는 看龍으로부터 일을 시작한다. 생기를 가득 지닌 용맥이 조산으로부터 연면히 이어져 이곳까지 내려왔는지를 살피는 일로, 용맥이 끊어졌다면 그것은 死龍이니 살 곳이 못되는 곳이고, 맥이 失節되었거나 약하면 그것은 病龍 또는 弱龍이니 탐탁지 않은 터가 될 것이다. 이렇게 땅을 살아 있는 것으로 보아, 바로 그 살아 있는 땅의 診脈을 본다는 의도가 간룡법이라는 술법으로 정착되어 있다. 땅을 살아 있는 유기체로 인식하는 것이 무엇보다 중요한 풍수논리의 출발점이다.

張子微가 그의 『玉髓經』에서 갈파한 바와 같이 땅의 力量의 두텁고 얇음과 福蔭의 長短은 대체로 용의 枝幹 여부에 달려 있는 것이다.

국토 地氣의 원천이자 산맥 地靈의 연원인 백두산으로부터 이곳까지의 내룡 맥세는 서울로 가는 길목이기 때문에, 서울의 내룡 맥세와 다를 바가 없다. 백두산에서 시발한 땅의 정기는 白頭大幹을 타고 남쪽으로 내려오다가 추가령구조곡 부근 분수산에서 가지를 나누어 漢北正脈을 이루게된다. 이것은 한강 북쪽을 흐르는 산줄기로 서남쪽을 향하여 방향을 잡아오갑산, 불정산을 지나 서울 북쪽에 이르러 다시 동쪽으로 비스듬히 돌면서 갑자기 솟아올라 도봉산계의 만장봉과 오봉을 이룬다. 여기서 동남쪽을 향하여 가다가 크게 끊어지는 곳이 수유리(무너미마을, 쇠귀고개, 쇠굇대기, 우이령 등의 지명으로도 불림)이며, 이곳은 서울의 鎭山인 북한산을이루기 위한 束氣의 기능을 수행하는 곳이다. 여기서 다시 우뚝 솟은 것이 인수봉, 백운대, 국망봉의 세 봉우리를 주축으로 하는 삼각산, 즉 서울의 진산인 북한산이다.

여기서 만경대를 거쳐 남으로 내려오면 서울의 주산 북악산이 되는 것이지만, 한 나라의 수도인 서울의 풍수인 만큼 꽤 멀리 떨어져 있는 것같지만 바로 수유리 일대를 속기처로 볼 수 있는 것이다.

여기서 주산과 진산의 개념이 달리 쓰여져 혼란스럽다는 느낌을 주는데, 그 이유는 역시 서울이기에 생기는 문제이다. 주산은 생기를 모아주는 자리를 잡는 술법인 藏風의 입장에서는 四神砂(명당 주위 사방을 지켜준다는 상상 속의 상서로운 짐승, 즉 남향을 했을 때 북쪽이 현무, 남쪽이 주작, 동쪽이 청룡, 서쪽이 백호가 된다. 오행설과 결부된 개념이며, 사는 풍수에서 명당 주위 산을 가리키는 용어이다) 중 현무에 해당된다. 내룡의 脈節 중에서 穴의 뒤쪽에 높이 솟은 산으로, 양기풍수의 경우는 마을을 鎭護한다는 뜻에서 진산이라고도 하고, 단순히 혈 뒤에 있는 산이라 하여 후산이라고도 한다. 이런 식의 논리는 그 후 여러 논문에서 그대로 답습되어 왔는데, 이는 아마도 1931년에 출간된 일본인 무라야마 지준(村山智順)의 조사보고서 『朝鮮の風水』가 끼친 영향일 것으로 짐작된다.

이 책은 단순한 조사보고서임에도 불구하고 상당히 많이 읽힌 책이고 근래에는 우리말로 번역까지 된 책인데, 아마도 외국인이 남의 나라 풍습을 쓴 데서 비롯된 설명상의 단순 명료함과 어려운 개념의 과감한 생략, 게다가 의도적으로 산소자리잡기 잡술인 음택풍수를 풍수의 전부인 양 오도한 저술의도 등 때문에 쉽게 일반인들이 받아들인 것으로 여겨지나 문제가 많은 책이다.

『新增東國輿地勝覽』과 『擇里志』, 그리고 『東國輿地備攷』 등에서는 모두 서울의 진산을 삼각산(북한산)으로 잡고 있다. 그러나 다른 자료에는 주산을 白岳(즉 오늘의 경복궁 뒤 북악산)으로 제시하여 혼란의 여지가 있다.

判門下府事 권중화가 亥山(亥는 풍수에서 가장 많이 사용하는 24방위 중 북북동 방향으로 그쪽에 있는 산을 지칭함) 즉 북악산을 주산으로 잡아 壬坐丙向을 취하라는 글을 올린 일이 있고, 백악을 현무, 주산으로 설명한 대목이 있으며, 세종 때 國都 주산문제의 논의에서도 한양의 주산은 백악으로 되어 있음을 볼 수 있다. 한 가지 분명한 사실은 진산은 반드시 삼각산, 주산은 반드시 백악이란 것을 고수하고 있다는 점이다. 그러나 앞서의 무라야마의 해석대로 진산이 즉 주산이라는 주장을 받아들인다면 서울

의 현무문제는 혼란을 일으킬 수밖에 없다.

기록에 따라서는 진산과 주산은 명백히 구분하여 〈삼각산은 서울 북방에 높이 솟아 서울의 진산이 되고, 백악은 삼각의 중심 맥으로 서울 북방에 둘러싸인 준봉으로 서울의 주산〉이라 명기한 경우도 있다.

풍수서에서는 주산 혹은 진산이라는 용어를 사용하는 예가 별로 없다. 최근에 우리 글로 발간된 풍수서에는 주산이란 용어를 대부분 사용하고 있지만 漢籍에서의 용례는 거의 없는 듯하고 특히 진산이라는 말은 풍수 술사 부류 중에서도 모르고 있는 경우가 많았는데, 이것은 진산이란 용어가 풍수 술어라기보다는 일반적 의미로 쓰여진 말이기 때문에 그런 것이 아닐까 여겨지기도 한다. 주산이 쓰여진 용례를 굳이 들자면 『入地眼全書』에 〈元武欲是穴後之主〉라 하여 元武, 즉 북쪽 玄武砂가 주산이라 일컫는다고 나와 있는 정도이다.

이런 진산과 주산 개념의 구분 사용은 서울 산세 중 현무사가 상대적으로 취약한 점이 있어 나온 일종의 방편이 아니었을까 하는 생각이 든다. 개성의 경우 宗山인 오관산으로부터 크게 끊어져(大斷) 송악에 이르렀다고 하지만 송악의 산세가 크고 웅장하기 때문에 주산이면서도 진산의 역할을 함께 수행할 수 있는 데 반하여, 삼각산은 위치상 穴後之主는 아니나 워낙에 규모가 작은 주산인 북악산을 대신하여 서울을 진호하는 진산의 역할을 맡게 된 것이라고 보는 것이다. 또 풍수상으로는 삼각산은 개성의 오관산과 같이 서울의 近祖山 혹은 종산으로 인식하면 혼동을 방지할 수 있을 것이다. 그런데 항설로는 주산이 그 전방의 조산에 대하여 신하에 대한 임금, 아내에 대한 남편, 자식에 대한 부모의 상징성을 띠고 있기 때문에, 서울의 경우 주인이며 남편이며 임금인 주산 북악산이 손님이며 아내이며 자식인 조산 관악산보다 낮아, 술법상으로는 서울 터가 손님, 즉 외세의 간섭, 신하의 모반, 하극상 사건을 잉태하고 있는 것으로 풀이하기도 한다.

우리가 살펴보고자 하는 은행나무 터는 주산인 북악산에 가기 훨씬 전, 내룡 맥세로 볼 때 진산인 북한산을 만들기 직전의 위치에 자리하고 있다. 이곳은 강원도 철령으로부터 이어온 맥세가 도봉산에서 한껏 생기를 뭉쳤다가 서울의 진산인 북한산으로 기맥을 넘기기 전에 한번 힘껏 졸라맸다 보내는 자리에 해당하기 때문에 기를 졸라맨다는 뜻으로 束氣라 표현하는 것이다. 이것은 모양이 벌의 잘록하게 들어간 허리 모양을 닮았다 하여 蜂腰處라고도 한다. 물론 술법용어로는 속기처가 곧 봉요처와 같은 것은 아니지만 이 경우는 비슷한 것으로 보아도 무방하다. 고무 호스에서 나오는 물줄기를 강하게 하려고 할 때 끝부분을 한번 잘록하게 손으로 눌러주면 되는 이치와 마찬가지다. 그러니까 혈을 이루기 위해서는 반드시 그 전에 속기처가 있어야 하며 서울의 경우 그런 역할을 하는 곳이 바로 수유리라는 곳이다.

고무 호스의 눌린 부분이 연약해져서 이런 곳은 함부로 다루어서는 아니되는 것처럼, 속기처는 맥이 강렬하게 뭉쳐서 다음에 이룰 명당을 향하여 힘차게 빠져나가는 길목이므로, 절대로 땅을 파헤치거나 도로를 내거나 집을 지어서는 아니되는 것으로 정해져 있다.

우선 풍수원칙상 은행나무 터는 바로 그런 땅의 곁에 있는 곳이므로 조그만 마을은 모르거니와 아파트 같은 것은 결코 세워질 수 있는 땅이 될 수가 없다. 알려져 있다시피 이 일대는 다행히도 국립공원 지대로 되어 있어 사실상 그런 의미에서도 보호를 받아왔다.

물론 이런 반론이 있을 수 있다. 즉 인구가 천만이나 되는 거대도시 서울에서, 이미 흘러간 지리사상인 풍수를 빙자하여 서울 북방을 자연 그대로 방치할 수 있느냐고. 집 없는 설움을 겪는 사람이 얼마나 많은데, 그까짓 은행나무 하나 보호하기 위하여 아파트를 못 짓게 하느냐고. 물론 이 반론에는 그냥 들어넘길 수만은 없는 절박한 현실이 담겨져 있다. 이 문제는 나중에 다시 따져보기로 하고, 이와 같은 현실에 입각한 반풍수적 이의 제기는 옛날에도 있었다는 사실을 지적해 두면서, 여기서는 그중의 한 예인 獻陵路 防塞論을 소개하기로 한다.

헌릉은 지금의 강남구 내곡동에 있는 조선조 제3대 태종과 그의 비 원경왕후 민씨의 능이다. 이 능의 내맥 중에 있는 蜂腰處(이 능의 명당이

형성되기 위하여 잘룩하게 들어간 속기의 기능을 갖는 곳임)를 풍수원칙에
맞도록 아무도 들어가지 못하게 막아두느냐(防塞), 아니면 현실적인 필요
성을 인정하여 길을 내느냐(開路)의 문제가 대두되어 당시 최고의 풍수
가인 崔揚善과 李陽達이 논쟁을 벌인 적이 있었다.

세종 12년(1430) 최양선이 상소하기를 〈大母山을 넘어 헌릉의 명당으
로 들어가는 진입로인 穿川峴의 도로를 방색해야만 헌릉의 지기를 보호할
수 있다〉고 하였다. 이에 대하여 당시 行副司直으로 있던 高仲安이 나서
서 〈봉요처에 길이 있는 것은 나쁜 것이 아니며 오히려 그곳에 인적이
있는 것이 좋다〉고 반론을 제기하였다. 이에 이양달도 고중안의 견해에
동조하여 길을 막지 말고 예전처럼 그대로 두는 것이 옳다고 진언하였다.

이 문제는 그런대로 보류상태에 있다가 3년 뒤에 최양선이 다시 헌릉
로 방색을 주장하고, 고중안과 이양달은 그럴 필요가 없다고 하니, 세종은
집현전에 명하여 그 시비를 가리도록 하였다. 집현전에서는 최양선의 상
소문을 풍수서를 인용하여 조목조목 반박하기를 〈헌릉로에 길이 난 곳은
봉요처이며 주위의 가까운 다른 길과 교차되는 것도 아니어서 결코 해로
울 바가 없으므로 예전처럼 두는 것이 좋겠다〉고 하였다.

집현전 학사들의 풍수지식이 현장답사보다는 典籍에 의존한 이론이 주
종을 이루는 것이기는 하였지만 그러나 이론 없는 현장답사라는 것도 허
망한 노릇인 만큼 그들의 주장은 매우 중요한 의미를 띤다고 하겠다. 謝
子敬이 그의 『寸金賦』에서 지적한 바와 같이 풍수의 이론적 측면을 모두
숙지한다면 그의 造化의 樞機(사물의 긴하고 중요한 데)를 빼앗을 수 있
고, 조금도 어지러움이 없으며, 신묘한 술책도 입을 수 있는 것이다. 『玉
髓經』「秘穴名髓」에도 〈배움(學)이 크지(博) 않으면 식견(識)이 넓지
(廣) 못하고, 식견이 넓지 못하면 깨달음(道)이 정치(精)하지 못한 것이
필연의 이치이다〉라고 가르치고 있다. 오늘날 몇 가지 땅을 보는 눈만 익
혀서 地師를 자처하는 자들이 명심해야 할 구절일 것이다.

이 문제는 그 후에도 여러 차례 논란을 거듭하다가 결국 세조 때에 이
르러서야 도로의 방색을 주장하던 李純之의 뜻을 받아들여 길에 흙을 쌓

아울리고 도로를 막을 것을 지시함으로써 일단락 지어졌다. 환경보전론자들의 승리였던 셈이다.

그런데 이런 논쟁의 와중에서도 세종 26년 고중안(그는 앞서 헌릉로 방색론에 대하여 방색이 필요 없다고 주장했던 인물이다)이 엉뚱하게도 헌릉의 서쪽 고갯길을 막자는 제안을 한 적이 있었는데, 이 제안은 받아들여져 그 도로는 막히게 되었으니, 당시 방색론 반대론자들에게 별 원칙이 있었던 것으로 보여지지는 않는다. 그러나 도로를 뚫어야 한다고 주장하던 측(즉 방색론 반대론자들)에서도 지맥을 상하지 않도록 도로 위에 薄石을 깔고 공사를 하도록 상언한 것을 보면 여하튼 蜂腰 束氣處는 부수지 않는 것이 당시 사람들의 땅에 대한 일반적인 사고관념이었음을 알 수 있다. 은행나무 터의 경우도 도봉산계와 북한산계가 만나는 속기 봉요처로서 대규모 건축 공사를 하면 필연적으로 지맥이 상하게 되는 장소이다.

세종 30년 경복궁 문소전 뒤뜰에 세종이 말년의 병고와 상심을 달래기 위하여 내불당을 건립하였을 때, 풍수학인 睦孝智가 〈내불당을 문소전 주맥과 경복궁 주맥인 兩脈之間에 건립하려면 장소가 협소하여 땅을 파야 하고 그렇게 되면 지기가 누설되어 아무리 길지라 하더라도 지력을 온전히 보전할 수 없다〉고 상소를 올린 대목은 음미할 만한 가치가 있다. 은행나무 터에 대단위 아파트단지가 들어서면 도봉산계와 북한산계 사이의 속기처 자연이 파괴되어 쇠귀고개를 중심으로 두 산계의 연속성이 단절될 것이며, 이는 자연 생태계에는 결정적인 절멸을 예고케 될 것이다.

이런 논란은 물론 풍수 이론에 입각하여 벌어진 것들이기에 현대적인 감각으로 그 합리성을 설명하기란 사실상 불가능하다. 그렇다면 합리적 설명이 불가능한 것은 무의미한 것인가. 그것은 반드시 그렇지만도 않으며, 그것이 부정되면 풍수사상은 지리학이 될 수가 없다. 禪家에서 전해지는 이런 얘기를 생각해 보자.

大珠慧海는 馬祖道一의 제자이다. 어느 날 법을 찾는 청년이 대주에게 물었다. 〈몸이 죽은 후에도 마음이 있습니까?〉 대주가 대답하기를 〈몸은 마음 따라 있는 것이다. 몸이 죽는다고 어찌 마음이 없겠느냐.〉 〈마음이 있다면 저에게 보여주십시오.〉〈너는 내일 아침이 있다는 것을 아는가?〉〈예.〉〈그럼 내일 아침을 내게 보여다오.〉〈내일 아침은 분명 있지만 보여드릴 수는 없습니다.〉〈그것 보아라. 장님이 해를 보지 못한다고 해가 없다고 하겠느냐.〉이 설화가 어떤 시사를 던져주었으리라고 생각한다. 그러나 합리적으로는 이런 측면의 검토는 가능하리라고 보는데, 만약 양맥지간의 속기된 땅을 훼손하는 경우 고을 터가 어떤 피해를 받게 될 것인가를 가늠해 볼 수는 있다는 점이다.

이곳은 서울의 동북쪽으로 여기가 인공적인 건축에 의하여 인위적으로 허전해지면 우선 겨울철의 한랭한 계절풍의 침입에 취약해질 수밖에 없고, 주산은 근간을 이루는 주맥이라는 상징성 때문에 그간 보호받아 왔던 양호한 식생 상태가 파괴될 것은 당연한 일인 까닭에 그 지맥을 손상시키는 것이 거주 환경조건에 악영향을 끼칠 수 있다는 점을 상기해 볼 일이다.

더구나 이런 적은 규모의 땅을 살피는 데 있어서까지 멀리 강원도에서부터 맥세를 살피기 때문에 주변의 관련지역과 어떤 상호관계를 맺을 수 있는지를 판단할 수 있는 장점이 풍수에는 있다. 주산이나 진산에 올라 명당을 보면 명당 외곽 멀리까지 감제가 되므로 총체적이고 균형잡힌 지역 계획을 세울 수가 있는 것이다. 그래서 옛 풍수학인들이 登涉之勞를 마다하지 말라고 가르친 것이 아니겠는가.

2 剛氣와 壓勝

앞서 지적한 바와 같이 이 터는 도봉산과 북한산이라는 두 개의 거대한 山群과 마주치는 지점이라 그 지기가 강기에 속하는 것은 물론 두 기의 마주침으로 인하여 생기는 소용돌이까지 곁들여 있어, 편안한 陽基(마을이나 고을 터)가 될 수 있는 곳이 어차피 아니다. 그저 원래 있던 마을 정도를 부양할 수 있는 지기의 땅이다. 여기에 대규모 아파트 단지가 들어선다면 풍수상으로는 대단히 어려운 사태를 예고케 된다.

그 예고의 한 단초를 잡을 수 있는 증거의 하나로 바로 이 은행나무 터 입구에 燕山君墓가 있다는 점을 들 수 있겠다. 그는 무오사화, 갑자사화 등을 통하여 무수한 사람들을 죽이고 귀양보냈을 뿐만 아니라 방탕한 생활의 도가 지나쳐 결국 폐위를 당했던 인물이다. 중종반정으로 왕위에 추대된 晋城大君은 그를 연산군으로 降封시켜 강화도 교동으로 귀양을 보냈다. 갓을 쓰고 분홍 옷에 띠를 매지 않고 궁궐을 나와서 땅에 엎드려 가마를 타면서 말하기를, 〈내가 큰 죄를 지었는데 왕의 덕을 입어 무사히 떠나는구나〉라고 하였다.

호송관들이 중종에게 복명한 바에 의하면, 〈지나는 길가의 늙은이나 아이들이 모두 분주하게 앞서거니 뒷서거니 하면서 다투어 서로 손가락질을 하여 마치 통쾌하게 여기는 듯하였습니다. 안치한 곳에 이르니 울타리한 곳은 처마에서 열 자쯤 거리를 두어 몹시 협착하여 해를 볼 수 없었고, 다만 한 개의 조그만 문이 있어서 겨우 음식물을 운반하고 말을 전할 수 있을 뿐이었습니다. 廢王이 울타리 안에 들어가자마자 시녀들이 목놓아 울부짖으며 호곡하였습니다. 저희가 작별을 고하니 폐왕이 말하기를 나 때문에 멀리 오느라 수고했다. 고맙고 고맙다라고 하였습니다〉라는 것이다. 무상하다기보다 역사의 심판이 이 정도만 되어도 괜찮겠다는 생각이 든다. 몇 해 전 권좌에서 물러난 뒤 강원도 산사로 떠나던 어떤 사람의 모습이 떠오르는 대목이다.

그는 바로 그해에 역질로 인하여 몹시 괴로워하면서 눈도 뜨지 못하다가 죽을 때, 다만 폐비 신씨를 보고 싶다 하면서 죽으니, 나이 서른하나. 왕위에 있은 지 12년 만이었다.

방학동에 있는 연산군묘는 初葬地가 아니다. 강화에 있던 그의 묘는 폐비된 부인 신씨가 上言하여 당시 양주땅 海等村(왕조실록에는 해촌으로 되어 있다. 현재의 서울 도봉구 방학3동 연산군묘가 있는 마을 이름)으로 이장하기를 청하여 개장을 허락받음으로써 이루어진 자리이다.

이곳은 도봉산 오봉의 줄기이기는 하나, 그 뒤가 실개천에 의하여 끊어진 자리로 切脈인 것은 물론 주위가 悲愁之風의 자리라 바람이 불거나 비가 내리면 散髮하여 호곡하는 듯한 소리를 내는 땅이라 사람이 쓸 만한 곳이 못 된다. 아마도 그런 자리이기에 중종이 이장을 허락하였을 것이다.

비수지풍이란 『靑烏經』의 「八不相」에서 나온 용어인데, 팔불상이란 완경참암(頑硬讒巖 ; 완경이란 산세가 급하고 단단하고 억세어 형체가 죽은 꼴로 入穴된 것을 말함. 참암이란 入穴處에 돌이 솟고 높이가 아득하여 무서운 형상인 것을 말함), 고단용두(孤單龍頭 ; 용의 머리가 홀로 외로이 서 있어 주위에 朝對 또는 護衛하는 산이 없는 것), 신전불후(神前佛後 ; 사당이나 사찰의 앞뒤 가까운 곳은 자리를 쓰지 말라는 것), 묘택휴수(墓宅休囚 ; 땅은 성할 때와 쇠할 때가 있는 법이라, 성할 때는 비록 작은 혈일지언정 능히 발복이 되고 쇠할 때에는 大地라 할지라도 음덕이 없다. 따라서 옛날 있었던 破舊墓地나 부귀영화를 누렸던 옛 집터가 명당이었다 할지라도 이미 지기가 쇠하여 休囚된 곳이니 이런 곳은 취하지 말라는 것), 산강소란(山岡騷亂 ; 산세가 달아나는 듯 어지러워 無情한 곳을 취하지 말라는 뜻), 풍수비수(風水悲愁 ; 바람과 물소리가 슬피 울부짖는 듯하는 곳. 이런 곳은 과거에 전쟁이나 재앙으로 사람들이 떼죽음을 당한 곳일 가능성이 높다고 한다), 좌하저연(坐下低軟 ; 주산은 기가 왕성한 것이 좋은 것인데, 만약 주산이 낮고 약하면 기맥이 없어 死氣가 되는 것이니 이런 곳은 취하지 말라는 것), 용호첨두(龍虎尖頭 ; 청룡이나 백호의 머리가 뾰족하여 싸우는 듯하면 흉하니 취하지 말라는 것) 등이다.

그런데 절묘하게도 바로 그 비수지풍(위 팔불상에서 말하는 風水悲愁의 땅과 같음)의 地性을 중화시키는 역할을 은행나무가 맡고 있더라는 것이다. 도봉산 강기와 북한산 강기가 마주쳐 들어올리는 그 소용돌이의 한가운데, 그러나 태풍의 눈처럼 바로 그 지점만 천고의 정적을 되찾은 자리에 은행나무가 뿌리를 내리고 천년을 버텨온 것이다. 살벌한 기운을 나무가 壓勝해 주는 예인데, 필자는 이곳의 현지답사에서 천지의 조화가 이렇듯 간곡한 것인가를 새삼 깨달은 바가 있었다.

처음 이 땅을 보았을 때, 은행나무를 洞口로 하고 있는 분지 안쪽에는 마을이 있을 수 없겠다고 생각하였는데, 꽤 많은 世居 주민들이 있음을 알고는 당황했던 것이 사실이다. 그러나 자세히 살펴보니 이 은행나무가 바로 그 음산하고 살기 띤 지기를 중화시킴을 알 수 있었고, 따라서 여기에 대략 오십여 호의 마을은 품을 수 있겠다는 판단이 섰다. 실제로는 팔십에서 백여 호까지 되었다고 하는데, 그랬을 경우는 오십여 호를 넘은 만큼 사소한 인사사고가 잦았으리라 짐작된다.

천년 가까이 살아온 은행나무가 사십여 년밖에 살아보지 못한 백면서생에게 가르침을 주는 순간이었다. 그러나 그렇다고 하여 모든 문제가 해결된 것은 아니다. 이곳은 사람이 죽어서든 살아서든 쓸 수 있는 땅이 아닌데, 은행나무 때문에 오십여 호까지는 명당 품에 안을 수는 있지만 그 이상은 아니되는 곳이다. 그런데 고층 아파트라니, 말이 안 되는 얘기다.

게다가 곽박이 말하기를 주산이 머리를 드리워, 낳은 새끼를 핥아주고 쓰다듬어주는 듯 머리를 인자하게 세워야(垂) 혈을 맺는다고 하였는데, 이곳 명당의 주산이랄 수 있는 시루봉은 해발 122m의 낮고 작은 자태임에도 불구하고 앙연히 고개를 쳐들고 있으니, 아무리 은행나무가 殺氣와 비수지풍을 압승해 주고 있다고는 하나 역부족일 수밖에 없는 곳이다.

더욱이 시루봉을 주봉으로 했을 때 좌우의 龍虎는 右單股(청룡세가 극히 짧고 백호세만 길게 늘어선 경우)가 되어 嫡統이 장자가 아닌 차자에게 이어진다는 술법상의 결점을 지니기도 한다. 그리고 앞쪽으로 받쳐줄 朝對案(朝對山 및 안산을 말함)도 제대로 없이 허망함을 안겨주는 땅이란 점도 무시할 수 없다.

연산군은 아들이 넷이었으나, 폐세자를 비롯하여 모두가 사사를 당하고 말아 직손이 없다. 비수지풍의 땅에서 소용돌이의 와중에 한 점 정적의 자리를 차지하여 좌정하고 있는 千年聖木을 바라보는 그의 심회는 어떤 것이었을까. 遊魂이 있었다면 심장에 칼을 꽂고 싶은 후회와 참담한 감회를 이루 다 표현하지 못하였으리라.

주색에 빠지고 도리에 어긋나며 포학한 정치를 극도로 하여 수많은 신하들을 주살하였으되, 불로 지지고 가슴을 쪼개고 뼈의 마디마디를 끊고 백골을 부수어 바람에 날리는 형벌까지 자행하였던 자가, 자신의 죄업으

로 말미암아 아들들을 비명에 가게 하고, 자신도 서울의 지기를 모아 숨
아두던 속기의 땅에 묻게 되었으니, 천벌도 모자라 지벌까지 받음인가.

  그 현장에 발을 딛고 서서 필자는 잠시 이런 상념에 빠졌다. 요즈음도
고문을 행하는 자가 있다고 하는데, 그들은 천도는 고사하고 땅의 이치도
모르는 자들인가. 어디에 가서 언제까지 치르려고 저런 죄업을 짓고 있는
것인가 하고. 언젠가 반드시 그 갚음을 치르게 되는 것이 풍수가 주장하
는 바 天地人의 同氣感應論인데, 고문과 사악한 폭력을 행하는 자들은 필
시 사람이 아닐 것이라고.

3 터잡기는 선택의 문제

  아무튼 방학동 은행나무 터는 간룡의 법술만으로도 풍수적으로는 아파
트와 같은 많은 사람을 품에 안을 자리가 아님을 알아보았다. 또한 그 주
산이 앙연하고 주위의 규국이 좁고 좌우의 청룡, 백호가 밀집되어 양기로
서는 아주 조그마한 마을밖에는 들어설 수가 없고 고을처럼 큰 터가 될
수 없다는 것은 자명하다는 사실이 답사에서 밝혀졌다.

  그나마도 은행나무가 있어 사람에게 해로운 땅의 기운을 눌러주고(壓
勝) 중화시켜 주니 50여 호 정도의 마을이 버틸 수 있었던 것인데, 이제
아파트 공사를 하면서 산룡의 기맥을 흩어버린다면 은행나무도 살아남을
수가 없을 것이며, 하물며 사는 사람에게 있으랴.

  은행나무로부터 20m 또는 50m만 떨어져서 아파트가 세워지면 은행나
무가 살 수 있을 것으로 보는 사람들도 있는 모양이나, 풍수의 눈으로 보
면 어림도 없는 소리다. 명당이 품을 수 있는 부양인구 수를 넘는 땅의
이용이 시작이 되고 땅의 파괴가 진행되는 순간부터 나무는 죽기 시작할
것이며, 따라서 이 땅은 그냥 원래의 땅 그대로 놓아두면 살 수 있거니와
그렇지 않고 아파트를 짓는다면 100m이건 200m이건 아무리 멀리 떨어
져서 빌딩이 세워져도 견딜 수 없도록 되어 있는 곳이다. 나무 전문가가

사시장철 지키고 앉아서 가꾸어도 아파트가 들어서는 한, 나무를 살릴 수는 없다. 혹시 樹幹注射까지 놓아가며 식물인간 아닌 화석화된 盆栽로 키울 수 있을지는 몰라도 말이다.

땅을 파헤치면 地理가 교란되어 조화는 허물어지고, 이때부터 이 땅은 풍수의 논리를 벗어난 흙과 돌의 집합체인 물질로서의 物理만이 통용되어질 것이다. 즉 그곳은 풍수의 논리를 떠난 땅이 되어버리는 것이다. 그렇게 되어도 좋다면 그렇게 하는 것이다. 그러나 오늘의 도시가 풍수 논리에 입각하여 지어진 것은 아니다. 도시로서의 논리를 지니고 건설되었다. 집 없는 설움에 한 맺힌 사람들에게 풍수의 논리로 은행나무의 중요성을 강변하지 못하는 이유가 여기에 있다. 다만 풍수의 논리를 떠나 도시라는 비인간적이고 기능적인 공간 논리를 좇아 소위 개발식 건설을 하고자 한다면 그 논리라도 철저히 따라야 할 것이다. 얼마나 많은 인구가 아파트 건설로 이 분지상 지역에 들어오게 될 것이며, 그들을 위해서 도로, 상수도, 하수도를 비롯한 도시 기반 시설은 어느 정도해야 웬만큼 되었다고 할 수 있는 것인지를 가늠해야 할 것이다. 그렇게 철저히 하였다고 할지라도 이제 이 땅은 인간적 의미를 지닌 삶터는 되지 못한다. 그저 먹고 자고 돈벌고 하는 단순 공간에 지나지 않게 된다. 그렇게 되어도 좋다면 그렇게 하라는 말이다.

이것은 어찌 보자면 풍수 논리의 한계라 할 수도 있는 부분이다. 풍수가 현대 문명이 원하는 기능 공간적인 욕구까지 만족시켜 주리라고 생각한다면 그것은 오산이다.

결국 은행나무 터를 어찌 해야 할 것인가는 사람들의 선택성의 문제가 될 수밖에 없다. 무의미한 단순 공간이라도 괜찮으니 아파트를 짓자든가, 아니면 인간적 의미가 상실되지 않고 인간성이 소외를 당하지 않는 삶터로서의 풍수적 대지를 유지할 것인가.

이론적으로는 양자의 조화로운 결합이 가능은 하다. 그러나 실제에 있어서 기능 공간과 풍수적 삶터를 어떻게 적절히 섞느냐 하는 것은 難之難事에 속한다. 그것은 풍수가 자라난 우리식의 풍토와도 관련되는 것으로서, 서양인들이 풍수를 어떤 식으로 받아들였는지를 살펴보면 이해에 도움을 받을 수 있다.

풍수는 서양의 동양학자들에게 있어서는 가장 난해하고 오해가 많은 분야이다. 종교사학자 제프리 메이어 Jeffrey F. Meyer가 단정한 바와 같이 서양인들은 결코 풍수를 완전히 이해할 수 없을 것이다. 19세기 선교사 아이텔 Ernest J. Eitel은 〈풍수란 무엇인가. 이 질문은 지난 30년간 꾸준히 제기되어 온 것이다. 영국인들은 홍콩에서 주택건설, 성벽축조, 도로개설, 국기 게양대 세우기 등에서 무수한 풍수적 난관에 봉착하였었다. 중국인들은 그들의 국가가 무너지는 와중에서도 움직이지 않다가 자신의 조상 무덤이 파괴된다는 사실 앞에서는 목숨을 내걸고 저항을 했다. 서양인들이 중국인들에게 수없이 풍수에 관하여 질문을 던졌으나 그들의 대답은 한결같이 바람과 물이라는 것이었다. 그것은 바람처럼 이해할 수 없고 물처럼 움켜잡을 수 없는 것이다〉라고 하였다. 그러면서도 그들은 알 수 없는 힘에 이끌린 듯 풍수에 빠져 들어갔다. 오늘날 풍수는 홍콩에 있는 대부분의 영국인들의 신봉 대상이 되었다. 그들은 풍수가 무엇인지 분명히 이해하지 못했으면서도 상당히 긍정적인 평가를 풍수에 대하여 내리고 있는 것이다.

풍수는 원리와 기술이 복잡한 입지 분석의 종합적 체계이며, 풍수란 자연환경에 대한 희귀하고 종합적인 개념화 체계로서 인간 생태계를 규정짓는 것이라고 정의한다.

은행나무 터는 농본적인 자급 체계의 마을이었다. 아파트를 짓고 결과적으로 은행나무를 죽이는 일은 그런 체계에 대한 전면적인 부정이다. 이제 그 터에 이루어질 아파트 촌은 계약적 인간관계가 판을 치는 인간소외의 장으로 변질될 것이다. 땅은 생산기반으로서 우리의 삶을 의탁하고 살아갈 어머니의 품속이 아니라, 투기와 화폐가치의 체계로 되어갈 것이다.

필자는 은행나무를 살릴 수 있다는 문제에 대해서는 절망적인 판단을 하고 있다. 그것이 지니고 있는 인간적 삶터의 상징성은 경제적 용도의 강력한 기능 논리에 의하여 결국은 파괴되고 말 것이다. 오늘의 우리 국토가 전반적으로 당하고 있는 것처럼 말이다.

선택의 여지는 있었으나 사람들은 땅을 고향과 같은 어머니의 품으로 유지하는 대신에 이용과 소유의 대상으로 받아들이기로 작정한 것이다. 이런 경우 풍수적 주장은 문명 파괴적인 유치한 자연주의로 취급될 뿐일 것이다. 그렇다고 하여 필자가 은행나무를 죽여도 좋다고 동의하는 것은 결코 아니다. 필자는 삶터가 아닌 단순한 기능 공간에 살기를 거부하는 입장이다. 다만 오늘의 세태나 사회 경제적인 구조가 삶터를 받아들이기를 거부할 것이라는 예측을 해본 것뿐이다.

은행나무가 죽는다는 것은 결국 그 명당 속에서 이루어지던 마을 사람들의 인간적 삶도 죽는다는 것을 의미한다. 자연과 사람이 서로가 서로를 죽이는 상쇄(相殺)의 墮落狀을 전개할 것이다. 그렇지만 사람들의 생활은 유지될 것이다. 다만 그 생활이 인간관계를 도외시하고 운명 공동체적인 전래의 미풍양속을 거부한 채 오직 싸늘한 생존과 게으름을 저변에 깐 신체적 편안함을 추구하는, 생물학적이 아닌 鑛物質的 생활이 될 것이라는 점은 명백하다. 그래서 선택의 문제라고 전제를 했던 것이다.

풍수는 구체적 해결 방안을 제시하지는 않는다. 다만 사람들의 땅에 대한 사고 관념을 인간적인 것으로 전환할 것을 촉구하는 정도이다. 선택은 전적으로 사람 자신에게 달려 있다. 은행나무를 죽이든, 살리든.

10 풍수사상의 현대적 의의

1 왜 또다시 풍수인가

왜 또다시 풍수인가? 풍수의 폐해에 대한 통렬한 비난의 역사는 오래다. 고려 예종 때 오연총은 당시 서경으로 불리던 평양에 새로운 궁궐을 조성하겠다는 풍수적 사건에 대하여 술수에 미혹되어 공연히 민심만 離反시키고 백성을 소동케 할 뿐 돌아오는 것은 아무것도 없다고 상소를 올렸다. 공양왕 때의 강회백도 말하기를 인간사 길흉은 밖에서부터 오는 것이 아니라 오직 사람이 불러들이는 것이며, 天時와 地理는 人和만 못한 것이니, 역대의 임금들이 그토록 공을 들여 풍수 도참을 믿었으나 얻은 것은 무엇인가, 이제 나라의 운명마저 풍전등화에 이르지 않았는가 하며 통탄해 마지않았다.

다산 정약용도 말한다. 살아 있는 부모가 자식을 앞에 앉혀놓고 엄하게 훈계를 하여도 말을 듣지 않는 판에 땅속에 묻혀 썩어가는 시체가 어찌 아들에게 복을 줄 수 있겠느냐고. 초정 박제가의 지적은 더욱 폐부를 찌른다. 아비가 옥에 갇혀 온갖 악형을 당하여 몸에 성한 구석이 없는 지경에 이르렀는데도 밖에 있는 자식들에게는 종기 하나 났다는 말을 들어본

적이 없으니, 어찌 부모의 유골이 받은 땅기운이 자식들에게 전해진다는 同氣感應論을 믿을 수 있겠느냐고.

비단 옛날뿐만이 아니다. 어느 발표회 자리에서 국사학계의 원로이신 선생님 한 분이 풍수를 전공하는 필자를 보고 역사를 되돌리는 일을 왜 하느냐는 지적을 한 적도 있다. 그런데 왜 또다시 풍수사상을 거론하는가. 많은 이유가 있다. 크게 세 가지만 생각해 보기로 한다. 우선 자신과 가문의 發福만을 바라며 산소자리잡기에 몰두하는 풍수는 풍수를 빙자한 잡술일 뿐이지 결코 정통의 풍수가 될 수 없다는 사실이다. 풍수가 주장하는 바 氣라는 것은 그 이치가 하늘과 땅과 사람이 다를 바가 없다. 그런데 어찌 욕심에 눈이 어두운, 사람 같지도 않은 자가 몇 가지 풍수에 관한 지식 부스러기를 익혔다는 이유만으로 천도와 지리가 그를 따라주겠는가. 정통의 풍수는 먼저 인간의 철저한 윤리성을 강조하고 있다. 풍수를 오늘에 다시 거론하는 까닭은 이 점에서 먼저 찾아볼 수 있다. 지금 우리들은 땅을 무엇이라 생각하는가. 철저한 이용과 무자비하기까지 한 소유욕의 대상 정도로밖에는 생각하고 있지 않은 게 아닌가.

땅은 만물의 근원이요, 따라서 어머니인 존재이다. 정통의 풍수는 그것으로부터 논리를 시작한다. 어머니를 소유와 이용의 대상 정도로 생각하는 인간이 있겠는가. 그래서 우리는 풍수를 연구하고 있는 것이다.

학문적으로도 오늘에 풍수를 떠올릴 필요하고도 충분한 조건들이 갖추어져 있다. 서양의 지리학을 그대로 도입한 오늘의 지리학은 많은 문제를 야기시켰다고 생각한다. 무엇보다도 공간 구조를 지극히 비인간적인 것으로 만들었다는 점인데, 기능과 편의성 위주의 서양 지리학 전통에서 보자면, 이런 결과는 당연한 귀결이 아닐 수 없다. 문학적 표현을 빌리자면, 우리는 지금 고향을 잃은 사람이 되었다는 얘기다. 풍수는 땅을 생명을 가진 것으로 인식한다. 거기에는 계산된 관계만 있는 것이 아니라 정을 품은 관념들이 작용을 하게 된다. 당연하게도 그렇기 때문에 풍수적 사고로 땅을 대하면 오염이니 공해니 하는 염려는 할 필요가 없어진다. 땅을 살아 있는 그 무엇으로 여기는 사람들은 땅을 아끼고 필요한 경우에는 땅에 두려움을 갖기도 한다. 깨고, 부수고, 뚫고, 막고 하는 것이 아니라, 풍수는 더불어 살고자 한다.

그런데도 서양의 학문체계를 익힌 많은 학자들은 비판한다. 풍수는 미신에 지나지 않으며, 너무나도 비논리적인 인식체계이기 때문에 일고의 가치도 없는 것이라고. 사실 그들은 풍수를 거의 이해하고 있지 못하면서도 나름대로 알고 있는 왜곡된 풍수를 풍수라고 믿어버리고는 비난을 한 셈인데, 풍수 전공자의 한 사람으로 이런 부탁을 하고 싶다. 우리에게는 우선 시간이 필요하다고. 그간 풍수를 공부할 수 있는 여건이 너무나도 불우부진했기 때문에 아직은 논리를 갖추어 대안을 제시할 정도에는 이르지 못했다. 연구 인력도 거의 없었고, 학계의 인식도 대단히 좋지를 않았으며, 연구비라는 것도 없다시피 했다. 우수한 후배와 제자들을 끌어들이기 위해서는 졸업 후의 진로도 어느 정도는 있어야 하는데, 대학이나 대학원에서 풍수를 전공한 사람들은 어디로 갈 것인가. 갈 곳이 없다. 그래서 시간이 필요하다고 한 것이다. 나는 풍수가 우리의 국토와 환경문제에 대하여 언젠가는 귀중한 발언을 할 수 있는 날들이 반드시 오리라고 확신한다. 다만 지금 시점에서는 풍수 연구에 시간이 필요하다는 것뿐이다.

그리고 소위 地官이라는 사람들에게도 한마디 해두고자 한다. 돈벌이를 목적으로 땅을 보여준다면 그 죄가 자신에게 돌아온다는 옛 풍수서의 가르침을 결코 잊지 말라고. 욕심이 동하는 곳에 氣感이 이루어질 수는 없다. 기감이 없는 곳에 풍수가 있을 까닭이 없다. 그런 지관들은 오히려 풍수사상을 더 망치고 있다는 사실을 직시해야 할 것이다.

일반인들에게도 마찬가지다. 나만 잘 되고 보자는 이기적 풍수는 땅에 대한 죄악이지 지혜가 아니다. 꼭 풍수를 알고자 한다면 어려운 이론에 빠져드는 것보다는 땅을 사랑하는 습관을 들여보도록 노력하는 편이 낫다. 그리하여 땅과 대화를 나눌 수 있는 경지에 이르면, 그때가 바로 풍수의 품안에 안기는 때가 되리라. 오늘 우리가 다시 풍수를 거론하는 가장 큰 이유는 결국 잃어버린 인간들의 인간다움을 찾아보자는 것이다.

2 경험 속에 나타난 풍수하기의 어려움

청주와 전주에서 교편을 잡다가 이곳 서울로 온 이후 모두 일곱 학기 동안 학부와 대학원에서 풍수사상을 강의하여 보았다. 지방에 있을 때에도 계속 풍수사상에 관심을 가져오기는 하였지만 대학에서 본격적으로 강의를 시도하여 본 것은 서울대에서가 사실상 처음이나 마찬가지다. 그러다 보니 솔직히 답답한 일도 많았지만 배우고 느낀 것도 많았다. 아울러 앞으로 풍수사상의 연구가 어떻게 전개되는 것이 좋겠는가에 대한 생각을 해보는 계기가 되기도 하였다.

강의과정중에서 토론된 내용도 중요하였지만 특히 답안지와 현장조사 보고서에서 제기된 문제점과 학생들의 제안은 때로는 암울하게, 때로는 희망차게 가슴에 와닿았던 적이 많았다. 그러나 크게 보아서 말하자면 학생들의 전통 지리사상에 대한 관심은 크고도 긍정적인 것이었다. 그런 점들 중에서 앞으로 풍수사상의 행보에 중요한 작용을 하리라고 여겨지는 문제와 제안들을 정리하여 보기로 한다. 풍수사상에 대한 학생들의 반응은 매우 다양한 것이었지만 그 가닥은 몇 가지로 추릴 수 있었다.

우선 지적할 수 있는 것은 많은 사람들이 풍수사상에 대하여 막연하기는 하지만 매우 큰 기대를 하고 있더라는 점이다. 그것이 어떤 면에 대한 것이냐는 문제는 역시 다양하였지만, 대체로 이 사상이 오늘의 산적한 토지문제와 환경문제에 획기적인 기여를 할지도 모른다는 기대들이 깔려 있더라는 것이다. 물론 그것은 상당 수준 사이비 신비주의적 관점에서 나온 발상인 것은 부인할 수 없는 사실이었다. 그럼에도 불구하고 일반적으로 미신이라고 여겨지고 있는 풍수에 대하여 젊은 세대들이 기대를 하고 있다는 것은 일단은 고무적인 현상으로 받아들여졌다.

오늘의 학생들이 지금까지 어떤 교육을 받아왔는지를 따져본다면, 이런 현상은 정말로 이상한 일이다. 한마디로 도저히 맥락이 닿지 않는 연결이 이루어진 셈이다. 논리와 분석과 이분법과 답안의 확실한 선택과 모든 사람의 동의를 전제로 하는 실증에 익숙한 그들이 그와는 정반대의 체계를 지니고 있다고 생각했을 풍수사상에 경도됨은 물론, 당면한 문제 해결의 중요 도구로까지 기대를 했다니 말이다.

집 아이가 국민학교 저학년 때의 일이다. 바른생활이라는 과목의 시험에 친구가 입원하였을 때 무슨 선물을 하는 것이 옳으냐는 문제가 나왔다. 답은 인형과 축구공 두 가지 중 하나를 선택하는 것이었다. 정답은 인형이었는데, 아이는 축구공이라고 쓰는 바람에 그 문제를 틀렸다. 문제를 맞추지 못한 아이의 말인즉 저 같으면 축구공을 선물받는 것이 훨씬 더 즐거울 것인데, 왜냐하면 축구공을 안고 운동장을 달리는 공상을 하면 기분이 좋아서 병이 빨리 나을 것이기 때문이란다. 옳은 말이었다. 그러나 아무리 옳다고 하더라도 그대로 둔다면 계속 그런 식의 종합적인 사고를 할 테고, 결국 공부 못하는 아이가 될 것이 뻔하여, 아내는 아이에게 이런 가르침을 내리고 있었다. 아픈 친구는 뛸 수가 없다. 그러므로 축구공은 안 된다. 가만히 누워서 가지고 놀 수 있는 인형만이 정답일 뿐이다.

세상에 이런 독선이 어디 있는가. 그런데 더욱 놀라운 일은 이웃집 아주머니의 반응이었다. 아니 이런 뻔한 문제를 왜 틀렸을까. 이런 건 상식 아닌가. 애가 좀 이상하다. 어떻게 입원한 아이가 축구공을 가지고 놀 수 있다고 생각한단 말인가.

생물시간에는 올챙이에서 개구리로 탈바꿈하는 과정을 살펴보라고 하는데, 도시에서는 요즈음 개구리알을 구할 수도 없거니와 혹 구했다 하더라도 어항 속에서 키워야 하니, 개구리가 된 다음에는 큰 마음 먹고 멀리 시골에 나가서 방생하지 않는 한 죽일 수밖에는 없다. 물론 엄격히 말하자면 어항에서는 올챙이가 개구리로 되지도 않지만 말이다. 뿐인가, 개구리 해부를 어린이에게 시키기도 한다. 뻔히 살아 있는 줄 아는 개구리도 한낱 도구로 생각해 버리는 교육인데, 하물며 움직임이 없는 땅에 있어서이겠는가. 당연히 죽은 물체로 생각하게 되지 않겠는가. 땅을 유기체로 생각하는 아이가 있다면 틀림없이 저능아 취급을 받을 것이다.

그런 교육에 익숙한, 아니 고도로 숙달된 학생들이 풍수에 대해서 미신이 아니라고 생각하는 정도가 아니라 어떤 기대감을 가지고 접근했다는 사실이 우선은 신기했다는 얘기다. 일부는 분명 풍수에서 개인적 문제를 해결해 보고자 하는 욕심을 드러내기도 했다. 집안에서 혹은 자신에게서 벌어진 합리적 해결이 어렵다고 생각되는 문제들, 예컨대 정신질환, 불치병, 불의의 사고, 죽음에 대한 공포와 호기심 따위의 문제들에 대하여 풍수 강의에서 무언가 길을 찾아보고자 하는 측면들 말이다. 그러나 그것은 말 그대로 극소수에 불과했고, 더구나 풍수로 복을 받아보자는 의도로 강의를 듣는 학생들은 하나도 없다고 해도 과언이 아니었다.

특히 대학원생들의 경우는 매우 진지한 자세로 오늘의 땅이, 오늘의 공간이, 그리고 오늘의 환경이 처한 극단적인 어려움들에 대한 해결책으로서의 대안 추구에 기대를 걸어, 강의를 하는 나의 입장을 무척이나 무겁게 만들기도 하였다. 그러나 그것은 희망이요 낙관이지, 냉소적 자세와는 거리가 먼 것이었고, 더구나 그것을 만족시켜 주지 못한 책임은 그들에게도 또는 풍수사상 그 자체에도 있는 것이 아니라 전적으로 나의 부족에 있었던 것임을 고백하지 않을 수 없다. 먼저 그들은 오늘날의 풍수 유행에 대해서 우려를 나타내는 조심성을 보여주고 있었는데, 얼마 전부터 일기 시작한 신문, 잡지, 방송, 전통문화 단체의 대중 강연, 심지어는 아파트 단지의 소식란에서조차 호기심과 소일거리와 흥미의 대상으로 풍수를 거론하는 풍조에 대하여 개탄을 하면서, 대학에서의 풍수 연구가 그런 대중적 취향에 영합하지 않기를 바라고 있었다. 이 점은 나를 비롯하여 관련 연구자들의 끊임없는 자성이 필요한 대목이라고 생각되었다.

나는 강의에서 반드시 현장조사 보고서를 요구하였는데, 이 점은 풍수사상의 현장적용이라는 목적을 떠나서도 의미가 있었던 것으로 판단된다. 지리학 전공자들은 별로 그렇지도 않았지만 대다수 학생들은 익숙지 못한 지역, 처음 보는 사람들에 대하여 상당한 두려움을 갖고 있는 것으로 나타났다. 꽤 많은 학생들이 이런 식의 현장접근이 생전 처음이라는 토로를 해왔을 때는 당혹스럽기까지 했다. 그들이 알고 있다고 생각했던 삶의 현장들은 사실은 간접경험에 의지한 허상이었다는 증언은 오늘의 학교 교육을 되돌아보게 하는 계기가 되어주었다.

그러나 여하튼 그들에게는 매우 의미 있는, 그리고 오랜 동안 잊혀지지 않을 답사가 되었던 것은 분명한 사실인 듯하다. 나이가 좀 든 학생들의 경우는 부동산 투기꾼으로 오인되는 소동도 심심치 않게 겪었던 모양인데, 이것은 아마도 세태의 반영이었으리라. 또 하나 이런 답사가 끼친 바람직한 영향은 학생들로 하여금 자연에 대한 애정과 자연에의 일체감 체득이라는 과외의 소득을 얻어내게 했다는 점일 것이다. 사라져 없어지는 것에 대한 가슴 아린 회억과, 무너지고 부서져 내리는 우리 강산에 대한 연민의 정은 그것만으로도 가치 있는 여행이 되었을 것이라고 믿는다. 컨트리클럽이니, 관광지 개발이니, 택지 조성이니, 공업단지 건설이니 하여 허리가 잘려 나가고 이마가 벗겨져 나가는 산천의 비참한 모습을 보면서 그들은 풍수가 기본적으로 주장하는 바, 어머니인 땅, 살아 있는 땅에 대한 실감을 하였던 모양이다. 그랬을 것이다. 지금까지 배워왔던 국토개발의 분홍빛 꿈과 미래가, 이래도 되는 것인가 하는 회의로 바뀌었을 테니까 말이다.

또 풍수가 지니고 있는 오랜 역사성 때문에 거의 대부분의 수강생들은 답사지역으로 농촌이나 산촌을 선택하거나, 도시 변두리의 미개발지역을 선정하였다. 그렇다고 하여 풍수가 여타 지역을 해석하는 데는 부적절하다고 판단한 것 같지는 않았다. 다만 아직은 자신들의 풍수적 소양이 초보적이라 해석이 쉬우리라고 여겨지는 전통 마을들을 택했을 뿐이라는 것이다. 그러다 보니 자연 풍수사상이 복고적이고 낭만적인 취향의 것이 되어버리지 않을지 걱정이 되는 모양이었다. 역사 속에 지나간 전통마을에서의 삶은 풍수적인 것이며 인간적인 것이라서 옳고, 현대의 도시적 삶은 반풍수적이며 비인간적이라서 그르다는 이분법적 도식에 말려드는 듯한 느낌을 받았던 모양이다. 그런데 거기에 동의할 수는 없었을 것이다. 만약 그에 동의한다면 자신들의 삶의 정체는 발 디딜 곳을 잃게 될 것이기 때문이다.

도시에 비하면 삶의 많은 부분을 산천에 의존하고 있고 자연 자체가 삶의 터전인 농촌과 농민은 언제까지나 경제성을 도외시하고 그것을 보존만 하며 대를 이어 그곳에 머물러야만 하는 것인지, 풍수가 말하는 發福이라는 것이 있는 그대로의 자연을 끌어안고 살아가는 그들에게 반드시 주어지는 것인지, 원래대로의 땅과 이용되는 땅과 개발되는 땅의 뚜렷한 경계는 어디인지, 학생들은 가치관의 혼란을 경험할 수밖에 없었다고 하였다. 역시 그랬을 것이다.

그러나 그들 대부분은 물론 풍수가 살아 있고 인간적 삶이 보존되어 있다고 생각하는 그곳으로 돌아가 살려고 하지는 않을 것이다. 그 점 학생들은 아직은 현장의 주체가 아니라 지나가는 구경꾼에 지나지 않는다. 학생들도 대부분 그 점을 시인했다. 그 땅에 발을 딛고 살아온 사람과 단지 땅을 손님으로서 구경만 하고 지난 자신들을 여러 차례 비교하고 있었다. 지형도를 보고 현장에서 산을 바라보고 있으면서도 지리학 전공자인 자신에게는 산의 맥세의 흐름이 어떻게 되는 것인지를 파악할 능력이 생기지를 않는데, 중년의 마을 주민 아저씨는 정확히 땅의 흐름을 파악하고 있더라는 얘기 같은 것이 그런 예일 것이다. 그 주민이 시험지에 대강 그려준 산들의 배치나 형태가 마을의 배치와 자연과의 관계를 이해하는 데 최상의 자료가 되더라는 보고는 오늘의 공간교육이 어디에 위치하는지를 가늠케 하는 좋은 예가 되어준다.

대학원생들의 보고서는 보다 본질적인 풍수사상의 측면을 건드리는 것으로서 가치가 있었다. 풍수에 대한 그들의 지적은 그에 대한 깊은 애정을 바탕에 두고 이루어진 것인 만큼 더욱 빛이 났었고, 그런 까닭에 그 내용 역시 상당 부분 풍수 전공자의 가슴을 찌르는 얘기들이 많았다.

그중 가장 많은 사람들이 지적한 대목은 풍수를 오늘의 언어로 표현해 달라는 요청이었다. 풍수가 터잡기 잡술로 왜곡된 원인이기도 한 여러 가지 난해하고 요령부득이며 주관적인 논리체계를, 현대 학문이 수용할 수 있는 객관적이고 논리적이며 합리적인 용어와 설명방법으로 전환해 달라는 바람은 전혀 예상치 못한 바는 아니었으나, 강의중에 그럴 수밖에 없는 풍수사상의 배경을 설명해 주었다고 생각한 강의자의 입장에서는 곤혹스러운 일이 아닐 수 없었다.

학생들은 풍수가 지닌 그런 취약점을 충분히 이해하면서도, 풍수라는 것이 무엇인가를 말해 줄 수 있다는 가능성을 발견했기 때문에 더욱 현대 학문의 장으로 끌어들일 수 있는 방법론적 개선을 요구하는 모양이었다. 풍수 도사라고 일컬을 수 있는 사람이, 〈내가 그렇다고 하면 그런 줄 알라〉는 식으로 地氣를 규정했을 때, 일반인들은 무슨 기준을 가지고 그의 말을 납득할 수 있겠느냐는 것인데, 확실히 옳은 말이다.

사실 지금까지 강의에서 〈저는 지기를 느낄 수 있었습니다〉라고 말하는 사람은 단 한사람도 없었다. 이론을 가르쳐 놓고, 나중에 이론은 필요 없는 것이라고 말하는 모순을 어떻게 받아들일 수 있었겠는가. 모두들 땅이 지니고 있는 바 기를 느끼지 못하는 것을 안타까워 하면서도 실은 처음부터 그런 노력을 기울일 생각조차 하지 않은 것이 분명하다. 대학에서의 강의인 만큼 전문 지관을 배출하려는 것은 아니었다. 도사를 양성할 생각도 없었고 나 자신 물론 도사도 아니다. 그런데 강의는 그런 식으로 흘러갔던 모양이고, 나는 그러지 않겠다고 하면서 강의를 했지만, 그 점 학생들은 심한 혼란을 겪지 않을 수 없었을 것이다.

해도 안 되는 분야, 그러나 무엇인가 있는 분야. 그래서 다시 하기는 해야겠는데 어차피 해봐야 성취가 있을 수 없는 일. 그러니 답답할 수밖에.

3 풍수사상의 나아갈 길

여기서 오늘의 풍수사상이 가야 할 하나의 길은 떠오른 셈이다. 풍수의 기본적인 용어들, 논리체계, 그리고 땅의 해석방법을 지금 우리가 쓰는 일상의 언어들로 재정리해야 한다는 점이다. 이 점은 시급하다. 그렇지 않아도 1970년대 이후 서양 지리학계에서 관심을 보이기 시작한 풍수는 최근 들어 발표되는 논문 편수가 점차 증가되고 있다. 뿐만이 아니다. 근래에는 풍수 불모지대라고 여겨왔던 일본에서조차 풍수연구가 본격화되고 있는 조짐을 보이고 있다.

서양의 언어는 풍수사상을 말하기에는 적절한 도구가 아니다. 그러기 때문에 그들은 그들 나름대로의 표현방법을 쓰게 된다. 그것이 우리에게도 쉽게 와닿는다. 그럴 수밖에 없는 것이 그들은 풍수가 외국의 문화전통이기 때문에 그들의 시각으로 볼 수밖에는 없고, 그러다 보면 이해하기 어려운 부분들이나 표현이 불가능한 부분은 덮여질 수밖에 없다. 그러니 쉬워지는 것이다.

일본인의 입장에서도 유독 풍수사상만은 매우 생소한 동양사상이기 때문에 이 점 서양인과 다를 바가 없고, 게다가 그들은 간편한 정리, 단순 명료한 포장에는 뛰어난 재능을 지닌 사람들인지라 그들이 풍수를 만지기 시작하면 머지않은 장래에 일제 풍수가 생겨날 것이다. 미제 풍수, 일제 풍수가 수입되기 시작하면 몽롱한 설명 체계를 가지고 있던 조선 풍수는, 현상태대로라면 당연히 그들에게 길을 비켜줄 수밖에 없게 된다. 풍수도 지적 소유권을 보장받을 수 있다면 하는 생각까지 든다.

물론 외제 풍수는 풍수가 지닌 본질적 요소들을 배제시킨 채 구성되어져 있다. 예컨대 地氣라는 개념은 〈땅이 지니고 있는 생명 에너지 vital energy of the earth〉식으로 변질되어, 그저 식물을 자라게 하는 땅이 지닌 생명의 원동력으로 간단히 정의되어질 것이고, 우리 학생들은 그 설명이 애매모호하고 몽롱했던, 그리고 거기에 매달려 봐야 십년을 공부한들 어떤 단계에 도달한다는 보장도 없는 조선 풍수를 떠나 외제 풍수의 산뜻한 맛에 몸을 담가버릴 것이다. 그럴 것이 불을 보듯 뻔한데, 어찌 대학의 풍수 연구자가 산사의 선사 흉내만 고집하고 있을 수 있겠는가. 당연히 오늘의 언어로 풍수를 다시 태어나게 하는 작업을 벌여야만 하겠다. 물론 문제는 많다. 연구 인력은 태부족이고, 지원이라고는 없다시피 하며, 일반의 인식은 미신 수준을 넘지 못하는 것이 풍수의 현실 아닌가. 그래도 우리들은 당연히 해나가기는 할 것이다.

그러나 우리가 이제부터 하고자 하는 풍수사상의 용어와 개념과 논리체계의 현대화 작업에는 깊은 관심과 폭넓은 조언과 물적 지원이 필요한 것도 사실이다. 그런 밑바침이 바탕이 되어야 동양사상 중에서도 유독 일본이나 중국에 비하여 우리가 선진적 입장에 있는 풍수사상이 외세로부터 침탈당하는 일이 벌어지지 않도록 할 수 있는 것이다.

다음으로 많은 사람들이 지적한 대목은 풍수가 땅을, 가진 자들만을 대상으로 얘기하고 있는 부분이 너무나 많다는 것이었다. 물론 여기에는 풍수사상의 유서깊은 오해인 땅의 發福論에 지나친 신경을 쓴 결과라는 변명을 할 수는 있겠으나, 역시 풍수 자체의 논리에 그런 측면이 없지 않은 만큼 그에 대한 해명은 필요할 것으로 여겨진다.

지리학을 전공하는 한 대학원생의 의견을 들어보는 것은 이 경우 의미가 있을 듯하다. 그 주장의 골자는 이렇다. 지배계층에 있어서 陰宅風水는 조상의 묘자리를 잘 잡아서 가족의 안위를 도모한다기보다는 집안의 어른이 죽음에 따라 발생할 수 있는 여러 가지 문제, 예컨대 재산 분배라든가 문중 단결력의 약화 등, 봉건제적 사회질서에 위협적인 요소로 발전할 수 있는 문제들을 재빨리 제거하고 집안의 위세를 과시함으로써 그 지방에서 영광을 지속하고자 하는 의도가 깔려 있다는 것이다. 또한 각종의 장례와 탈상까지의 과정, 그리고 忌祭祀와 時祭를 통하여 단절 없는 결속을 과시하는 수단으로 풍수가 이용된 것이 아니냐 하는 것이다.

그러나 피지배층에 있어서는 집안 어른의 죽음은 노동력의 손실이며 커다란 지출을 필요로 한다. 보다 중요한 것은 경제적 주체가 사라져 버렸다는 사실이다. 그래서 옛날 여인네들의 흐느낌 속에 〈이년과 애새끼들은 어찌 살라고 먼저 갔소……〉 하는 哀訴가 들어 있지 않나 하는 느낌이 든다. 그래서 지배계층은 큰돈 주고 지관을 동원하여 자신들의 지배 이데올로기가 형상화된 땅을 찾아 큰 봉분을 세워두고자 한 것이며, 한편 피지배계층은 언제든지 쉽게 찾아가 생활고의 위안을 받을 수 있는 동네 부근 양지바른 산중턱을 택했을 것이라는 주장이다.

또 음택풍수에 비하여 陽基風水가 활발하지 못했던 이유를 일반적으로 알려진 바와 같이 祈福信仰과 유교의 영향 때문이라고 보는 대신, 조선 왕조의 의도적 정책 때문이라는 신기한 주장을 하기도 하였다. 즉 도읍은 왕조의 기반이며 특히 수도는 왕권의 신성불가침에 대한 상징적 장소인데, 이들 도읍과 수도를 논의한다는 것은 결국 지배계층의 권력상실을 전제로 하는 것이기 때문에 그럴 수 없었다는 논리이다. 반면 민중들은 도읍과 수도의 변화를 통하여 새로운 시대, 새로운 사회의 도래를 꿈꾸었다는 가정이다.

이런 제안은 풍속을 지배계급의 이기적 발복풍수로부터 떼어내어 피지배계급의 大同的 민중풍수로 전환시켜 보자는 다분히 가치 함축적 발상이기도 하지만, 앞으로 이러한 방향성에 대한 긍정적 평가와 함께 풍수사상을 양기풍수, 특히 민중들의 삶터 의식에 대한 사상적 기반으로 작용할 수 있는 여건을 마련하는 쪽으로 연구를 진행시켜야 하겠다는 강한 시사를 받았다.

이와 관련하여 造景學을 전공하는 한 대학원생의 제의도 의미가 있었다. 즉 땅은 만인의 것이고 만인이 동시에 그 복을 누려야 함에도 불구하고 명당이 특정장소에 소수로 존재할 뿐이라는 인식이 혼란을 초래한다는 것이다. 그는 조경학을 전공하고 있는데, 조경학이라는 것이 원래 사람이 살지 못하는 황무지를 복구하고 삭막한 도시를 치유하는 수단으로 생겨난 학문이라서, 명당을 찾아다니는 일보다는 어떻게 모든 곳을 명당으로 만들 수 있는가에 관심을 갖는 분야이다 보니, 풍수의 이런 태도에 반감이 가더라는 것이다.

명당은 분명 〈좋은 것〉이고 〈흔하지 않은 것〉이다. 이러한 것에는 인간의 욕심이 동하지 않을 수 없고, 그러한 인간의 본능인 욕심을 탓하기보다는, 지금 살고 있고 혹은 앞으로 살고자 하는 곳을 어떻게 명당화해야 하는가를 연구하여 욕심의 근원을 제거해야 할 것이다.

풍수는 앞으로 지배층과 가진 자들의 하수인으로서의 기능에 안주할 것이 아니라 오히려 민중들의 삶터에 관심을 가져야 하고, 그들의 삶터를 어떻게 명당화할 것인가를 연구하는 일에 매진해야 한다. 이것이 또 하나 풍수가 나아가야 할 길일 것이다.

이것은 풍수사상이 그 취급 대상을 고색창연한 전통취락에서 현대도시 및 주거공간, 그리고 공업단지에로의 전환을 요청한다는 논리와 일맥상통한다. 옛날의 흔적이 많이 남아 있는 저명한 양반마을의 공간구성 논리가 풍수사상에 기초하여 이루어져 있으며, 그것은 삶의 지혜의 총체적 표현이라는 식의 학계의 지금까지의 틀에 박힌 사례연구는 이제 지양되어야 한다는 주장이기도 하다. 그런 연구가 풍수사상의 공간 적용에 보다 용이하기 때문이기도 하고 또 어떤 면에서는 풍수의 지혜성과 장점을 의도적으로 부각시키기 위해서 나타난 현상이기도 하지만 이것은 오히려 풍수의 제 무덤 파기가 될지도 모르는 일인 만큼, 새로운 대상으로의 각성은 당연히 필요하다.

그러나 풍수사상의 사회적 중요도를 높이고 학계에서의 명백한 입지를 확보하기 위해서는 환경문제와 같은 사회구성원 대다수가 당면하고 있는 문제들에 대하여 발언할 수 있는 현대적 지리관으로의 태도 변화가 필요하다는 얘기이기도 한데, 어떤 모임에서 환경과학을 하는 전문학자의 다음과 같은 조언은 참으로 의미심장하다고 할 것이다.

우선 풍수사상이 환경 교육에 대한 프로그램을 개발하는 것이 절실하고도 시급하다는 주장이었다. 특히 어린이들의 환경교육이나, 장노년층의 환경에 대한 인지도 제고에는 풍수보다 더 좋은 것이 없다는 것이다. BOD니 COD니 해봐야 그들에게는 와닿는 것이 없고, 땅을 유기체로 생각하는 풍수의 논리를 빌려, 왜 땅의 보전이 중요한지를 설명한다면 훨씬 설득력이 높아질 것이라는 생각이었다. 심지어 김지하, 차준엽 같은 사람들은 환경영향 평가에서 風水値라는 개념을 새로이 만들어 각 지방마다 상이하게 나타날 수밖에 없는 환경영향 평가에서의 차별적 지역성을 부각시켜야 한다는 주장까지 하였다. 이렇게 되기 위해서는 풍수 논리체계의 현대적 재정리는 물론 선결과제이고, 여기에 그 동안 이루어온 현대 학문의 연구성과를 접목하는 노력이 필요하다. 풍수사상이건 서양의 공간 관련 학문이건 어느 것이나 인간이 보다 나은 생활을 영위하기 위하여 나온 분야들이다. 이를 위하여 서로의 장단점들을 상호 보완하는 노력이 있어야 한다.

사실 필자는 그간 서양 학문의 도입과 그의 공간 적용으로 빚어진 여러 가지 현상들을 맹렬히 비난하고 그 대안으로 풍수사상을 도입하자는 식의 주장을 펴왔었다. 그러나 이런 태도는 당연히 여러 분야 전문가들의 반감을 불러일으켰고, 이런 일은 풍수 분야에도 결코 좋은 일일 수가 없다는 생각을 하기에 이르렀다. 필자의 의도는 비난 그 자체에 있었던 것이 아니라 냉랭한 아름다움 cold beauty 운운해 가면서 비인간적인 도시 공간화를 발전 또는 개발이라고 찬양하는 무리를 억제해 보자는 것이었다. 어찌 되었거나 오랜 역사를 지닌 확립된 논리체계의 질서 정연한 서양 공간학문과 서양 지리학에 전면적인 공격을 퍼부은 것은 결코 인간적이지도 않았고, 또한 결코 풍수적이지도 않았던 일이라는 점을 고백한다. 자칫 기능주의적인 서양의 학문을 비판하려다가 지나친 아집으로 인하여 그것이 지닌 장점마저 무시하려 든다면 두 학문체계간의 불신과 반목만이 커질 것이다. 사실 지금의 학문세계의 상황에서 풍수가 기존의 서양식 공간논리체계에 대등하게 도전한다는 것 자체가 넌센스인지도 모른다. 그간의 연구 업적이나, 연구 인력, 방대한 기성 학문체제, 풍부한 연구공간과 경제적인 여유, 그 잘 다듬어진 합리적 방법론과 주제에 대한 통찰력 등 어느 하나 학문으로서의 풍수가 미칠 수 있는 것들이 아니다. 그래서 공격적이 되었던 것인지도 모르겠다.

풍수의 가장 중요한 개념은, 그리고 풍수가 지탱하고 있는 가장 본질적인 출발점은 氣이다. 누차 해온 얘기지만 기를 제대로 설명한다는 것은 불가능하다. 모든 풍수상의 문제들은 여기에서부터 시작이 되었다. 설명할 수 없는 기를 본질로 하는 어떤 논리체계, 여기에는 학문이 자리할 소지가 별로 없다. 세속적으로 합리적 증명이 불가능한 전능한 신을 믿고 의지하는 종교에서 항상 사이비 논의가 그치지 않는 것처럼 풍수에서도 기의 문제를 해소하지 않는 한 이것이 현대 학문의 반열에 오를 수 있느냐 하는 논쟁은 끊임없이 되풀이될 것이다. 지금까지는 기의 설명을 사실상 포기해 왔다. 그러나 이제 더 이상 이런 상태가 지속될 수는 없다는 생각이 강하게 든다. 물론 지금까지 수많은 기에 대한 설명이 있어 왔다. 氣

論 또는 氣學은 동양학의 중요한 한 분과였다. 다만 풍수가 말하는 기는 실천적 의미를 띤 것이기 때문에 형이상학적 기론에서 말하는 기와는 궤를 달리하는 것이었다.

오늘의 풍수는 이제 이 기 문제에 적극적으로 도전을 하도록 강요받고 있다. 또한 당연히 기의 실체를 규명할 의무를 지닌다. 우리는 그간 포기해 왔던 기의 현대적 설명을 위하여 노력할 것이다. 동양 의학이 가지고 있는 인체의 기에 대한 연구 성과는 그런 면에서 시사하는 바가 크다. 풍수가 말하는 天地人의 상관적 기론의 입장에서도 그것은 온당한 얘기가 된다. 많은 연구가 이루어져 있는 한의학적 氣論을 풍수 地氣論이 원용하는 것은 당연한 일이라는 말이다.

대학에서 풍수를 전공하는 우리들은 앞으로 기의 실체를 규명하고, 풍수의 모든 논리체계를 현대의 우리들이 일상적으로 사용하는 언어로 재정리할 것이며, 그것이 학문의 장에서도 받아들여질 수 있는 논리로서 지금 인류가 직면하고 있는 각종 토지문제와 환경 관련문제 해결에 기여할 수 있는 방법들을 찾아낼 것이다. 이것이 오늘의 학문으로서의 풍수가 나아가야 할 길이라고 믿는다. 이를 위하여 대학에서 풍수를 전공하고 있는 필자는 상당기간 동안 상아탑적인 학문의 장으로 돌아가고자 한다. 그리하여 풍수가 거듭 태어날 수 있는 기반을 마련하여 다시 대중의 장으로 돌아오겠다. 발복풍수가 아닌 민중풍수로 탈바꿈하여, 풍수로서 풍수적 대동사회를 이룰 수 있다는 확신을 풍수사상에서 찾아낼 때까지 오직 연구에만 전념해야겠다는 뒤늦은 각성을 하게 된 것은 내가 가르친 학생들 덕이다.

11 풍수사상과 반공해운동

1 더럽혀진 산천

〈백인은 헤아릴 수 없이 수많은 약속을 했다. 그러나 지킨 것은 단 하나다. 우리 땅을 먹는다고 약속했고 우리 땅을 먹었다.〉 미군 기병대의 공격으로 궤멸당한 아메리카 인디언 훙크파파족의 마지막 대추장이었던 붉은 구름의 말이다. 〈서구인들은 헤아릴 수 없이 수많은 과학과 사상을 배우고 실천하기를 강요하였다. 그러나 분명하게 이루어진 것은 단 하나다. 우리 땅을 서구식으로 근대화시킨다고 하였고 우리 땅은 그렇게 오염되었다.〉 붉은 구름의 얘기를 오늘의 우리에게 재생시킨다면 아마도 그런 변형이 가능할지 모르겠다.

인디언들은 쓸데없는 문명에 물들지 않고 대지의 자식으로서 살아왔기 때문에 직관력이 뛰어났던 것으로 짐작된다. 이런 점에서 네즈페르세족 헤인모트 투얄라케트 추장의 얘기는 지극히 풍수적이다. 〈이 대지는 태양의 힘으로 이루어진 것이다. 그러니 있는 그대로 두어야 한다. 원래가 경계선 같은 것은 없었다. 땅을 갈라 이리 붙이고 저리 붙이고 해서는 안 된다. 나는 땅이 내 것이니까 내가 하고 싶은 대로 해도 좋다고 말한 적이 없다. 땅을 처분할 권리가 있는 사람은 그걸 창조한 존재자밖에 없다. 내가 주장하는 것은 내 땅에는 내가 살고 당신네 땅에는 당신이 살라는 것이다.〉

우리의 자연환경은 현대에 들어와서 근본적인 변화를 겪었고 지금도 급속도로 변질되어 가고 있다. 어디를 향하여, 무엇을 위해서 나가는지도 모르면서, 저돌적인 돌진을 해나가고 있다. 잘살아 보세, 조국 근대화, 공업 입국 등의 구호는 익히 들어 알고 있는 것이지만 그것이 누구를 위한 것인지는 이해하기가 쉽지 않다.

며칠 전 학생들과 풍수사상이 오늘의 환경문제에 어떤 기여를 할 수 있는가에 대한 토론을 벌이다가 밤늦게 잠이 들었는데 이런 꿈을 꾸었다. 어디인지는 모르겠으나 군용 막사였는데 나는 복도에 서 있었다. 갑자기 네 개의 방문이 열리면서 미군, 영국군, 독일군, 일본군 장교 각 한 명씩 튀어나와 복도 저편 현관문을 향해 뛰어나갔다. 엉겁결에 무엇인지 이유를 물어볼 틈도 없이 나도 그들의 뒤를 힘겹게 뒤쫓았다. 그러나 현관에서 폴란드군에게 모두 잡혔고, 우리는 처형을 당하게 되었다. 처형장에서 나는 당혹스럽기 그지없었다. 왜 내가 처형당해야 하는지 알지도 못하면서, 사실은 일면식도 없는 그들을 쫓아 뛰다가 잡혀 이 꼴을 당하게 된 것이 허망하였다. 도대체 내가 왜 죽임을 당해야 하는가 생각하다가 사격 명령을 듣는 듯하는 순간 깜짝 놀라 잠이 깨었다. 맹목적인 추종과 그에 의하여 일어나는 파멸에 대하여 속수무책일 수밖에 없는 자신의 처지에 대하여 일격을 가하는 꿈이었다.

깨고 나서도 허망하였다. 도대체 우리는 무엇을 위하여 누구를 쫓아가고 있는 것인가. 선진국들의 지구 망치기에 우리가 동참하고 있다가 결국은 공멸하고 만다는 것을 상징하는 꿈인가. 왜 하필이면 폴란드군에게 잡혔을까. 모르겠다. 꿈이니까. 다만 오늘의 우리가 처한 상황이 그 꿈에 잘 표상되어 있는 것처럼 생각되기는 했다. 밖에는 강한 산성이므로 맞지 않는 것이 좋다고 발표된 함박눈이 그러나 보기에는 좋게 탐스러이 내리고 있었다. 눈이 깨끗함을 표현하는 가장 때묻지 않은 것임에도 불구하고, 오염된 눈은 이제는 피해야 할 대상이 되었다. 중국에서는 空中鬼로 불리는 산성비가 초목을 말려 죽이고 물고기를 질식시키며 사람을 못살게 군다. 비도 맞아보지 않고 자란 녀석이란 우리 속담은 연약한 부자집 자식을 가리키는 표현이었는데, 이제는 가난뱅이집 천덕꾸러기도 비를 맞게 해서는 안 된다. 하늘에서 내리는 어떤 것도 안심할 수 없는 세상이다.

부유함의 상징이던 자동차는 이제 두 가구 당 한 대 꼴로 늘어 온갖 공해 물질들을 토해 내고 있다. 대도시의 아이들은 무지개와 별똥별을 본 적이 없다. 혼탁한 밤하늘에 역시 공기오염을 시키면서 만들어낸 전기 불빛 때문에 그런 것들이 보이지를 않는다. 무지개와 별똥별로 표상되던 꿈과 외경심이 사라진 것이다. 공장의 굴뚝과 연탄, 기름 보일러에서 내뿜는 이산화탄소는 이미 오래 전에 식물의 自淨能力을 벗어나 지구의 기후 체계를 교란시켰다. 21세기 말까지는 지구의 평균 기온이 섭씨 $3°$ 상승할 것이며 그로 인하여 해수면은 지금보다 65cm 높아질 것이라는 예측이 나와 있다. 이른바 온실효과의 결과이다. 세정제, 냉각제, 발포제 등 우리의 일상생활에 광범위하게 이용되는 전기, 전자제품에 많이 쓰이는 프레온가스는 오존층을 파괴시킨다. 사용 뒤 대기에 방출된 프레온가스는 대류권에서 성층권으로 확산되고 그것에서 자외선에 의해 분해되어 염소 원자를 방출한다. 이 염소 원자가 촉매로서 오존을 분해하는 반응을 영구적으로 일으킨다. 오존층의 파괴는 생물에 해로운 자외선을 차단시켜 주지 못하기 때문에 방치할 경우 치명적일 수가 있다.

물의 오염을 생각하면 절망적이다. 그 범인은 공장, 매립지, 골프장, 농경지뿐만이 아니라 인간 모두이다. 특히 우리가 매일의 생활에서 습관적으로 부엌이나 목욕탕에서 내버리는 생활하수가 큰 문제가 된다. 우리는 평균 하루에 200에서 250ℓ의 물을 사용한다고 한다. 예컨대 물고기가 살수 있는 생물학적 산소 요구량(BOD)이 1ℓ 당 5mg인데, 튀김기름의 BOD는 1ℓ 당 150만mg이나 된다. 이러한 생활하수의 70% 이상이 하수처리장을 거치지 않고 그대로 하천에 방류된다.

대중 목욕탕에 가보면 물이 넘쳐 흐르도록 수도꼭지를 열어놓은 채 쓰고 있고 모든 자리에는 유해 세제들이 예외 없이 놓여 있다. 물의 낭비는 지하수의 개발을 촉진하게 되고 당연히 지하수는 고갈되며 그것을 채우기 위하여 오염된 지표수가 흘러 들어가니 이제는 지하수도 오염되었다.

서울 지하철 제기역 옆 정릉천은 I950년대까지는 빨래도 했고 미역도 감던 곳이다. 중랑천도 I960년대 초반까지는 헤엄을 쳤던 곳이다. 그러나 지금은 손가락을 담그면 썩을 것 같다. 뿐만이 아니다. 깊은 산 계곡물도 밑을 보면 소주병, 콜라병이 깨져 있고, 라면봉지, 과자봉지가 가라앉아 있다. 국민학교 방학책에 시골 가서 냇물에 헤엄도 치고 고기도 잡는다는 얘기가 나와 있는 데, 이것은 이제 거짓말이다. 조금 오염이 덜 된 시골 개울물이 있기는 하지만 이런 곳은 예외 없이 도시 사람들이 자동차를 타고 와 더럽혀 놓는다. 그들은 쓰레기도 아무 데나 버리고 기름 묻은 차들을 개울 속에 집어넣고 목욕까지 시킨다. 통계에 보면 I인당 쓰레기 배출량이 2kg을 넘는다. 이중 2.9%만이 재활용되고 I.9%만이 소각 처리되며 나머지는 매립된다. 매립으로 인한 2차 오염도 문제이지만 그나마도 전국에 6I0군데 330만 평의 매립장은 앞으로 한두 해 뒤면 끝이다.

2 반공해운동

이런 오염의 예들을 열거하자면 그야말로 한이 없다. 그러면서 한편으로는 오염을 막기 위한 노력과 운동도 물론 많이 나왔다. 우리나라는 I990년을 환경보전 원년으로 지정하였고 다수의 반공해운동 단체들이 헌신적으로 노력하고 있는 것도 사실이다. 오염의 원인이 되는 공장, 골프장 등을 고발하고, 수질 및 공기 오염의 정도를 정밀 조사하여 공해의 심각성이 어느 정도인지를 알리는 환경교육을 병행하는 한편, 그것을 극복하기 위한 대안 마련에도 부분적으로 힘을 쏟고 있다. 상당한 성과가 있었으며 특히 반공해운동 단체들의 필요성은 앞으로가 더 커질 것이다.

그런데 지금과 같은 방식의 반공해운동이 궁극적으로 이 세상을 깨끗하게 만들 수 있겠는가 하는 데 대해서는 부정적인 생각이 많이 든다. 그 이유는 여러 가지다. 우선은 그러한 운동을 보는 권력층과 가진 자들의 시각이 매우 그것을 불온시하고 있다는, 운동 외부적 책임론이다. 반공해운동 단체들에게 세속적인 욕심이 있어서 그러는 것이 아니라는 점은 그들도 알고는 있는 것 같다. 그들이 반공해운동을 두려워하는 것은 기득권을 침해당할까 두려워서이다. 그렇기 때문에 이들에 의한 외부 책임론은 그렇게 중요한 문제는 아닌 듯하다. 사람들이 공해의 심각성을 인식하고 운동에 동참할 때, 그 문제는 자연스럽게 해소될 것이기 때문이다.

반공해운동이 현시점에서 충분히 의미가 있으며 성과 또한 시시한 정치운동이나 생색만 내는 사회운동에 비하여 월등 높았다는 것을 잘 알고 있으면서도, 이대로는 안 되겠다는 생각이 드는 것은 운동의 내부에 그것을 이끌어 갈 수 있는 확고한 사상성의 기반이 분명하게 눈에 들어오지 않기 때문이다. 휴머니즘이나 인간 중심주의 또는 생태주의를 거론할지 모르나, 그러한 사상들은 운동을 불순한 눈으로 보는 사람들에게도 있다는 것을 잊어서는 아니된다. 게다가 그것들은 지리적 공간사상의 기본인 〈거주 공간에서 자생적으로 이루어진 지리관만이 공간문제의 해답이 될 수 있다〉는 원칙에도 어긋나는, 공해의 원인을 제공했던 서구의 것들이라는 점을 생각해야 한다. 땅의 치료법은 그 땅에 뿌리를 내리고 살고 있는 사람들만이 만들어낼 수 있는 것이다.

또 한 가지는 지금의 운동이 지나치게 사례별 대처라는 점이다. 어떤 상수도원이 오염이 되었다면 그 사건 자체에 매달리고, 온산에 공해병이 생겼다면 그것에만 전념하여 버리는 식이다. 공해사건은 매순간 전국토에서 벌어지고 있는데 소수의 인원과 열악한 재정형편으로 도저히 감당해낼 수 있는 일이 아니다. 모든 공해사건에 조직원을 파견하여 감시할 수는 없는 일이 아니겠는가.

그리고 무엇보다 중요한 것은 공해의 물질적 측면, 즉 공해의 메커니즘과 원인 물질, 경과 그로 인한 결과 등에만 신경을 쓰고, 주범인 사람들에게는 별로 마음을 두고 있지 않다는 점이다. 논리의 비약일지는 모르나 만약에 공해의 물질적 측면만이 중요하다고 강변한다면 기술 만능주의자의 반공해운동에 대한 반론에 대하여 취약성을 드러낼 수밖에는 없다. 왜냐하면 기술만능이라고 생각하는 사람들은 오늘의 개발을 미래를 위한 개선의 과정이라고 상정하고, 공해는 그를 위해 감수해야 할 조그만 필요악에 지나지 않으며 그것마저도 기술이 진전되면 모두 해소할 수 있다는, 물질에 의한 해결이라는 믿음을 가지고 있기 때문이다.

현재 우리나라의 오염은 단순한 환경오염이 아니다. 그것뿐이라면 그것을 고치는 것으로 일은 끝난다. 우리의 오염은 총체적 오염이며 자연환경의 오염은 보다 심각한 인간과 사회의 오염으로부터 파생된 부수물에 지나지 않는다. 그러기 때문에 반공해운동 단체들이 장기적으로 추진해야 할 일은 반인간공해, 반사회공해 운동이어야 할 것이다. 물론 이러한 운동들은 반환경공해 운동들과 유기적 관련을 맺으면서 이루어져야 한다. 그렇지 않으면 반인간공해 운동은 공허하기 짝이 없는 도덕 캠페인이 될 가능성이 높고, 반사회공해 운동은 너절한 사이비 정치운동으로 전락할 소지가 높기 때문이다.

환경에 대한 철저한 대상의식을 지녔으되 그 논리의 출발과 기반은 인간에 두고 있는 풍수사상을 반공해운동에 사상적 밑바탕으로 도입해야 한다는 주장을 하고자 하는 것은 바로 이와 같은 까닭이다. 서구적인 환경보호 운동은 그들이 지니고 있는 합리와 기능이라는 전통 때문에 사건해결식의 구체적이고 단선적인 경향을 띨 수밖에 없으며, 그것으로 우리의 총체적 오염을 치유할 수는 없기 때문이다.

게다가 현대 서구문명의 밑바닥에는 뉴턴의 기계론적 물질관과 데카르트의 심신 이원론이 깔려 있어서 자연과 인간을 잘못 풀이하고, 그 결과가 곧 오늘날 만연된 각종 병폐와 연결된다고 주장하는 사람도 있다. 더구나 그들 사고관념의 출발점인 유대—기독교적 전통은 모든 현상을 명확한 인과관계의 논리로 파악하는 습성이 있기 때문에, 오늘의 얽히고 설킨 복잡다단한 문제들을 처리하기에는 어차피 한계가 있기도 하다.

3 환경문제에 대한 풍수의 역할

풍수사상이 이 모든 것을 극복할 수 있는 만병통치약은 아니다. 더구나 풍수는 지금 크게 왜곡되어 있고 내용이 난해하며 체계가 잡혀 있지 못하다는 단점도 있다. 그럼에도 불구하고 풍수사상이 반공해운동의 사상적 기반이 될 수 있다는 것을 이제부터 살펴보기로 하겠다.

풍수에는 〈땅을 대함에는 狐行(여우걸음)의 주의를 다하라〉는 금언이 있다. 여우는 의심이 많고 물소리를 잘 듣기 때문에, 얼음이 언 냇물을 건널 때 귀를 기울여 물소리를 들어보고 물소리가 들리지 않아야 얼음이 잘 얼어붙어 깨어질 염려가 없음을 확인한 뒤에 건너가는 고로, 사람은 여우가 건너는 것을 보고서야 냇물을 건너는 것이 안전하다는 뜻이다.

땅이란 한번 잘못 건드려 병이 들게 되면 돌이킬 수 없는 것이기 때문에 주의깊게 생각해 보고 나서 땅을 대하라는 원칙이다. 냇물 건너에 따뜻한 집과 맛난 음식이 있다고 해서 확인도 해보지 않고 얼음 위를 걷다가는 무슨 일이 벌어질지 모른다. 생활에서의 편안함과 경제적인 풍족함만을 바라보며 함부로 땅을 변조시키는 일은, 풍수사상의 입장에서 보자면 지극히 어리석은 일이다.

그러나 주의할 일은 狐行의 原理가 가르치는 바가 서구식의 치밀한 계획과 철저한 그의 추진 따위가 아니라, 내가 지금 땅에 대해서 하고 있는 일들이 땅의 기와 나의 기 사이를 혼란시키는 것이 아니냐를 따져보라는 충고란 점이다. 그것은 땅을 객체로 보는 것이 아니라 나와 同氣로 보는 풍수의 지혜에서 나온 발상이다.

바로 그렇다. 풍수는 땅이 지니고 있는 생기를 살피는 일이다. 모든 풍수서가 지적하기를 풍수지리의 요체는 생기를 타는 일(乘生氣)이라고 지적하였다. 대개 모든 생명체의 삶을 있게 하는 氣는 곡식의 씨앗이나 나무의 새싹과 같은 것이다. 이것이 하늘에 있으면 생명의 근원이 되는 것(好生)이고, 사람에게 있게 되면 마음이 되는 것(爲心)이며, 성품에 스며

들면 어짊이 되는 것(爲仁)이요, 땅속에 있으면 생기라 하는 것이다.

기는 모든 존재와 운동의 근원인 태극으로부터 나오는 같은 뿌리의 것이기는 하지만 그 성격이나 쓰임새에 따라 다섯 가지의 변태를 지니게 되는 것이니 그것이 바로 오행의 기(五行之氣)이다. 왜 기가 땅속에 들어가면 생기가 되는가. 땅은 생명력의 근원이기 때문이다. 說文解字가 말하는 바와 같이 土라고 하는 글자의 어원이 바로 ㅡ로 표현된 땅 위에 十로 표현된 새싹이 돋음을 그린 것이라는 점을 상기해 볼 일이다. 돌덩이같이 딱딱한 씨앗이 땅속에 묻혀 있으면 오래지 않아 부드러운 생명의 싹이 돋는다. 그것은 오행의 기가 땅속을 돌아다니며 만물을 소생케 하기 때문이다. 땅은 살아 있으면서, 그 품안에서 새로운 생명을 잉태하고 출산하고 양육하는 어머니의 소임을 다한다. 그래서 생기라고 부르는 것이다.

또한 기는 트림을 하면 바람이요, 솟아오르면 구름이며, 성내면 벼락이고, 떨어지면 비가 되나, 이 모든 것은 결국 땅으로 돌아오므로, 기는 땅과 결합해야 생기가 된다. 그래서 황폐한 땅에는 기가 있을 수 없으니, 죽음의 땅이란 바로 그런 곳(凶死之地)이다. 사람이 억지로 밀고 닦고 파내고 깨뜨린 땅은 이미 생기를 품을 수 없는 상태가 되어버리고 만다. 그래서 현대적 의미의 개발은 땅의 죽음을 뜻한다.

기는 초목이나 동식물의 생명을 이룰 뿐만이 아니라 사람도 부린다. 기의 모임이 태어남이고 기의 흩어짐이 죽음이니, 사람도 땅도 하늘도 모두가 기의 조화 속이다. 만물의 이루어짐과 사라짐도 이와 마찬가지다.

그렇다고 하여 물체나 사람이나 모두가 기의 모임이니 같은 것이냐 하면 결코 그런 것은 아니다. 〈물체는 氣는 있으나 生이 없다. 초목은 생은 있으나 知가 없다. 동물은 지가 있으나 義가 없다. 사람은 기도 있고 생도 있으며 지도 있고 또한 의도 있다. 고로 천하에서 가장 귀한 것〉이라고 淮南子는 가르친다. 『歸厚錄』이라는 풍수서도 〈사람은 자연의 일부이면서도 오직 유일한 가장 귀한 존재〉라고 지적하였다. 매우 중요한 시사를 던져주는 말인데, 사람과 자연은 더불어 살아야 할 공동 운명의 관계로, 한쪽이 없어지면 다른 한쪽의 존재 의미도 없어지는 미묘한 사이이기는 하지만, 그렇다고 사람의 지닌 바 인간다운 목적의식이 없이 두루뭉수리로 자연에 피동상태에서 동화되어도 괜찮은 그런 것이 아니라는 점을 밝힌 글이다. 천지와 인간과 자연은 거대한 우주 유기체의 일부분들이기는 하지만 인간의 주체적인 입장은 분명히 선언한 셈이다.

이 점은 『맹자』를 주석한 글에서도 나온다. 〈인간의 몸은 뜻(知)과 기(氣)에서 성립하는 것으로 그중 뜻은 기를 이끄는 將帥요, 기는 몸을 충만시키는 手下 장졸이다. 따라서 뜻이 일차적이며 기는 그 뜻에 따라 머무는 것이다.〉 결국 땅의 생기는 인간을 만들고 키워나가는 생명의 원천이지만, 그러나 그 생기를 선택하는 것은 인간의 뜻이니, 주체적 관리자는 인간이라는 이야기가 된다.

張子微가 『玉髓眞經』에서 말하기를 〈제왕의 흥함은 덕이지 힘이 아니며 그 제국을 지킴은 道에 있는 것이지 땅에 있는 것이 아니다〉라고 하였다. 중요한 것은 사람이며, 그것도 덕과 도를 따르는 인간다움이라는 것을 강조한 말이다.

지금의 사람들이 덕과 도를 잃고 이익만 탐하여 땅을 철저히 이용만 하고 소유만 하려 드는 것은 풍수의 입장에서 보자면 미친 짓이다. 얼굴과 몸매가 좋아야 일생의 안락이 보장된다고 믿어버린 어리석은 여인이 병원에 가서 얼굴을 뜯어고치고 유방과 둔부를 성형했을 때 그것이 자연의 아름다움이라 할 수 있겠는가. 땅을 이용과 소유의 대상으로만 여기고 개발한다는 것은 이 여인이 자신의 육체를 성형외과식으로 개발함과 같은 것이다. 『明堂經』에 이르기를 〈돌과 흙을 파서 산을 흔들고 땅을 놀라게 하고 맥을 끊고 기를 혼란시키면 그 땅은 죽게 되는 것이니, 죽은 땅 위에 사는 사람에게 어찌 손해가 없겠는가〉 하였다. 그렇다고 땅을 전혀 건드려서는 안 된다는 것은 아니니, 〈醫地法에 의하여 땅을 구할 것이니 사람의 피부에 난 작은 상처는 쉽게 치료될 수 있으나 가슴속의 깊은 병이 되면 치료할 수 없음과 같다〉고 가르치고 있다. 이때 땅을 환경으로 대체하여 놓고 보면 충분히 현대인에게 주는 충고가 된다. 즉 심한 자연파괴는 결국 자멸의 길임을 강조한 것이다.

더구나 풍수사상은 대단한 적극성을 띠고 있기도 하다. 〈군자는 신이 하는 일을 빼앗고(奪神工) 천명을 고친다(改天命)〉고 하였다. 功이 神에 게 있다면 나에게로 빼앗아야 하고 命이 하늘에 있다면 고쳐서 나에게로 오게 한다면 복이 스스로 응할 것이니 기다릴 필요가 없다는 것이다. 그 러나 이것이 천지의 자연스러운 運行度數(天地之公)를 넘보는 것은 아니 다. 〈산천이 이루어짐은 하늘에 있고 그것을 다루어 이루는 것은 사람의 일이라〉 하였으니 사람이 벌이나 나비처럼 주어진 자연 속에서 노닐다가 때가 되면 떠나는 것과 같은 허무의 논리가 아니다. 배에 군살이 붙었을 때 이것도 하늘의 뜻이니 그대로 두자는 것이 풍수의 논리가 아니라는 것 이다. 그렇다고 수술을 하여 굳기름을 제거하자는 것이 풍수도 아니다. 몸 을 움직여 자연의 운행에 동화함으로써 군살을 빼라는 것이 풍수이다. 가 만히 있음은 人事가 아니요, 지나침은 천도가 아니다. 어디까지나 조화가 중요하다.

서양의 지리학과 환경과학은 기본적으로 물질주의 내지 기능적 기계주 의의 속성을 지닌다. 우리의 국토 공간도 어쩔 수 없이 서구적 변질을 겪 었다. 지방의 특성은 사라지고 익명의 공간이 되어버렸다. 상주의 아파트 와 전주의 아파트가 다름이 없고, 국민학교 건물은 인구 규모가 같은 경 우 전국이 똑같다. 땅이 지닌 상징성도 모두 파괴되었다. 성역도 없다. 이 러한 공간의 획일성은 인간성의 상실을 더욱 촉진시킨다. 기성세대는 고 향을 잃었고 새로운 세대는 고향이 없다. 고향은 공간적 어머니이다. 낳아 준 어머니가 없는 인간, 그것은 기계에 의하여 제작된 물체와 같다.

풍수사상은 모든 지리적 요소들에 매우 인간적인 실존성을 부여한다. 추상적이고 기하학적인 공간을 구체적인 삶과 관련된, 상호유기적 관계의 살아 있는 공간으로 만든다. 인간적 의미가 없는 공간은 사실상 죽은 공 간이다. 땅에 인간적 의미을 주어, 이용과 소유의 대상이 아닌 더불어 살 아가야 할 삶터로 환원시키는 것이 풍수사상이다. 모든 토지적 요소에 생 명력을 불어넣는데, 이것이 바로 땅속의 생기, 즉 地氣이다. 이때 땅은, 그리고 자연은 존귀한 삶의 실체가 된다. 단순한 인간생활의 이용 대상

정도가 아닌 것이다.

그래서 우리나라에는 넓지 않은 국토임에도 불구하고 모든 마을, 모든 고을에 풍수 形局名이 붙어 있다. 옥녀가 단장하는 땅, 비룡이 승천하는 땅, 노승이 예불하는 땅, 신선이 책을 읽는 땅, 기러기 나래 접는 땅, 호랑이 젖먹이는 땅, 거미가 알을 품는 땅 등. 모든 땅은 풍부한 생명체적 은유를 사용하여 해석된다. 각 지역은 주민과 별개의 것으로 독립하여 존재하는 객체적 공간이 아니라 인간과 토지가 서로 주고받으며 정서적으로 교감하는 세계를 형성시켰다.

풍수는 자연의 질서와 인간의 질서를 혼융 조화시키고자 하는 사상이다. 그런 관점에서 일체 인간은 고귀하며 평등하다. 서구적 논리는 대상의 철저한 객관화와 그로 연유되어 나오는 객체의 철저한 이용, 이용 뒤의 철저한 폐기이기 때문에 환경문제에 대하여 사후 대처식이 될 수밖에 없다. 그러나 풍수는 땅을 살아 있는 것으로 다루기 때문에 앞서 狐行의 원칙에서 본 것처럼 처음부터 세심한 주의를 베풀 수밖에 없으며, 그렇기 때문에 풍수사상은 환경오염에 대하여 원천 봉쇄식이다. 그러나 풍수사상이 반공해운동의 사상적 기반으로 도입되는 데는 넘어야 할 벽이 많다. 우선은 풍수가 산소자리 잘 잡아 내 식구 잘먹고 잘살자는 이기적 잡술로 왜곡되어 있는 점부터 바로잡아야 한다.

풍수가 오해되고 있는 이유는 여러 가지다. 그 이론 자체가 방대하고 난해하다는 점, 역사상 많은 變容을 겪으면서 여러 사상과 습합하여 복잡해졌다는 점, 내용 자체가 지니고 있는 삶 전체의 포괄성으로 인한 혼잡도의 증폭으로 하늘, 땅, 사람에 대한 복합적인 사고체계가 되었다는 점, 조선시대 이후 극단적인 폐단을 남긴 묘지풍수가 풍수의 전부라고 인식하고 있는 점, 그리고 사람들이 서구식 논리를 가지고 풍수사상을 재단하려하는 점 등이 왜곡의 이유로 지적될 수 있을 것이다.

풍수는 본질적으로 땅을 보는 시각이 서구의 지리학과는 다르다. 그런데 요즈음의 학문세계는 서구식 논리체계가 규칙이 되어 있다. 씨름선수는 힘이 없는 것도 아니고 멍청이도 아니지만 링에서는 웃음거리가 될 수밖에 없다. 모래판에서 뒹굴며 넘기기를 익히고 마을에서 장사 소리를 들으며 황소를 타던 씨름꾼이, 벨트 아래 치기 없기, 붙잡기 없기, 오픈 블로우는 안 된다는 따위의 소위 신사적인 권투의 규칙에 얽매어 할 바를 모르다가 실컷 얻어맞고 내려온다. 간혹 붙잡아 넘기려고 하면 관중들은 미개하다느니, 비신사적이라느니 하면서 조소와 야유를 서슴지 않는다. 이게 도대체 무슨 변인가. 풍수인 씨름은 서양 지리학인 권투에 밀려 관중석에서 오징어, 땅콩이나 팔고 있는 꼴이다. 실컷 얻어 맞고 원없이 얻어터진 뒤 링을 내려오는 씨름 선수의 상처받은 마음을 알겠는가. 풍수 정공자인 필자는 가끔 그런 씨름선수의 마음을 갖는다.

또 하나 넘어야 할 벽은 풍수사상의 체계적인 연구이다. 풍수는 수많은 직업적인 지관들을 갖고는 있으나 그들의 거의 대부분은 터잡이 잡술가들이라 별 도움이 되지를 않는다. 오히려 풍수를 타락시키는 데 기여할 뿐이다. 대학에서 학문적 소양을 갖춘 풍수학인들이 배출되어야 한다. 이들에 의하여 풍수사상에 대한 현대적 재해석이 이루어질 때 반공해운동 단체들은 참된 스승을 만나게 될 것이다.

지금 서울대 대학원 지리학과에서 풍수사상을 전공하여 석사 학위를 받은 사람은 네 사람에 지나지 않는다. 나는 이들에게 먹고 살아가는 일에 대해서는 할 말이 없다. 풍수지리학이 대학의 정규 교과목으로 개설된 곳은 단 하나도 없다. 풍수를 연구하는 공인 연구소 하나도 없다. 일반기업에서는 대학원에서 풍수를 전공한 내 제자들을 무엇 하러 취직시켜 주려 하겠는가. 이들은 남다른 열정으로 공부를 하고 있지만 학위를 받고서도 현실적으로 갈 곳이 없다.

환경오염은 21세기 인류가 당면할 최대의 난제가 될 것이다. 그에 대한 대안을 내놓을 수 있는 풍수사상의 처지는 한마디로 춥고 배고프다. 그리고 여러분들은 느닷없이 풍수사상에서 환경문제에 대한 해답을 요구하지 말라. 투자를 하고 여유를 주면 우리는 반드시 환경문제 전반에 대하여 훌륭한 대안을 풍수사상 속에서 찾아내어 제시할 수 있다고 확신한다.

제 5 부

수도와 국토와 풍수

12 遷都變遷史

1 문제의 제기

땅속에는 만물의 근원이며 존재의 본질인 생기가 흘러다니는데 이것을 地氣라 하며, 이 지기는 사람들의 삶과 운명에 영향을 미친다고 보는 것이 풍수논리의 출발이 된다. 또한 이 지기는 산 사람에게뿐만 아니라 죽은 사람에게도 관계가 되어, 유골이 받은 지기는 그 자손에게 작용하는 것으로 보아, 이것을 同氣感應論이라 부른다. 이러한 동기감응론에 입각한 陰宅風水가 지니고 있는 심각한 부작용을 제외한다면 풍수사상은 우리 민족이 국토에 관하여 가지고 있는 사상들 중 가장 오래되었고 논리체계가 확립되어 있으며 또한 오늘날까지 광범위한 영향력을 발휘하는 지리관이다. 특히 마을이나 고을 또는 개인의 터잡기 지리법인 陽基風水의 경우는 그것이 오해되어 받아들여지지 않는 한, 명백히 경험과학적 합리성과 실생활 응용상의 타당성을 지니고 있음이 지리학 분야에서는 밝혀져 있다.

한 가지 전제해 둘 것은 풍수사상이 그 실체나 메커니즘이 아직도 밝혀지고 있지 못한 땅의 생기를 다루는 정통의 풍수뿐만 아니라, 합리적 토지관을 바탕으로 하는 전통 지리사상까지도 포괄하고 있다는 점이다.

필자는 우리의 지리사상이 땅 위의 실체적 대상들을 합리적으로 다루는 지리 분야와 땅속의 본질적이며 인식론적 차원의 어떤 것인 지기를 다루는 풍수 분야가 혼합되어 발전되어 나왔다는 것을 확인할 수 있었다. 그래서 풍수지리라고 붙여서 흔히들 일컫게 된 것이지만, 풍수와 지리는 구별되어야 하며, 또한 땅에 대한 제대로 된 이해는 이 양자를 모두 이해하는 바탕 아래서만 이루어질 수 있다고 믿는다. 현대 지리학이 지나치게 지리분야에만 관심을 쏟고 풍수 분야는 미신으로 치부하여 방치해 버린 것은 실수였다고 생각한다. 물론 이 경우 현대인들이 풍수를 터 잘 잡아 복받고 살아보자는 이기적인 잡술로 오해하고 있는 현상은 시정되어야 할 문제이지만, 여기서 그것까지를 설명할 여유를 갖지 못함은 유감이다.

이런 풍수사상의 입장에서, 우리나라 역대 왕조들의 수도 입지가 어떻게 논의되고 결정되었으며 변화하여 갔는지, 또한 그 과정에 어떤 경향성을 띠고 있는 것은 아니었는지를 살펴보는 것은 의미있는 일이라고 본다. 결론부터 말하자면 우리나라의 수도 입지는 역사적으로 내륙 산간분지(이것을 풍수적 용어로 하자면 藏風局의 땅이 된다)에서 큰 강 유역의 평야지대(풍수에서는 得水局의 땅이라고 함)로 옮겨져 왔고, 그리고 결국 나중에는 해안평야 입지(이것을 平地龍의 땅이라고 할 수 있다)로 나아갈 것이라는 예측이 가능하다고 본다.

2 역대의 수도 및 수도 후보지

아마도 역사적 사실은 아니겠지만 전설상 등장한 우리나라 최초의 수도는 白山黑水之間과 神市이다. 백산은 백두산, 흑수는 흑룡강이라는 설이 있으나 위치는 알려져 있지 않으며, 신은 영험하다는 뜻이고 시는 많은 집이 모여 있는 고을의 뜻이 있으니, 신시란 땅 기운이 영험하여 사람들이 모여들어 이룩한 도읍의 의미인지 모르나 이 역시 위치는 알 길이 없다.

기록상 최초의 국가인 고조선은 아사달에 도읍을 정하였다고 한다. 개성 동쪽의 백악궁이 바로 그곳이라는 설이 있고, 백두산, 묘향산, 평양, 황해도의 구월산, 강화도 마니산, 태백산 등 이론이 분분하나, 이 역시 아직 그 위치가 분명하게 알려진 바는 없다. 기록에 〈단군이 뒷날 돌아와 아사달에 숨어서 산신령이 되었다〉고 한 것을 보면 아사달이라는 곳이 도읍의 개념과는 다른 것이 아니겠느냐 하는 짐작도 든다.

대체로 고대에 있어서의 도시는 대부분 수도 그 자체를 말하는 경우가 많다. 고대 세계의 체제로 보아 수도 이외에 달리 다른 도시가 있을 수 없는 까닭이다. 이런 측면에서 아사달을 생각해 볼 수도 있을 것이나, 이때까지는 수도의 입지를 해석함에 있어서 풍수사상을 들이댈 형편은 아니었다. 아직은 풍수사상이 확립되지 않았기 때문이다.

그러다가 삼국시대에 이르면 위치가 분명하고 현재까지도 일부 그 유적이 남아 있는 수도가·형성이 된다. 고구려는 국내성에 도읍한 지 425년이 지난 장수왕 15년(427)에 국도를 평양으로 옮겼고, 156년 후인 평원왕 28년(586)에 다시 장안성으로 옮김으로써 세 개의 수도를 가졌던 것으로 되어 있다. 국내성은 만포진의 압록강 북쪽 대안인 만주 집안 일대였을 것으로 추정된다. 한때 위나라의 두 차례에 걸친 침공으로 국내성이 황폐화되었을 때 동황성을 쌓고 그곳으로 수도를 일시 옮긴 적이 있다고 하는 그곳은 지금의 강계지방으로 비정되어 있다. 한편 장안성은 평양에 새로이 신축한 궁성 이름일 뿐 새로운 지역을 뜻하는 것이 아니다.

고구려는 광개토대왕의 정복사업으로 국토가 넓어진 위에 대동강 유역의 풍족한 생산성과 황해를 이용한 대외 활동의 필요성 때문에 평양으로 천도한 것이다. 대동강은 묘향산맥에 있는 낭림산에서 발원하여 그 시초는 험준하나 하류에 나오는 보통강, 순화강 등의 수많은 지류를 합치며 충적평야를 넓게 펼쳐놓는다. 또한 물흐름이 느려 하구에서 260km까지가 가항하천이다.

대동강가의 평양은 枕山帶水, 負岡臨水(둘 다 도읍이 산을 등지고 물가에 입지하였다는 뜻)의 호칭을 듣던 곳으로 인근 대동군 부산면 남궁리 일대는 大華勢(활짝 핀 꽃 모양의 땅)의 땅으로 추앙받던 右旋局(도읍 서쪽을 둘러싸고 있는 산이 길게 명당을 호위하고 있는 모양)의 길지이다. 그 래서 크게 보아 得水局(두 면 또는 삼 면은 산으로 둘러싸이고 그 앞으로 는 큰 강에 면한 명당의 땅을 일컫는 풍수 용어)의 땅인데, 그렇기 때문에 한쪽 부분이 견실하지 못하고 허하여 땅 기운이 뭉치지 못하는 단점이 있 다. 이중환이 『택리지』에서 지적하는 바와 같이 行舟形(떠 있는 배같이 생긴 땅 모양인데, 이런 곳은 땅을 판다는 것이 결국 배 바닥에 구멍을 내 는 일이 되는지라 우물을 파서는 아니된다)이라 우물을 팔 수 없어 강물을 길어 먹어야 하고 땔감을 구하기가 극히 어렵다.

또한 평양은 의주에서 장산곶에 이르는 西韓彎을 대동강 뱃길을 이용하 여 통할 수가 있고, 같은 이유로 중국의 요동, 산동반도에의 교통도 편리 하나, 이것은 대륙과의 관계가 좋은 평화시의 얘기고 일단 유사시에는 바 로 이런 이점들이 오히려 적의 공격로가 됨은 물론 득수국이 갖는 지형상 특성 때문에 방어에 있어 결정적인 취약점이 노출될 수 있어, 결국 적에 의하여 함락당하는 처지가 된다.

백제는 B.C. 18년부터 위례성에 도읍하였는데, 문국왕 원년(475) 웅진 으로 천도하였다가 성왕 16년(538) 사비성으로 다시 옮겼다. 위례성이 지 금의 어디인가는 확실치 않으나, 오늘날 서울 부근, 직산, 경기도의 광주 옛 읍터 등 여러 설들이 있고, 웅진은 공주, 사비는 현재의 부여임이 확 실하다.

이중 위치가 확실한 공주와 부여는 둘 다 금강 연안에 위치하고 있는 데 하구에서 130km 상류까지 배가 들어올 수 있었기 때문에 평양과 마 찬가지인 득수국의 땅으로 유사한 입지 해석이 가능한 곳이다. 게다가 공 주는 전형적인 행주형으로 그 형국의 이름이 평양과 같다. 당시 백제는 한반도의 일부 지역만을 통치하는 지역국가 수준이었기 때문에 교통은 편 리하나 방어에 허점이 있는 득수국의 지세로써는 막강한 대륙세력을 막아 내기는 역부족이었을 것이다. 필자가 짐작하기에는 위례성은 아마도 장풍 국의 땅이었을 듯하고, 만약 백제가 진취적이 아니라 수세적인 입장을 취 하여 공주, 부여 등 득수국의 땅으로 천도를 하지 않고 위례성을 수도로 고수하고 있었다면 보다 오래 국가를 유지할 수 있었지 않았겠느냐는 생각이 든다.

그러나 백제는 시대를 앞질러 아직 때가 이르지 않는 득수국의 땅, 공주와 부여로 천도를 하였고 결국 외세에 침탈당하는 운명에 빠지게 된다. 7세기 한반도에 있던 득수국의 땅은 이로써 두 개의 국가를 멸망시킨 셈이다. 아직은 득수국의 지리가 수도가 될 天時에는 이르지 못했던 모양이다. 한편 마한의 도읍지로 익산군 왕궁면이, 그리고 한때 백제의 異都로서 익산군 금마면의 미륵사지가 거론되기도 한다.

신라는 경주에 도읍을 정한 뒤 옮겨 다닌 적이 없다. 다만 신문왕 9년(689)에 달구벌(대구)로 천도할 것을 거론한 적이 있으나 실행되지는 않았다. 이 일대의 고대 변한과 진한의 수도였을 것으로 추정되는 곳은 경북의 청도, 영일, 의성군 단밀, 성주, 고령, 군위, 김천, 상주 등과 경남의 창녕, 밀양, 고성, 진주, 울산, 하동군 악양, 사천군 곤명, 거창, 김해, 의창군 진동, 함안, 동래 등 낙동강 및 그 지류가 형성하여 놓은 하천 연안의 분지지역들인데, 부족국가의 소도읍일 뿐으로 앞서 말한 익산군과 함께 수도의 개념에 드는 곳들은 아니다.

경주는 태백산맥의 남단에 위치하여 이의 지맥인 동대산맥과 주사산맥이 남북으로 주행하고 동서방향으로 구조곡이 지나가면서 교차하여 이루어진 침식분지상에 발달한 도읍이다. 주위에 명활산, 금오산, 옥녀봉, 선도산, 소금강산 등 구릉성 산봉이 둘러싸고 큰 강이 지나가지 않는 전형적인 장풍국의 땅이다. 평양, 공주, 부여 등 득수국과는 달리 장풍국의 경주는 舟運이 없는 상태에서의 도보 이동 전투와 곡사화기가 없는 고대 전쟁에서 방어에 결정적인 유리함이 있는 지세이기 때문에 삼국 쟁패의 난세에서 국가를 보위할 수 있었던 것이다.

그러나 시대가 흘러 전술전략이 개발된 뒤에는 반드시 그렇지도 않아, 경주는 후백제에게 유린되는 경험을 갖기도 한다. 이와 같이 경주는 굳센 장풍국의 땅이라는 장점 때문에 득수국의 수도를 가지고 있던 고구려, 백제가 무너질 때에도 살아남아 결국 통일을 이루지만, 그러나 그것이 빌미가 되어, 그리고 위치가 너무 국토의 동남쪽에 편중되어 있었기 때문에 한반도의 북부지방을 놓칠 수밖에 없었다.

통일 이후 신라는 정복한 고구려, 백제 지방의 주민들을 회유하고 통제하는 한편, 수도 위치의 편중성을 보충하기 위하여 충주, 원주, 김해, 청주, 남원에 五小京을 설치하였으나 이 역시 수도의 개념과는 거리가 있다. 한 가지 흥미로운 사실은 신라가 천도 후보지로 삼았던 대구나 오소경에 해당하는 지방들이 김해를 제외하고는 모두 장풍국의 守勢的이고 보수적인 성격의 땅이라는 점이다. 통일 이후 신라가 한번도 제대로 진취적이고 확장적인 정책을 취하지 못했던 역사와 연관성이 있는 듯하여 흥미롭다.

대체로 이때까지의 수도는 풍수적 사고방식과 관련되어 선정되었을지는 모르나 풍수지리 이론 그 자체가 적용되지는 않았다. 그러나 고려의 개성과 조선의 한양은 명백히 풍수사상의 바탕 아래 입지가 결정된 경우이다.

3 藏風局에서 得水局의 땅으로

경주의 수도 입지적 편벽성을 뛰어넘어 한반도의 중핵지로 수도를 이전한 것은 고려의 개성부터이다. 이곳의 으뜸산 오관산으로부터 임자산인 송악산에 이르는 내룡의 맥세는 실로 運綿掘起하면서도 그 형세가 雄健博大하다. 명당인 개성의 내부는 북쪽으로는 천마산, 송악산, 성거산, 국사봉 등이, 동쪽으로는 일출봉, 자남산 등이, 서쪽으로는 월출봉, 봉명산 등이, 그리고 남쪽으로는 용수산, 진봉산, 광덕산, 군장산 등이 산세가 겹겹이 병풍처럼 둘러싸고 있어서 오관산의 정기를 축적할 수 있는 전형적인 장풍국을 이루고 있다.

게다가 이곳은 철저히 풍수논리에 따라 개창된 도읍이기 때문에 우리 풍수의 한 전형이랄 수 있는 形局名이 풍부하게 부여되어 있다. 한국 풍수의 아버지로 추앙받는 도선은 송악산 및 만월대를 중심으로 한 일원의 국면을 순결한 메기장 씨앗 기르는 밭으로 이름을 붙인 바 있고, 송나라 사신으로 개성을 다녀간 서긍은 맑은 계곡 물을 마시는 푸른 용이라고 보았으며, 의종 때 시인인 김관의는 금 돼지가 누워 있는 곳으로, 고종 때의 학자인 최자는 소가 편안히 누워 있는 형국으로, 조선조의 청담 이중환은 하늘에 상주하는 土形의 땅으로, 그리고 항간에는 늙은 쥐가 밭에 내려온 모양으로도 보았다. 이 모두가 명당 길지를 표현하는 좋은 개념의 용어들이다. 한마디로 개성은 교과서적인 장풍국의 땅으로, 당시 고려의 국력이나 취약한 왕권, 그리고 어쩔 수 없이 대비해야 할 대륙과 왜구들로부터의 침탈을 막기 위하여서는 매우 이상적인 방어형 지세라 할 수 있다. 더구나 국토의 중앙부에 위치하여 국가통치에 유리하다는 이점 또한 간과할 수 없다.

그러나 그렇기 때문에 장풍국의 수도는 소극적인 국가 경영책이 될 수밖에 없었고, 따라서 시대의 변천과 함께 장풍국은 보다 넓은 명당과 편리한 水運을 갖춘 득수국의 땅으로 옮겨갈 수밖에는 없었다. 게다가 대륙의 정세가, 확장정책으로 패권주의를 내세우던 원나라가 쇠퇴하고 한족 위주의 온건한 국토 현상유지적인 정책을 취하고자 하던 명나라가 일어서는 14세기 말의 와중에, 한반도의 수도는 소극적이고 방어적인 장풍국의 땅에서 보다 적극적이고 대담한 득수국의 땅으로 바뀌게 되는 것이다.

4 한강, 得水局의 땅, 서울

서울은 평양이나 공주를 압도하는, 득수의 땅으로서는 한반도 최고 최대의 땅이다. 조선 개국 이후 서울로 수도를 결정하기까지에는 여러 후보지에 대한 수많은 답사와 논의가 이루어져 왔지만 그 추이에 대한 역사적 사실은 지면 관계상 부득이 여기서는 생략하기로 하고 다만 그 풍수적 장단점만을 개괄적으로 살펴보기로 한다.

잘 알려진 바와 같이 서울은 개성과 함께 한반도의 중부 평야지대에 위치한다는 점에서 마찬가지다. 그러나 개성이 큰 강이라고 할 수 있는 예성강과 임진강으로부터 30 내지 40km 떨어져 있는 데 비하여, 서울은 可航距離와 강의 너비, 수심, 수량 등이 위 두 강에 비하여 월등한 한강을 바로 명당의 客水(명당 바깥에서 명당의 물을 합하여 빠져나가는 큰 하천)로서 코앞에 두고 있기 때문에, 한반도 전체를 통제한다는 의미에서 개성에 비길 바가 아니다. 게다가 서울은 개성과는 달리 추가령구조곡을 통하여 관북지방과의 교통 역시 편리한 것은 물론이고 남한강 줄기를 따라 영남지방과의 교류도 유리한 편이다.

원래 수도는 국내통치를 원활하게 하기 위한 정치적 입지조건, 국민의 생활유지를 위한 경제적 입지조건, 외부로부터의 위협에 대처하기 위한 군사적 입지조건을 거론하는 것은 동서고금을 막론하고 다름이 없다. 그런데 이런 합리적이고도 논리적인 조건들을 실제로 가시화하여 따져볼 수 있는 것 이외의 일종의 상징적 의미를 띠고 내재되어 표출되는 입지조건이 덧붙여 제기되는 경우가 많다. 이러한 상징적 입지조건을 가장 잘 다룰 수 있는 것이 풍수사상이다. 그러면서도 이 사상에는 정치, 경제, 군사상의 입지조건을 모두 따져볼 수 있는 이론도 마련되어 있는 것이다. 서울의 풍수적 입지조건이 한반도 최고의 땅이라는 것은 이미 조선 개국 초의 수많은 논쟁을 통하여 충분히 입증된 바이기 때문에 여기서 더 이상 중언부언할 필요를 느끼지는 않는다.

일반인들의 삶의 장소에 있어서조차도 의미를 부여하고 상징성을 추출해 내려는 인간의 지리관일진대, 수도 문제에 있어서는 말할 나위도 없을 것이다. 도선의 『명당기』에 서강 부근 병악의 남쪽에 君子御馬明堂의 땅이 있는데 태조 왕건이 통일한 병신지세(병신년이라는 뜻)로부터 120년이 지나 이곳에 도읍을 옮기면 국가의 기업이 연장될 것이라는 설화, 평양의 임원역에 大華勢의 땅이 있는데 이곳에 궁궐을 조성하고 수도를 옮기면 천하를 평정하고 다른 나라의 조공을 받을 것이라는 설화, 삼각산 面嶽의 남쪽에 주된 산의 맥세를 중심으로 하여 壬坐丙向(거의 정남향에 해당함)을 잡으면 형세가 옛 글에 부합하여 국운이 연장될 것이라는 설화 등이 바로 그런 예들에 속한다고 할 것이다. 이 점 서울은 고려시대 이래로 수

많은 **地氣旺盛**에 관한 설화가 떠돌던 곳이기 때문에 백성들에게 서울이 지니는 신비한 땅의 상징성을 동감받는 데 전혀 문제가 없는 땅이라고 할 수 있다.

여기서 서울의 풍수적 장점들을 풍수논리에 입각하여 장황하게 설명할 여유는 없으나, 방대한 풍수서인 『人子須知』『建都入式歌』에 의한 것만을 대표적인 사례로 간단히 제시해 보면, 이 글에 제국의 수도가 될 수 있는 요구조건으로 天星垣局에 부합할 것(하늘의 별자리가 땅에 내려온 것이 산이라고 보아 산을 星이라고 부른다. 이 별들이 수도의 명당을 담장을 치듯 둘러싸고 있는 모습을 지칭함), 正龍이 種氣(氣가 모임)된 곳일 것, 국토의 中正(한가운데)을 득할 것, 교통의 편리를 확보할 것, 외침으로부터의 방어능력을 갖춘 곳일 것 등을 제시하였다. 서울은 이 모든 조건에 잘 맞는다. 뿐만이 아니라 이 외에 다른 풍수서들이 수도의 조건으로 제시하고 있는 사항들에 대해서도 들어맞는다. 그러나 그것이 그렇게 되는 논리와 과정은 부득이 생략할 수밖에 없다. 양해 바란다.

그렇다면 서울은 풍수상 완벽한 땅인가. 그렇지는 않다. 풍수사상에서 흔히 얘기되어지는 바와 같이 〈천지조차도 **全攻**이 있을 수 없고 **聖人**도 전능이 없는 것〉처럼 서울에도 단점이 없을 수 없다. 이중환이 일찍이 지적한 바와 같이 서울에서는 북악과 인왕산의 石勢가 사람들을 두렵게 하는데 때문에 殺氣가 없는 개성에 비하여 못하며, 명당 안은 물길이 너무 낮으면서도 허하고, 앞쪽으로는 관악산이 비록 한강을 사이에 두고 떨어져 있기는 하지만 역시 너무 가까워 정남향을 하기에는 좋은 편이 못 된다.

主山의 배정도 지나치게 도성의 서쪽에 치우쳐 도시의 균형적인 발전을 저해하고 있는데, 이에 대해서는 세종 때 최양선이 문제 제기를 하였으나 개선되지는 못하였다. 또 윤신달이 적절히 지적한 바 乾方의 저하는 황천살이 되는 것이기에 심한 결점이라 아니할 수 없다. 이것은 물론 술법이지만 현실적으로도 이러한 지세는 혹독한 겨울철 한랭 북서계절풍을 막아내기에 매우 취약한 것이 사실이다.

5 得水局에서 다시 平地龍의 해안도시로

개성을 山地龍이라고 한다면 서울은 平岡龍이고 이곳보다 더 해안으로 나가 평야지대는 平地龍에 해당된다. 『神誌秘詞』에서는 고려의 삼경인 개경(개성), 서경(평양), 남경(서울)을 저울로 비유하면서 개성을 저울대, 서울을 저울의 추, 평양을 저울의 증판으로 삼아서 首尾균형으로 저울대가 수평을 이루도록 저울판과 저울추의 무게가 잘 맞추어지면 국가가 번영을 누릴 수 있다고 하였다. 그렇다면 서울은 이제 더 이상의 천도가 필요 없는 우리 민족 영원의 수도일 수 있는가.

필자는 1989년 국토개발연구원 논문집에 발표한 논문에서 통일 뒤의 수도로 개성이 適地임을 주장한 바 있다. 그것은 남쪽과 북쪽, 서울과 평양 양쪽의 체면을 살리면서 풍수지리 논리상 지기가 되살아나는 옛 고려의 수도였던 개성을 잠정적인 통일 수도로서 천거한 것일 뿐, 그곳을 새로운 통일국가의 영원한 首府로 삼자는 것은 아니었다. 7천만 인구를 가진 고도 산업기반의 통일국가 수도로는 평지룡의 땅이 제격일 것으로 생각한다. 세상이 변해 감에 따라 수도가 될 수 있는 조건도 역시 변해 가기 때문이다.

서울이 비록 좋은 산에 둘러싸이고 큰 강가에 위치하고 있다고는 하지만 위로는 북한산, 도봉산계에 가로막히고 아래로는 한강에 폐색되어 더 이상 클 수가 없는 자연 지리를 가지고 있기 때문에 언젠가는 성장의 한계에 부딪칠 땅이었다.

더구나 세상은 국제간의 교류를 원하게 되니, 점차 서해안 쪽으로 나가, 보다 넓게 트인 평야를 수도로서 요구하게 되는 것은 역시 땅의 이치, 즉 풍수의 갈 길이었을 것이다. 이에 광해군 때 이르러 드디어 그에 부합하는 천도 논의가 있게 되니, 이것이 바로 조선 중기의 交河遷都論이다. 즉 오늘의 파주군 교하면의 땅으로 서울을 옮기자는 논의이다.

광해군 임자년 9월 지리학자 李懿信이 상소를 올려 천도하기를 청하였는데, 승정원에서 아뢰기를 〈이의신의 상소는 그 괴이하고 허망한 말을 남김없이 다 하여 국도를 땅 기운이 쇠잔하였다 하고 교하를 길지라 한데 이르러서는 더욱 놀랄 만하오니 전하께서 보신 후 그 말을 엄하게 물리쳐 인심을 안정하게 하소서〉 하였다는 내용이다.

그가 교하 천도를 주장한 이유인 한양 地氣衰敗說의 근거는 우선 임진 왜란이라는 미증유의 대란이 일어났고 그 와중에 역적의 변이 누차 터진 것은 물론, 조정 신하들이 당을 갈라 싸우고 있으며, 사방의 산들이 벌겋 게 벗어지고 있는 일들을 꼽았다. 광해군은 은근히 천도론에 찬성의 뜻이 있어 중신들에게 의논하였으나 모두 반대였다.

그리고 요망한 상소를 올린 이의신을 벌줄 것을 주청하였을 때에도 광 해군은 〈역대로 두 개의 국도가 있어 온 것은 주지의 사실이다. 주나라의 낙읍은 만세가 우러러 본받는 도읍인데도 당시 호경과 낙양이 따로 있었 고, 명나라 때도 남경과 북경이 있었다. 이의신은 국가를 위하여 큰 계책 을 진술하여 離宮을 세우고자 한 데 불과하거늘 그것이 불가하게 된 마당 에 어찌 추론하여 법으로 처형할 수 있겠는가. 만일 그렇게 한다면 나라 를 위하여 충성의 말을 하는 사람은 모두 처형하겠는가〉라고 하여 교하 천도에의 미련을 버리지 못하고 있음을 드러내고 있다.

교하는 동쪽은 조리면, 남쪽은 고양군 송포면, 북쪽은 금촌읍과 탄현면 에 접하고 서쪽은 한강의 하류, 하구부에 위치하는 엄밀하게는 한강유역 이나, 실제로는 거의 해안이라고 할 수 있는 입지를 점하고 있다. 거의 전지역이 하천 연안의 저습 평야지대이며 동남부의 구릉지도 해발 고도 200m 이하이다.

아직은 해안도시가 수도가 될 수 없는 시대였는데, 너무 시대를 앞선 풍수 이론을 내세웠다가 왕의 신임을 일시 받을 수는 있었으나 하마터면 목 숨을 잃을 뻔한 사례인 것이다.

天時가 이르지 않으면 지리가 따르지 않음을 웅변으로 보여주는 예이 다. 아마도 오늘날의 시점이라면, 그리고 남북통일이 된 다음이라면 훌륭 한 국도경영책으로 받아들여질 수 있는 생각이며, 실제로 이곳은 시설 여하에 따라서는 해안을 따라, 좀더 분명하게는 교하면의 한강 연안과 김포 및 강화 일대 해안을 따라 帶狀의 거대도시를 건설할 수 있는 땅으로 판단이 된다. 통일 뒤에 잠시 동안 상징적으로 개성에 도읍한 이후에 수도를 도모해 볼 수 있는 곳이라 여겨진다. 그러나 그 당시는 20세기 후반이 아니라 17세기였음을 상기할 일이다.

이에 대한 백사 이항복의 반론은 뛰어난 이상가와 현실정치가 사이의 차이가 어떤 것인지를 여실히 보여준다. 즉 그는 이의신의 한양 지기쇠패설에 대하여 〈국법이 해이해서 산을 남벌한 것인데 기강이 해이한 것을 책하지 아니하고 산 벗어진 데 허물을 돌리니 산도 또한 원통하지 않겠습니까. 신이 땅 일은 잘 알지 못하오나 오직 사람의 일은 이해합니다. 일찍이 세상 사람들을 보건대 최상의 덕은 복을 심는 것이요. 그 다음은 약을 먹고 수명을 늘리는 일이요, 그 다음은 재물을 모아 후손에게 전하는 것이며, 계책으로 쓸 수 없는 것은 질병과 재앙으로 인하여 백 가지 방법을 다하여도 효력이 없어서 할 수 없이 집을 옮기고 방위를 피하는 책략을 써서 표주박이 깨지고 솥이 없어져 집은 쓸쓸하고 곤궁하게 되는 것이니 이것을 거울로 삼아야 할 것입니다〉 하며 현실론을 펴보인 것이다.

누가 이 논의를 반박할 수 있겠는가. 그러나 주의할 일이다. 왜 국법과 기강이 해이해지게 되었는지에 대해서는 말이 없으니, 현실 정치가의 한계란 매양 이런 식인가.

유신 말기에 수도 이전 문제가 거론되었던 것도 따지고 보면 현재 수도인 서울의 지기가 쇠하고 결국 민심이 떨어져 나가 더 이상 정권을 지탱할 수 없다는 천시를 느껴 나온 계략이었을 것으로 짐작된다. 게다가 그 내용에 있어서도 진취적인 입지성향이 아니라, 오히려 서울보다 더 남쪽이고, 더 궁벽진 곳으로 찾아들고자 했으니 문제라는 것이다.

13 삶터로서의 국토와 풍수사상

1 이제 풍수의 사상성을 다시 정리하여 보니

인간에게 있어서 땅이란 무엇인가 하는 문제는 공허하기 짝이 없다. 땅이란 것이 인간과의 관계적 위치에서 그 의미가 주어지는 것이기는 하지만 그렇다고 해서 인간에 종속된 존재는 아니기 때문이다. 또한 나같이 사실상 땅을 떠나 책과 종이와 시멘트와 아스팔트와 철근 속에 발을 딛고 사는 사람에게는, 땅에 뿌리를 내리고 땅과 더불어 살아가는 사람들에게 땅을 말한다는 것이 조금도 어울리지 않을 뿐만이 아니라, 죄송스럽기도 하기 때문에 더욱 그러하다. 이미 땅이 바로 그 자신인 농민들에게, 땅이 객관적인 대상에 지나지 아니하고 땅을 수단 정도로 여기고 있는 도시의 지식인들이 도대체 무엇을 말할 수 있겠는가.

다만 나의 경우는 전공분야가 한국의 전통 지리사상인 풍수이다 보니 땅 기운, 즉 地氣에 대한 느낌이 좀 있어서 그에 관하여서만 다시 정리를 해보자는 것이다. 나는 땅을 공부의 대상으로 삼아 살아온 사람으로서 땅과 더불어 살아온 농민들에 대해서는 본질적인 죄의식과 열등감이 있다. 어느 면에서는 위선적이라는 생각도 가지고 있다. 그들이 치열하게 살아

왔을 때 나는 단지 구경꾼에 지나지 않았다는 회한 같은 것 말이다. 여하튼 결론이랄까, 그런 기분으로 풍수를 재정리해 본다.

이미 누누이 지적한 바와 같이 근래 사람들은 풍수를 심하게 오해하고 있는 것은 물론 풍수를 하는 사람들도 보기 흉할 정도로 내용을 변질, 왜곡시키고 있는 것이 사실이다. 그것을 산소자리잡기 또는 집터잡기, 그래서 후손이 발복이 되어 잘먹고 잘살자는 미신이라 여기고들 있다. 오늘의 타락한 풍수는 확실히 그런 평가를 받아도 할 말이 없을 정도로 타락한 것은 사실이다. 그러나 원래의 풍수는 그런 것이 아니었다. 풍수는 하늘과 땅과 인간의 총체적 관계를 유기적으로 이해하고 있던 우리 민족의 지혜로운 자연관이었다는 것을 사람들은 망각하고 있는 것이다. 따라서 본질적인 풍수가 지니고 있던 땅에 대한 사고방식을 정리해 본다면 그것이 바로 땅과 인간과의 원초적인 관계를 살펴보는 일도 되리라고 생각한다.

첫째로 정리해 볼 수 있는 것은, 풍수사상에서는 땅을 독자적인 존재체계로 보는 것이 아니라 인간이 있음으로 해서 그 대상의 의미를 갖게 되는 그런 것으로 보았다는 점이다. 이것이 地氣論이다. 풍수를 이해하는데 가장 중요한 개념은 의심의 여지없이 氣이다. 기는 천지 만물의 존재와 운동의 근원적 법칙이고 그 있게 함의 원천이다. 천지 간의 자연현상을 총칭하는 말로써, 천둥, 번개, 바람, 구름, 눈, 비, 우박, 안개, 무지개 등은 모두 기의 변화에 기인한다. 기는 음양의 정수(陰陽之精)이며 몸의 활동력의 바탕으로 모든 살아 있는 것에 가득 차 있다. 만물 생성력의 근원으로는 힘, 바로 그것이며 빛, 소리, 냄새 등 인간의 일체 감각기관의 근본적인 존재력이다. 이 기를 공간적으로 파악하여 땅 속에 흐르는 기, 즉 지기의 덕을 얻어보자는 사상이 풍수이다.

역시 앞에서 누차 지적한 바와 같이 현대인들은 땅을 철저히 이용과 소유의 대상으로만 취급한다. 이용과 소유는 어떤 경우에도 비인간적인 속성을 내포한다. 자신의 목적을 위해서 철저히 이용하고 이용이 끝나면 철저히 정리한다. 그리고 나의 것, 나의 소유로 차지하는 것만이 그들이 생각하는 바인 만큼, 거기에 어떠한 인간적인 관계도 성립되어 질 수가 없다. 쓰기 위하여 갖고, 가져서 내 것이 되었으니 서슴없이 쓰고, 쓰고 났으니 내버린다. 물론 소유의 포기는 아니다. 또 다른 쓸모를 위하여 소유는 가차없이 보존된다. 거기에 사랑이니, 애착이니, 존경이니, 외경심이니 하는 것들이 있을 수가 없다. 있는 것은 오직 흙과 돌의 집합체인 생명 없는 토지가 존재할 따름이다.

전래의 풍수사상은 땅을 살아 있는 생명으로 인식하는 것으로부터 출발한다. 오늘의 우리가 이제 새삼스럽게 풍수를 되살려보는 가장 중요한 이유가 바로 그 점에 있다. 땅은 단순한 흙과 돌덩어리의 집합체가 아니라, 거기에 보다 중요한 생명이 내재되어 있다는 思想性에서 의미를 찾을 수 있다는 것이다. 그것이 바로 지기이다. 토지에는 원래 두 가지 속성이 다 들어 있다. 합리적으로 설명이 가능하고 인간의 감각으로 충분히 그 營力이 감지되는 지리적 부분과, 아무리 생각하여 보아도 알 수 없는 그러나 분명히 있다고밖에 말할 수 없는 신비한 어떤 힘이 있다고 여겨지는 풍수라는 부분이 또 하나이다. 알다시피 지리는 대접받아 왔지만 풍수 쪽은 외면을 당해 왔다. 그 이유는 물론 지기라는 것의 실체가 드러나지 않았고, 누구도 그것을 제대로 설명한 적이 없기 때문에 온갖 오해와 왜곡이 거기에 덧붙여졌기 때문이다.

풍수는 산의 모양과 물길의 방위를 판단하고 선택하는 것만으로 이루어지는 술법 정도의 것이 아니다. 어느 민족이 산과 물과 방위를 도외시하고 촌락의 입지를 선정하겠는가. 그런 일은 누구나 한다. 풍수에서 중요한 것은 땅에 특수한 어떤 기운이 있다고 보는 측면이다. 땅속에 오행의 생기인 지기가 흘러다니는데, 이 세상의 모든 생명 있는 것은 그로 말미암지 않은 것이 없다고 본다.

화담 서경덕은 어려서 자연의 현상에 대하여 신비한 감동을 품게 되었다. 아지랑이가 피어 오르는 봄이 되면 꽁꽁 얼어붙어 있던 땅속에서 새싹이 움을 틔운다. 죽음과 같던 땅속에서 어찌 그리도 연하고 푸른 잎이 솟아날 수 있을까. 딱딱한 종달새의 알에서 벌거숭이 종달새 새끼가 언제인가 모르게 털이 나오고 깃이 자라서 사람들로서는 상상도 못할 높은 하늘을 나른다. 무엇이 그런 현상을 있게 하는가. 화담은 궁구하였다. 그리고 깨달았다. 그것은 땅기운, 즉 지기 때문이라는 것을. 그것의 실체를 움켜 쥐어 보여줄 수는 없으나, 존재한다는 것은 의심의 여지가 없음을 깨달았다. 자, 도대체 기란 무엇인가. 앞서도 말한 바와 같이 말로 설명할 수는 없다. 그러나 말을 하지 않을 수도 없다. 어찌할 것인가. 결국은 徒勞에 지나지 않을 일이지만 우리는 또다시 기를 설명해 보기로 한다.

易에는 太極이 있는데 이것이 兩儀를 낳으며 양의는 四象을 낳고 사상은 八卦를 낳는다. 태극인 理는 천지만물이 있기 이전에 천지만물의 理가 있었다고 할 정도로 主理的 입장을 취하는 유파도 있다. 혹은 세계의 시원을 물질적인 기로 보는 유물론적 자연관도 있다. 풍수에서의 지기론은 대체로 후자의 입장을 따른다.

목은 이색은 이렇게 기를 말한다. 만물이 형체를 갖게 되는 것은 기가 있기 때문이다. 기가 큰 것은 천지가 되고, 밝은 것은 日月이 되며, 흩어져서는 바람, 비, 서리, 이슬로 되고, 솟은 것은 산이 되며, 흘러서는 江河가 된다. 모두가 다 기의 소행이다.

정도전은 사람도 기의 소생임을 밝힌다. 기가 맑은 사람은 지혜롭고 현명하며, 흐린 사람은 우매하고 아둔하다. 두터운 사람은 부유하고 옅은 사람은 가난하다. 높은 사람은 귀하고 낮은 사람은 천하다. 처음에 기가 모여서 삶이 있게 되는 것이고 흩어지면 죽음에 이른다. 김시습도 모든 사물은 기가 모여서 이루어진 것이라고 하였다. 그러나 어디에도 기 그 자체를 어떤 것이라고 설명하고 있지는 못하다. 오늘의 원자 또는 소립자 개념으로 볼 수도 있겠으나, 기론을 아는 사람들은 그것이 결코 그런 것이 아니라는 것을 안다.

서화담에 이르면 그는 太虛가 곧 기라고 하여 기의 실재성을 인정하기는 하지만 그것의 물리적 성격을 규명하지는 못하였다. 이들이 기의 실재성이나 존재론적 절대성을 충분히 인식하여 그 현상을 확신 서술하고 있지만 하나같이 기 자체를 어쩌지는 못하는 답답함에는 차이가 없다.

잘 알려진 바와 같이 서양과학의 중요한 논점은 경험에 의한 일반적인 법칙들의 유용성에 있다. 경험적인 확증이나 검증의 엄격한 기준이 법칙들에 적용되지 않는다면, 법칙이란 것은 과학적 설명을 하는 데 근본 역할을 할 수 없다. 물리학이나 화학 등의 법칙 정립의 성공은 대체로 엄격한 검증에 기인된다. 그러나 확률적 법칙은 단 하나의 잘 검증된 반대결과에 의해서도 논박이 가능하다. 그러나 확률적 법칙은 일련의 반대결과들이 필요하며, 또한 그 법칙들이 검증과 논박에 충분히 견딜 만큼 정확하게 형성되어진다. 과학적 법칙이 되기 위해서는 다른 사람에 의해 재연되어진 경험적 검증에 성공적으로 통과되어야만 한다.

법칙을 수용하는 기준은 직관적 이해를 말하는 것이 아니다. 예를 들어 점성술적 법칙을 반대하는 확실한 과학적 이유는 진짜 과학적 검증이 따를 때 그 법칙은 무너지게 된다는 점에 있다. 별자리가 인간의 운명에 영향을 미칠 것이라는 생각이 상식적으로 터무니없다고 해서 점성술이 비과학인 것은 아니다. 요는 경험적 검증이 가능하냐가 문제인 것이다. 그 기준이 너무나 엄격하다는 반론은 있을 수 있다. 그러나 그 반론은 과학철학자들이 주장하는 보편성의 기준까지 완화할 수는 없다. 이것이 그들 과학의 한계이다. 기론은 그런 점에서 당연히 비과학이다. 어떤 보편성의 기준도 인정할 수 있는 근거가 현재로서는 없기 때문이다. 그렇기 때문에 기는 없는 것인가. 그렇지는 않다는 데 문제의 복잡성이 있다. 어떤 사람은 지기를 감지할 수 있는 능력을 가진 경우가 있을 수 있다. 그러나 그는 지기를 설명하지는 못한다. 이럴 때 지기는 있는 것인가, 없는 것인가. 누구도 정확한 답을 내릴 수는 없을 것이다. 다만 한 가지 분명한 사실은 지기를 느낄 수 있는 사람에게 있어서는 지기는 분명히 있다는 점이다.

앞서 말한 바와 같이 풍수는 우리 민족의 원초적인 자연관이기 때문에 인간이 땅을 어떻게 보느냐 하는 문제를 검토함에 있어서는 시사하는 바가 크다. 이 관념에 의하면 사람은 땅과 하늘과 조상인 사람의 기를 받아 태어나는 것으로 이해한다. 하늘의 기는 소위 천기인데, 이것은 그 사람이 잉태하는 순간의 천도의 상태에 따른 기가 영향을 미친다고 보는 관점이다. 천기는 살아가면서도 약간 받아들이는 것이기는 하지만 거의 대부분이 그 잉태의 순간에 결정된다는 특징을 지니고 있다.

다음, 그 사람의 조상의 기, 즉 人氣는 선조들이 쌓아온 기의 질에 따라 후손이 그에 영향을 받는다는 사고방식으로, 이것은 철저한 동양적 윤리관을 그 바탕에 깔고 있다. 조상이 좋은 덕을 닦았으면 후손이 그 기의 음덕을 볼 것이오, 악덕을 쌓았으면 그만한 대가를 치를 것이라는 믿음인데, 이 점은 도저히 받아들이지 못하겠다고 생각하는 사람들이 많으리라고 여겨진다. 왜냐하면 만약에 그 논리가 맞다면 지금의 잘살고 못살고가 모두 조상 탓이라는 논리가 성립하기 때문이다. 독립 운동가의 자손은 숨어다니느라고 공부도 못하고 그래서 배곯고 살고 있는데, 친일파들은 지금도 호의호식하고 있는 것이 하늘의 뜻이냐고 생각할 것이기 때문이다. 그러나 이 점을 생각하며 마음을 가라앉힐 일이다. 지금은 천도가 행해지고 있는 때가 아니다. 그리고 언젠가 천도와 지리가 바로잡히는 날, 그것은 반드시 갚음을 할 것이라는 믿음이 깔려 있는 사고방식이 천문지리, 즉 풍수지리이니, 우리 오늘을 참아 이겨내는 수밖에는 없지 않은가라고.

이 글의 주안점인 지기는 땅의 일정한 경로를 타고 다니는 생기가 그곳에서 태어나는 혹은 사는 사람에게 감응을 일으켜 영향을 준다는 것으로, 그래서 집터를 가려 살게 되는 것이다. 물론 陰宅의 경우 동기감응론이라는 것을 들먹여야 하는 것이지만 이미 설명한 바 있거니와, 요는 여기서 강조하고자 하는 것은 發福이 되느냐 아니냐의 문제가 아니라 땅에 대한 사람들의 관념이 어땠느냐이기 때문에 문제는 없으리라고 본다.

위에서 살펴본 풍수의 인간관에서 우리는 매우 중대한 사실을 발견하게 된다. 즉 사람은 아버지의 정자와 어머니의 난자가 결합하여 有性生殖을 하는 그런 측면으로만 다루어질 것이 아니라, 하늘과 땅과 사람의 합작품이 사람이라고 생각했다는 바로 그 점이다. 즉 사람은 부모의 자식, 하늘의 자식일 뿐만 아니라, 또한 땅의 자식이기도 하다는 관점인데, 이 문제는 우리에게 가르침을 내리는 바가 깊다. 즉 어머니인 땅, 아버지인 땅이 되는 경우, 어느 누가 부모님인 땅을 단순히 소유와 이용, 그리고 개발의 대상으로만 여기겠는가.

어머니인 땅은 모든 것을 포용하는 속성을 지닌다. 삶의 고달픔 속에서 먼 길을 돌아 이제 고향을 찾는 사람에게 들어올 수 있는 감상은 쉬고 싶다는 바람일 것이며, 그 바람에 대답을 해주는 것이 바로 어머니인 땅인 셈이다. 생활의 질곡 속에서 빚어졌던 죄악을 덮고, 만신창이로 되어버린 몸과 마음을 다독거려주는 땅, 어머니. 그래서 사람들은 죽음 뒤에도 그 어머니의 품을 잊지 못하며 땅 속에 묻히기를 원한다. 그것도 어린 시절 경험했던 따사로운 어머니의 젖무덤인 땅을. 오죽하면 젖을 무덤이라 표현하였겠으며, 오죽하면 무덤을 어머니의 젖통 모양으로 만들었겠는가. 세월이 흘러 육신은 땅 속에서 썩어 없어졌으되 그 받은 바 기는 영원히 땅으로 돌아가 보내어진 곳에 섞이기를 원하게 되는 것이다.

서양인들의 관념은 좀 다른 듯하다. 그들은 어머니보다는 오히려 아버지인 땅이라는 생각을 하고 있었는데, 그래서 그들이 갖고 있던 땅에 관한 사고방식은 매우 복잡한 양상을 띨 수밖에 없게 된다. 아버지는, 어릴 때는 못하는 일이 없고 두려울 것도 없는 신적 존재였지만, 자라면서 겪어보니 의외로 허약한 존재이더라 하는 것을 느끼게 된다. 그래서 아버지에 대해서는 아주 다양하고 복잡한 영상을 머릿속에 넣게 된다. 즉 아버지는 의지처이면서 보호대상이며, 엄격하면서도 허약하고, 만능인 것 같으면서도 무능하기 짝이 없는 사람으로 인식된다.

이런 사고방식 아래서의 땅은 어머니인 땅과는 달리 주고받는 관계의 계약적 유대를 맺게 되는 것이다. 아버지에 의하여 나고 자라고 했지만 아버지는 자식에게 대가를 요구한다. 무언가 되돌려주지 않으면 분노하고 우울해 한다. 이런 입장에서는 땅의 속성이 계약에 의한 소유와 이용이라는 측면으로 변질되기가 쉽다. 현재 우리 사회에 만연된 토지의 소유와 착취적 이용에 대한 근거는 바로 서양 지리학의 도입과 수용에 큰 책임이 돌아갈 수밖에 없다.

둘째로 풍수가 보는 땅은 명백히 살아 있는 생명체라는 점이다. 그래서 산의 脈勢는 용으로 표현되고, 땅의 모양은 사람의 관상처럼 살펴지며, 인간의 지배 대상으로서의 땅이 아닌, 더불어 사는 동반자로서의 땅으로 인식을 하는 것이다. 살아 있는 것은 함부로 대하기가 어렵다. 그러니까 개발이란 개념이 있을 수 없다. 함부로 깎아내서도 안 되고, 메꾸어서도 안되며, 뚫거나 막아서도 아니된다. 이것의 효용은 오히려 현대 서양학문에서 그 지혜를 인정하고 있다. 인간적 공간이라는 것이 바로 그 관점인데, 농업은 인간이 만든 모든 직업 중에서 가장 풍수적이다. 그러면 이런 반론이 돌아올 수 있다. 농사를 지을 때도 객토를 하고 논두렁을 걷어내기도 하며 어떤 때는 용수로를 내기 위하여 뚫기도 한다고. 물론 그렇다. 그러나 그것은 살을 저며내고 뼈를 깎아내는 그런 취급이 아니라, 살갗에 묻은 때를 벗겨낸다는 정도의 관점이다. 우리는 땅의 때를 벗겨 먹고 사는 존재이다. 무엇이 문제인가. 땅 위의 곡식은 땅의 때인데, 그것에 만족치 못하고 피부를 드러내어 살과 피와 뼈까지 먹고자 기술을 개발한 것이 바로 문명이 아니던가. 때를 벗겨낸 땅은 더욱 왕성하게 때를 만들어낸다. 땅은 더욱 비옥해지고 사람들은 그에 힘입어 더욱 융성을 더한다. 이것이 풍수적 땅의 이해 방식이다.

또 한 가지 중요한 사실은 우리의 선인들이 땅을 단순한 흙과 돌의 결합체로서만 보지를 않고, 그 외에 말로 설명할 수는 없으나 어떤 신비한 실체가 내재되어 있는 어떤 것으로 보았다는 점이다. 어떤 곳은 신성한 힘이 서려 있고 어떤 장소는 사람의 병을 고쳐주며 또 어떤 땅에는 마음을 진정시켜 주는 능력이 있다고 믿는 식이다. 그것은 확실히 그렇다. 땅 기운을 쏘이지 못하면 몸은 쇠약해진다. 땅 기운이라는 것이 자세히 설명될 수 있는 종류의 것은 아니지만, 그런 일이 있을 수 있다는 것을 옛사람들은 인정했던 것이다. 세계적인 종교의 창시자들은 그것이 설산이 되었건 아니면 광야가 되었건 하여튼 특정의 장소에서 신의 계시를 받는다. 우리의 땅에 지신, 산신령이 있는 까닭은 그와 같은 사고방식에서 나온 얘기이다.

우리 민족이 땅에 대해서 갖고 있는 지리관의 요체는 풍수사상에 모두 들어 있다. 살아 있는 땅, 어머니인 땅, 그리고 신비한 힘을 지닌 땅이라고 여겼다. 그들에게 있어서 땅은 토석의 덩어리인 단순한 물체 정도가 아니라, 그로 인하여 사람이 생겨났고, 그로 인하여 사람이 먹고 살며, 그로 인하여 사람이 죽음 후에 영원의 잠을 의탁할 수 있는 안식처라고 믿었다. 지금도 도시생활을 하는 많은 사람들이 입버릇처럼 말한다. 아, 고향으로 돌아가야지 하고. 그들이 정말로 돌아가느냐 하는 것은 중요한 문제가 아니다. 그들의 의식 밑바탕에 돌아가야 할 곳이 있음을 믿어 의심치 않는다는 사실이 중요한 것이다. 고향은 땅이다. 인공 구조물이 가미되지 않는 자연 그대로의 땅을 말한다. 그리고 땅은 어머니이다. 우리가 태어났던 원형의 장소가 어머니의 자궁 속이고 땅은 바로 그 어머니이다. 그래서 그 사람의 말은 결국 언젠가는 땅으로 돌아가야지라는 의미로 해석이 가능해진다. 땅에 손을 대어본다. 땅에 몸을 눕혀본다. 아득하다. 이제는 기억 속에 남아 있지도 않은 어머니의 품 속 같은 느낌을 준다. 흙 냄새 속에서 모든 것의 본질을 느끼게 되는데, 그것이 바로 사람들이 땅에 대해서 품기 시작한 원초적 관념이었다.

그래서 우리의 사고관념에서는 이런 정리가 가능해진다. 땅은 어머니이고 결국 그렇기 때문에 나 자신이며, 내가 바로 땅이라는 생각. 이 생각 속에는 땅뿐만 아니라 인간의 본질까지도 들어가 있다.

2 한반도라는 땅의 이치를 생각함

우리의 전통적인 지리관으로 볼 때 땅은 명백히 살아 있는 것이다. 이것이 전제가 되지 않고서는 우리의 땅을 이해할 수가 없다. 땅을 살아 있다고 보는 사고가 비합리적이고 일견 미신에 가까운 전근대적인 사고방식이 아니냐 하고 생각하는 사람이 있다면 오히려 그 서구식 합리주의와 기능주의의 절대성이라는 미신에 빠져버린 사람이다. 地有機體的 地理觀은 우리의 역사 및 문화적 전통의 입장에서는 지극히 당연하고 또 일면 합리적인 측면까지 충분히 지니고 있는 사상이다. 그들은 그렇게 생각할 수밖에 없었고, 또 그렇게 생각하기에 충분한 이유들이 있었다는 말이다.

사람의 삶은 그가 농경민이든 유목민이든 간에 땅에서 한발짝도 떼어놓고는 살 수 없는 법이다. 땅은 인간의 삶의 전부인 셈이다. 특히 우리와 같은 정착 농경민에 있어서는 땅의 영향력은 가히 절대적이라고 표현해도 조금도 지나치지 않은 대상인 것이다. 흙에서 나와 땅 위에서 살다가 결국 흙으로 돌아가는 것이 우리의 일생이다. 그래서 우리는 어머니인 땅이라고 말한다. 그러나 어머니인 그 땅은 그렇게 간단한 개념만은 아니다.

어머니의 느낌을 무엇이라 표현할 수 있을지 먼저 난감한 생각부터 든다. 모든 것을 있게 하고 모든 것을 포용하고 모든 것을 받아들이는 분, 이런 정도의 말로는 어림도 없는 것이 어머니이다. 저기에 어머니가 있고 그 어머니가 나를 부른다. 나를 부르는 어머니에게로 나는 간다. 사람이 살아가면서 피할 수 없이 감당해야 하는 삶의 孤我性 속에서 너무나도 자연스럽게 떠오르는 어머니의 품 속 같은 것이 바로 땅이라고 할 수 있을까. 끝도 없는 여행길에서 서 있기조차 괴로운 피로를 느끼며 길가 풀섶에 주저 앉았을 때 떠오르는 고향 마을의 밥짓는 연기 같은 것일까. 다시는 만나볼 수 없는 돌아가신 분들을 떠올리며 느끼는 애틋한 고적감 같은 것인가. 땅은 그 모든 비유를 합친 것으로도 부족하고 또 어떠한 비유로도 설명할 수 없는, 오직 느끼고 그리고 본질 직관해야 할 그 무엇이다.

하지만 우리의 어머니인 땅은 인디아의 여성처럼 무조건 주기만하는 그런 대상의 것은 아니다. 〈印度人에게 여성은 곧 지구이다. 지구는 고통을 받아들이는 극도의 힘을 갖고 있다. 그것은 인내와 사랑, 보호의 상징이다. 인도의 여자는 받지 않고 오직 주는 것만 안다〉고 소설가 강석경은 그의 『인도기행』에서 지적한 바 있다. 우리의 땅은 그런 것과도 다르다는 것이다.

어머니의 자궁은 그로부터 우리가 생겨나고 자라나고 그리고 태어난 곳이기는 하지만, 그리고 언제나 우리의 영원한 고향이기는 하지만, 그러나 절대로 범해서는 아니되는 대상이다. 그것은 소유나 이용의 대상이 될 수는 없는 그런 것이다. 그러니까 땅에 대한 소유와 이용은 땅을 범하는 것이 되며 따라서 그것은 천륜과 지리에 어긋나는 일이 된다. 그렇게 생각하며 살아온 사람들이 바로 우리 민족이다. 그런 우리들이 우리의 국토를 어떻게 봐왔을까를 생각해 보자는 것이다.

신라 선덕여왕 때 자장법사가 당나라에 유학하여 문수보살의 가르침을 전수받을 때 문수보살이 〈너희 나라는 산천이 험한 탓으로 사람의 성질이 추하고 사나울 뿐만 아니라 邪見을 많이 믿는다〉라는 말을 들었다. 이에 그 단점을 보완하기 위하여 황룡사 구층탑을 세웠다는 기록이 『삼국유사』에 전한다. 아마도 국토 전반에 대한 형국론적 비유 기록으로는 최초의 것이 아닐까 생각된다. 이것은 고구려 때문에 국가 흥망의 위기를 겪은 중국이 불교라는 유순한 문화를 통하여 이 땅의 사람들을 순치시켜 보려는 의도의 표출로 보여지는 일이기는 하지만, 그 함축한 내용은 地人相關說로서, 산천의 형세가 사람의 성품을 좌우하고 나아가서는 국운의 흥망을 결정지을 수 있다고 생각하는 독특한 지리관의 출발이다.

신라 말의 선승 도선이 고려 태조 왕건의 아버지 龍建이 새 집을 지을 때, 송악에 올라 산세를 살피면서, 우리나라 전체를 水母木幹이라 표현한 바 있다. 五行論에서 水는 북쪽, 木은 동쪽에 배정이 된다. 따라서 水母木幹이란 북방 水를 母(根)로 하고 동방 木을 體(幹)로 한다는 뜻이 된다. 우리나라의 개략적인 지세가 북고남저, 동고서저, 즉 북과 동에서 근간을 이루고 있음을 오행론적으로 풀이한 표현이다. 혹은 고려의 수도 개성이 풍수상 소위 藏風局으로 사방이 산이고 명당이 좁아 물과 땔감이 부족한 결점이 있는데, 이것을 경계해서 나온 말일 수도 있을 것이다.

고려 말기에 백성들이 흰옷을 입은 풍속이 생기기 시작했다. 그런데 역시 오행론에서 흰색은 서방의 색이다. 동방의 색은 청색이니 백성들이 백색 옷을 입지 말고 청색 옷을 입도록 해야 한다는 주장이 여러 번에 걸쳐서 나오는데, 이것도 모두 위의 논리에 통한다. 즉 동방의 나라이니 동방의 색인 청색 옷을 입어야 오행이 相生한다는 논리이다.

『道詵國史實錄』에는 다음과 같은 설화가 실려 있다. 〈조선의 지세는 떠가는 배(行舟) 같은 것인데, 태백산·금강산이 머리, 월출봉·영주산이 꼬리, 부안의 변산이 키, 영남의 지리산이 노, 능주의 운주산(전남 화순군

도암면)이 배(腹)이다. 배가 잘 나아가기 위해서는 선체가 흔들리지 않아야 하고 가라앉지 않도록 해야 하며 키로 진로를 잡아야 한다. 중요한 머리와 배 부분에 千佛千塔을 설치하여 배를 안정되게 하였다〉는 것인데, 이것은 한반도를 배에 비유한 것이기는 하나, 옛사람에게 있어 바다 위에 뜬 배란 마치 호수 위에 살아 노니는 한 마리의 물새처럼 여기는 것이니, 살아 있는 존재로 본 바에 있어서는 변함이 없다.

『택리지』의 저자 청화산인 이중환은 우리나라의 형상이 서쪽 중국을 향하여 절을 올리고 있는 노인의 모습과 같다는 비유를 하였다. 그래서 예로부터 중국과 가깝고 친하게 지냈다는 인과론을 말하였다. 또 천 리 되는 물과 백 리 되는 들판이 없는 까닭에 위인이 나지 못하여, 중국 주위의 오랑캐들이 모두 중원에 들어가 한번씩은 황제를 칭하였는데 우리만 홀로 그런 일이 없었다고도 하였다. 즉 한반도를 절하는 노인으로 본 사람도 있는 것이다.

한편 흥선대원군 이하응은 우리나라를 노인이 아니라 그냥 사람에 비겨 이렇게 말한 적이 있다. 1894년 철도부설과 관련하여 〈철도를 부설하자면 산을 헐고 골을 메울 필요가 있는 것인즉 그러하려면 암석을 파괴치 않고는 아니될 것이다. 암석은 국가의 척추이니 사람으로 하여금 척추를 다치게 하고 어찌 오래 살 수 있기를 바라겠는가〉하였다. 전형적인 地有機體的 관점이다.

임진왜란 때 이여송을 따라 조선에 나왔다가 결국 조선에 귀속한 술사 두사충의 사위 나학천은 한반도를 사람 몸에 비겨, 함경도는 머리, 평안도는 얼굴, 경기도는 가슴, 경상도는 다리, 황해도는 손, 강원도는 갈빗대, 전라도는 발에 배정하였다. 이것은 한반도가 중국을 바라보는 사람의 모양이라는 기본적인 생각과 비슷한 발상이다.

육당 최남선은 잡지 《소년》의 「봉길이 지리공부」라는 난에서 〈나라의 형체를 동물, 조류, 벌레, 물고기, 나무, 화초, 사람모양 등에 유추하여 이 것을 마음속에 새겨두면 후일 기억해 내기에 좋을 뿐만 아니라 소년들의 연구하는 힘을 키워줄 수도 있어서 대단히 좋은 방법〉이라고 하면서, 한반도의 형상을 〈용맹한 호랑이가 발을 들고 동아대륙을 향하여 나르는 듯 뛰는 듯 생기 있게 할퀴며 달려드는 모양을 보여주고 있다〉고 지적하였다. 이것은 물론 일본인 지형학자 小藤이라는 자가 우리나라를 토끼 모습에 비유한 데 대한 반발로 제안된 것이기는 하지만 상당히 재미있는 발상이라고 여겨진다. 그러나 우리가 일본의 식민지배 아래 들어갔기 때문에, 호랑이보다는 토끼 모양의 한반도 형세가 우리 인식에 일반화된 것은 사실이다.

오늘의 어떤 계시 수록자는 한반도의 지세를 사람의 모양에 대비시켜 산맥과 평야 그리고 강줄기 하나하나를 모두 몸의 어떤 부분에 일대일 대응으로 유추시켜 놓기까지 하였다. 그에 의하면 산맥은 뼈대, 평야는 살, 강은 체액의 분비물이라는 것이다. 예컨대 함경산맥은 머리뼈, 부전령산맥은 목뼈, 묘향산맥은 빗장뼈, 언진·멸악·마식령산맥 등은 갈비뼈, 태백산맥은 등뼈, 소백산맥은 앞다리뼈이고, 함경북도는 머리에서 뒤통수까지, 함경남도는 얼굴과 목, 평안북도는 양팔, 평안남도는 가슴, 황해도는 유방, 강원도는 등, 경기도는 복부부분, 충청북도는 골반, 충청남도는 성기, 전라북도는 앞다리, 전라남도는 앞발, 경상북도는 뒷다리, 경상남도는 뒷발, 제주도는 방석이라는 것이며, 그 외 함경남도 삼수군이 입, 황해도 몽금포가 유두, 태안반도가 발기된 남자 성기 따위로 보았다.

이런 식의 지세 판단은 물론 새로운 것은 아니다. 충청남도의 內浦平野는 글자의 뜻 그대로 우리나라의 내장에 해당하는 곳이다. 즉 태백산맥이 척추라면 차령산맥이 스러진 내포는 내장으로 풀이하여 이곳에 인물이 많음을 그로써 설명하기도 한다. 백두산에서 뻗어내린 산맥은 묘향, 태백의 등골을 따라 내려오다가 속리산에서 그 정기가 엉킨다. 이 大幹脈은 북으로 틀어 올라 되뻗어 내리는데, 이것이 차령산맥이며 이 맥은 보령의 오서산·성주산 기슭에서 스러진다. 원효대사는 오서·성주산 사이 지역은 산모습, 물기운이 가장 뛰어나 나라 땅의 내장과 같은지라 가로되 내포라 한다고 하였다. 이어서 그는 〈속리의 바른 큰 맥이 북으로 꺾여 내포에 스러지니 이곳에 聖人 묻을 곳 의당 있을지어다. 그때면 동방의 예악 문물이 이 정기에서 성할 것이다〉라고 예언을 하여 놓았다.

이런 식의 풍수, 도참적 지세 설명을 얘기하자면 그야말로 한이 없다. 중요한 것은 누가 이 땅을 무엇이라고 보았느냐가 아니라, 요컨대 우리의 국토인 한반도가 살아 있는 사람이라고 믿어 의심치 않았다는 점이다. 살아 있는 사람, 한반도, 이 전제에서부터 얘기는 시작되어야 한다. 앞서 말한 바와 같이 국토를 그저 하나의 흙과 돌과 물의 집합체로만 보아서는 그것은 이용과 소유의 대상 이상의 것으로는 보이지 않는다. 그러나 살아 있는 우리의 어머니, 聖人, 神仙과 같은 실체로 인식할 때, 국토는 전혀 새롭게 우리에게 다가서게 되는 것이다.

삼국시대의 우리나라는 상체와 왼다리, 오른다리가 각각 따로 노는 기형의 상태에 놓여 있었다. 고구려는 상체를, 신라는 왼다리를, 그리고 백제는 오른 다리가 되어 따로따로 놀았으니 그런 사람의 몸이 정상일 까닭이 없었을 것이다. 신라가 통일을 했다고는 하지만 머리 없는 몸뚱이였으니 이 또한 엄밀히 말하자면 제대로 된 사람은 아니었다. 머리에 우리 민족이 세운 발해가 있었으니 切頭된 것은 아니었지만 각각 놀았던 것은 사실이다.

고려 때에 이르러 머리의 일부분을 찾기는 하였다. 그러나 아직도 뒤통수가 허전한 그런 불완전한 상태에 머물러 있었다. 그리고 조선, 이제야 완전한 사람의 모습을 갖추게 된다. 머리 꼭지 백두산에서부터 발끝 해남군 땅끝마을까지, 갖출 것은 다 갖춘 셈이다.

삼면은 바다, 그래서 마치 바다에서 헤엄을 치다가 이제 막 뭍으로 오르려는 사람의 모습을 닮았다. 오랜 수영의 피곤에서부터 벗어나는 후련함, 바다의 위험으로부터 벗어나고 있다는 안도감, 험한 일을 마친 사람의 피로한 듯한 의연함, 이제 곧 두 발로 서게 되리라는 당당함, 이런 것들이 혼합되어 아주 안정된 모습을 보여주고 있다. 그런 평화가 은연중에 내비치고 있는 모습이다. 대륙의 동쪽 끝, 태평양의 한없는 물덩이를 바라보며 허리를 펴고 육지로 오르는 신선의 모습, 살아 있는 생명체. 한반도는 그런 땅이다.

그랬던 땅이 남의 노예가 되었다. 40년 가까운 세월, 그것은 반만년 역사에서 찰나의 순간이라고 할 수도 있다. 그러나 노예가 된 신선, 노예가 된 어머니는 참을 수 없는 치욕이다. 아무리 잠깐이라고는 하지만. 그러나 더욱 심각한 문제는 그 다음에 일어났다. 못된 노예 상인이 제 욕심을 이기지 못하여 광분하다가 자멸했을 때, 우리는 의당 해방을 맞이해야 했는데, 오히려 허리에 형틀을 졸라매는 질곡의 형을 부여받게 되었다.

살아 있다는 것은 氣脈이 통한다는 뜻이다. 피가 흘러 힘차게 고동치며 영양을 공급하고 더러운 노폐물은 분출시켜 버리는 유기체라는 뜻이다. 그런데 그것이 멈추어졌다. 몸뚱이 중동에 걸린 형틀은 허리를 조이기 시작했다. 그리고 몸은 아래 위로 시들기 시작했다. 상체에는 피가 몰려 상기되기 시작하고, 하체에는 피가 딸려 푸른 멍이 번지기 시작한 것이다.

무슨 형틀인가. 외세의 이기심과 이념이라는 죄명. 왜 우리가 그 죄값을 대신해야 했는지는 누구도 모를 일이다. 도대체 누구를 위한 이념이었던가. 상체를 붉게 상기시키고 하체를 푸르게 멍들게 한 그 이념의 형틀이 왜 하필이면 우리에게이어야만 했는지.

무엇인지도 모르고 둘러쓴 형틀은 세월이 갈수록 더욱 세차가 허리를 옥죄었다. 위는 더 붉게 되고 아래는 더 푸르게 되었다. 빨갱이와 파랭이. 이 상태로는 빨갱이 상체도 파랭이 하체도 살아남을 수가 없었다. 상체와 하체의 통일이 필요했다. 混一이 필요했다. 그러지 않으면 죽을 위기였으니까. 상체 빨갱이는 생각했다. 갑자기 통일이 되어 상체의 피가 급속도로 빠져 나가면 심한 고통이 오리라. 그러니 그냥 빨갛게 통일을 해야겠다고. 하체 파랭이도 생각했다. 막혔던 핏줄에 갑자기 피가 쏟아져 들어오면 그 고통을 어떻게 감내할 수 있겠는가. 그러니 그냥 파랗게 통일을 해야 한다고. 그러나 생각해 보라. 그런 통일이 양쪽을 살릴 수 있을 것인지를. 일시적 고통을 참지 못하여 내 생각대로 통일을 했다고 치자. 피가 뭉쳐 시뻘개진 사람이, 아니면 피가 막혀 시퍼래진 사람이 얼마나 오래 버틸 수 있겠는가. 상체는 상체대로 하체는 하체대로 중요한 사실을 잊고 있었다. 자신들이 왜 빨개지고 왜 파래졌는지를. 원래의 제 색깔로 돌아가야

되는 것이 아니었던가. 전혀 인과관계가 닿지도 않는 그 허리에 두른 형틀을 풀고 원래의 몸으로 돌아가기만 하면 되는 일이 아니었던가.

그러다가 터졌다. 38도선을 졸라매고 있던 허리띠는 격렬한 새벽의 포성과 함께 터지고 말았다. 그러나 그것은 자연스러운 매듭의 풀림은 결코 아니었다. 오히려 더욱 심각한 문제의 시작에 지나지 않는 터짐이었다. 치열을 극했던 핏줄의 격동적 이동은 온몸을 만신창이로 만들었다. 어느 한 곳 성한 구석이 없게 되고 말았다. 그리고 그나마 형극의 허리띠를 풀지도 못한 채 전쟁은 막을 내렸다. 아니 오히려 더욱 견고하고 더욱 옥죄이고 더욱 고통스러운 강철 사슬로 허리는 사실상 두 동강이가 되고 말았다.

억눌릴 대로 억눌린, 어찌 보자면 끊어진 것과 마찬가지인 허리 때문에 상체는 붉다 못해 시뻘건 불덩어리로 변하였고, 하체는 푸르다 못해 회백색의 죽음의 색깔로 변해 버렸다. 그리고 서로를 격렬히 비난하고 증오하는 시대가 도래하였다. 불구대천의 원수지간 바로 그것이었다. 한층 더 나아가 상체와 하체는 각각을 아예 떨어져 나가 별개의 실체로 인식하고 그것에 맞는 몸치장을 꾸미기까지 하였다. 그래서 상체에는 가슴에 쇠창살을 해대고 정수리에 면도날을 들이대는 부조화를 서슴지 않았고, 하체는 또 하체대로 명치에 두꺼운 고기 살을 올리고 배설을 해야 할 둔부에 중금속으로 철벽을 하는 무리를 조국 근대화라는 이름 아래 감행하는 형편이었다. 남포, 용강 등지의 철강 공업지대화와 개마고원의 개간, 그리고 수도권의 인구 및 각종 기능 집중과 동남해안 공업지대를 사람에 비긴다면 그렇게 말할 수 있다는 뜻으로 써본 표현이다.

그러다 보니 이제 우리는 생사의 갈림길에 선 중병환자가 되고 말았다. 허리는 동강나고, 머리에는 칼날이 곤두섰으며, 얼굴에는 칼자국이, 모든 순환기 계통은 완전한 경색상태, 동맥은 경화, 소화기관은 극심한 체증에 참을 수 없는 변비, 막힐 대로 막힌 핏줄 때문에 심장은 거의 기능 정지, 팔다리는 기맥이 막히고 퉁퉁 부어 옴짝달싹을 못할 상태에 이른 것이 오늘의 우리 한반도인 것이다.

그 땅의 자식인 우리 민족도 제 정신이 아닌 정도를 넘은 광분의 단계에 이르렀다. 어머니인 땅을 부끄러운 줄도 모르고 범하고 있으니 말이다. 결코 소유하거나 이용의 대상으로 삼아서는 아니되는 어머니 국토를 짓밟고 있는 것이 오늘의 우리들이다. 많이 그리고 철저히 짓밟는 것이 발전이고, 넓게 소유하며 가차없이 이용하는 것이 능력인 세태가 오늘이다. 가히 말세의 작태임을 누가 있어 부인할 수 있겠는가.

이제 우리는 더 이상 참을 수가 없다. 아니 이제 우리는 더 이상 기다릴 여유가 없다. 조금만 더 지나면 상체고 하체고 모두가 죽어버릴 수밖에 없는 절대절명의 순간이다. 한반도, 어머니인 국토, 우리의 땅의 입장에서 볼 때, 이제 더 이상의 통일에의 無望함은 결국 민족의 절멸을 뜻하는 계제가 되었다. 통일되어야만 한다. 더 이상 시뻘겋게, 푸르딩딩하게 기다리고 있을 수는 없는 입장이다. 그래서 영원한 존재의 상징이며 실체이며 번영의 표상인 어머니 국토를 되살려야 한다.

통일이 되면 머리인 백두산, 관모봉, 북포태산, 북수백산 등 함경도에는 치렁치렁 삼단 같은 머리칼을 가꾸어 주자. 어머니의 그 무성한 머리채는 우리의 심성을 푸르게 한다. 얼굴인 신의주, 철산, 선천, 정주, 안주, 평양, 강서, 그리고 남포 등 평안도 땅에는 푸른 들판과 고운 생산시설을 들여놓아 어여쁘고 품위 있는, 그러면서도 자애 넘치는 어머니의 얼굴을 가꾸어 보자. 그것을 바라보는 우리의 마음은 한없는 자부심 속에 긍지를 느끼게 될 것이다.

목과 가슴인 황해도 땅에는 숲과 들판을 이루어 상쾌한 호흡이 가능하도록 해드리자. 그것을 바라보는 우리의 건강은 날아갈 듯하다. 명치인 서울과 경기는 집중된 기능을 분산하여 심각한 동맥경화증을 치료해 주자. 그리되면 우리의 순환기는 자연스럽게 정상을 되찾으리라. 등줄기 강원도는 낙락장송 푸른 솔을 가꾸어 만고불변의 철석 같은 등뼈를 세우자. 그에 의하여 우리의 의지는 굽힘이 없게 될 것이다. 하복부 충청, 전라에는 기름진 논밭을 가꾸어 풍요가 무엇인지를 우리 모두가 실감케 하자. 기름진 옥토는 눈이 시리도록 이 지방에 펼쳐진다. 우리는 이 땅을 바라보며 먹지 않아도 배부른 신선의 감회를 느낀다. 그리고 배설구 경상도 땅에는 좋고 깨끗한 공장을 세우자. 배설은 중요하다. 그러나 병자의 변은 아니다. 아기의 고운 똥을 누가 감히 더럽다고 말할 수 있으랴. 배설의 중요성은 먹는 일에 조금도 뒤지지 않는다. 그 배설의 뒤끝을 일본이 닦아준다면 굳이 반대할 이유는 없으리라.

그리고 무엇보다도 중요한 것은 오늘의 비무장지대에 관한 관리이다. 이곳은 자손만대에 걸쳐 누구도 들어가서는 아니되는 절대 신성의 장소로 보존한다. 쓸데없는 말장난으로 보전이니 개발이니 하는 말을 쓰지 말고 그냥 그대로 보존하자. 그리하여 인류가 지닌 최후의 인공 처녀지로 유지를 하자. 우리에게는 역사의 교훈장으로의 역할을 맡아줄 것이다.

이렇게 된 한반도, 이렇게 된 우리 민족의 어머니는 관음보살의 미소, 천사의 온화함을 띠고 우리를 감싸안으며 말할 것이다. 〈오너라. 아무 걱정 말고 내 품에 안겨 영원무궁토록 번성하라〉고.

3 삶터로서의 국토와 풍수사상

오늘의 삶의 현장은 말 그대로 옛날보다 발달되고 개선된 것인가. 사람다운 건강한 삶이란 입장에서는 전혀 그렇지 못하다는 대답이 망설임 없이 돌아온다. 그래도 좋아졌다는 답은 없지는 않을 것이지만 그런 시각은 상당히 공허하다. 발전된 지표 공간 속에서 사람들은 왜 피곤하고 불안한가. 그런 것을 발전이라고 말할 수 있는가. 그것이 진실로 발전에 해당된다면 그것이 무슨 의미가 있는가.

쉴 곳이 없는 도시인들의 삶도 공간적으로는 발전된 것이라고 주장할 수 있는 것인지 의심스럽다. 근대화를 부르짖으며 허덕허덕 달려온 오늘의 상황이 지리라는 측면만 놓고 보더라도 후회 투성이의 무망한 짓들이었다. 그러나 그렇게 하지 않았다면 우리는 국제사회에서의 후진성과 고립을 탈피하지 못했을 것이라고 말하는 사람도 있을 것이다. 잘살게 되었다는 우리 국토의 현장을, 특히 대다수 사람들의 생활이 이루어지는 삶의 현장을 보면 어떤 이론으로도 합리화되지 않을 모습들이 너무나 많이 널려져 있다. 그런데도 좋아진 것인가. 새벽에 출발하여 밤늦게 도착하던 부산을 한나절에 갈 수 있게 되었다는 것이 정말 좋아진 것인가.

그 동안 놀랄 만한 정도의 발전을 이룬 기술에 의해 더욱 빛을 보게 된 성장의 논리, 성장의 윤리는 이제 눈에 띨 정도의 자기 파괴자로서 등장하고 있다. 공상에 가까운 이상사회를 위해 프로메테우스적 선구자 역할을 하였던 과학과 기술의 통합은 이제 인간 환경의 고갈과 파괴의 중요한 적으로서 기능하게 되었고, 더욱이 민주주의의 품질보증서 격이었던 과학적 합리성과 정치학의 연계는 더 강력한 독재를 위한 중요 매커니즘으로 등장하기 시작하였다.

다량의 물을 안정적으로 공급하기 위하여 별다른 환경영향평가 없이 거대한 댐이 만들어짐으로써, 환경 파괴와 함께 많은 사람들이 수몰민이라는 전대미문의 이름을 들으며 뿌리가 뽑힌 채 흩어져갔다. 먼저 기차나 대형 차량 같은 대중교통 수단이 만들어진 다음에나 생각해 보았어야 할 고속도로와 자동차가 서로가 서로를 부추기며 국토를 잠식하여 이제는 그것 때문에 길이 막혀 오도가도 못하고 길거리에서 매연을 들이마시며 짜증을 삼켜야 하는 적반하장의 상황도 벌어지고 있다. 도시의 아름다움과 깨끗함을 위하여 도시민의 삶터가 오히려 철거를 당한다. 도시 외곽은 쫓겨난 그들에 의하여 더욱 황량하게 침식을 당한다. 보기 싫게 된 그곳은 얼마 못가 다시 철거를 당한다. 특징 없는 삶터요, 이름 없는 공간이며, 고향 잃은 사람들이다. 오물과 쓰레기는 지천으로 쌓이고 줄을 서서 용변을 보아야 하는 마을이 도시에는 수도 없이 많다. 세상에 그런 발전도 있는가.

그런 현상이 빚어진 저변에는 서양의 지리학 전통이 내포하고 있던 학문적 특징이 중요한 작용을 한 것이 사실이다. 그 전통에 대한 평가가 이론적으로나 실제적으로 과장된 측면이 없는 것은 아니지만 우리는 그에 대한 비판에 깊은 관심을 쏟아야 할 계제에 다다랐다. 지리 현상에 대하여 가치로부터의 중립, 분리, 그리고 객관성의 확립이라는 미명 아래 윤리적 사고를 무시했다는 것은 그 위선의 정도는 차치하고라도 많은 사람들에게 학문적 부적절성을 보여준 것이 되었다.

이러한 문제점들에 대해서는 서양의 지리학에 있어서도 깊이 있는 반성과 대안이 제시되어 왔다. 그러나 여기서 우리는 이런 문제에 대한 해소방안이 다시 그들이 만든 반대 논리에 의하여 해소되리라 기대해서는 안된다. 왜냐하면 본질적으로 땅에 관한 논리는 땅으로부터 피어나는 것이기 때문이다. 그것이 무시될 때, 거기에는 또 다른 왜곡이 기다리게 될 뿐인 결과를 빚게 될 것이다. 사람들은 말한다. 그렇다면 어쩌자는 것이냐고. 이제 우리가 옛날로 돌아갈 수는 없는 것이 아니냐고. 당연히 그러하다. 모든 서양식 문명의 이기를 버리고 갓쓰고 봇짐 들고 터덜터덜 걷던 조선시대로 돌아갈 수는 없다. 문제는 땅에 대하여 가지고 있는 우리들의 사고방식이다. 현대인들이 가지고 있는 땅에 대한 사고방식에 심각한 문제가 있음을 인식하고, 그 틀에서 벗어나는 노력이 필요하다는 것을 말하는 것이다.

서양 지리학의 유입이 빚은 비인간적인 장소성을 배제하기 위해서는 지리관과 토지관에 대한 혁명적 사고의 전환이 필요하다. 그 한 대안으로 풍수가 떠오른다. 그 대안은 물론 기술적인 측면도 없지는 않겠지만 그러나 거기에는 너무나 분명한 한계성이 보인다. 우리가 이 시점에서 보다 중시해야 할 것은 그가 지니고 있는 사상성일 것이다.

4 이 땅은 도대체 누구의 땅인가

4년 동안 재직하던 서울대학교에 사직서를 내고 그것이 수리된 뒤 이곳저곳 떠돌다 참으로 우연히도 옛 선생님을 만났다. 공주군 반포면의 학봉리, 대전—공주간 국도에서 동학사로 빠지는 박정자 삼거리에서 따님과 함께 살고 계시는 선생님을 만난 것은 아무리 생각해도 인연이랄 수밖에는 없었다. 8년 전 전북대에 있을 당시, 모악산 귀신사에 기거하고 계시던 선생님을 만난 것도 전혀 우연이었지만, 이렇게 만나뵙고 보니 그것조차도 우연으로만 생각되지는 않았다.

면암의 의병활동에 적극 참가하여 웃대 어른들 40여 명이 참화를 당했었고 그 후 이 땅의 기운을 살피고 되살리는 일에 전념하며 때때로 문학 활동을 해오신 선생님은 그간 상당히 늙어 계셨다. 의병토벌대라는 명목의 왜놈 군대 앞잡이로 뛰던 자들의 자손들은 오늘도 서울과 대도시에서 각계의 지도자 노릇을 하고 자빠졌는데, 정작 의병의 후손들은 산골에서 산 속을 헤매며 살아가고 있는 역사의 현실을 어찌 설명해야 할지, 아니 어떻게 나 자신 이해해야 할지를 몰라 난감하기 이를 데 없었다.

땅은 알리라. 그러나 그것이 오늘을 살아가고 있는 우리 같은 범상한 사람에게야 무슨 의미가 있을까. 또 설혹 의미가 있다 하더라도 진실로 땅만은 알고 있을지 누가 확언할 수 있으랴. 나는 명색이 땅을 전공해 오면서도 역사를 간직한 땅의 얘기를 들을 수 있는 능력을 아직도 갖추고 있지 못하다. 그러한 땅의 얘기를 들을 수 있는 것이 우리 고유의 전통 풍수사상임에도 불구하고 아직도 어림도 없는 수준이다.

게다가 땅은 왜색, 양색으로 변질되어 살아 있는지조차 의심스럽고, 사람들은 그와 같은 땅의 변질을 발전이니 개발이니 하면서 찬양하고 있는 판이라 혼란은 가중되고 있다. 이제 이 강산 어디에 사람의 냄새가 나는 땅이 남아 있는가. 그저 끊고, 자르고, 쌓고, 뚫고, 굽고, 지지고, 처바르고, 썩는 냄새, 타는 냄새에 풍수적 땅이란 설 자리를 잃고 말았다.

학봉에서 계룡산 자락을 따라 한 계곡을 올라가면 동월이란 곳을 만난다. 엄인수 할머니. 여든여덟의 연세에 지금도 변함없이 단군 할아버지를 모시며 산다. 그곳에 며칠 기거하며 이런 저런 사람들을 만날 기회가 있었다. 진정 이 땅과 이 겨레의 잘 됨을 기원하고 계신 할머니는 물론 도사는 아니다. 그분은 개인의 치성을 빌지 않는다. 또 누구의 운명을 점치거나 그것을 바꾸고자 하는 어떠한 행사도 하는 법이 없다. 말하자면 진짜 이 땅의 딸로 평생을 살아오신 셈이다. 아들 손자들이 잘 되어 도시로 모셔가고자 하지만 단군 할아버지를 놓아두고 혼자 떠날 수는 없기에 그

야말로 혈혈단신 산중생활을 감수하고 있다. 그 외로움과 괴로움이야 말
로 표현해 무엇하랴. 그저 말벗을 하다가 당신께서 육신을 벗고 딴세상으
로 떠난 후에 할아버지를 계속해서 받들어 모실 누구 한 사람만 바깥세상
에서 구할 수 있으면 좋겠다고 말씀하시지만 쉽지는 않은 모양이다.

  그러나 산 아래 대처 사람들은 이런 할머니를 별종 보듯 하기만 한다.
특히 배웠다는 사람들이 더하다. 대학에서 이 계통을 연구할 분야는 얼마
든지 있을 듯한데, 그렇지가 못하다. 종교학과, 인류학과, 지리학과, 철학
과, 사학과, 민속학과 등 얼마든지 있지만, 그저 신기한 구경거리 정도 이
상으로 취급하고 있는 것 같지는 않다.

  물론 이 산기슭과 계곡 곳곳에는 사기꾼들도 많다. 열에 여덟아홉은 가
짜들이라 할 수 있는 것이 현실이다. 되지 않는 돗[道]발을 내세우며 사
람들을 현혹하여 호구지책을 삼는 사람들은 그나마 연민의 정으로라도 보
아 넘길 수 있으나, 그 사기꾼들 중의 일부는 권세가와 재력가의 주구가
되어 평소에는 그들의 부귀영화와 만수무강을 빌어주고, 휴일에는 그 집
권속들의 별장 청지기인양 수발을 들며 자신의 조그만 축재의 수단으로
삼아 살아가고 있었는데 그런 자들의 경우는 화를 참을 길이 없다. 그런
집 아이들에게 개구리도 잡아주고 도롱룡도 쥐어주고 하지만 버르장머리
란 개코도 없는 애새끼들은 그저 움직이는 장난감쯤으로 취급하여 가지고
놀다가 그대로 버리기 때문에, 오히려 생명경시를 조장해 줄 뿐이다. 그럼
에도 불구하고 그집 부모들은 아이들에게 자연학습을 시켰다나, 농촌 현
실을 보였다나 하면서 자족하고 있으니, 이 땅이 도대체 누구의 땅인가.

  배운 자들, 특히 대학에서의 관심이 그저 서양 것 위주로 되다 보니 우
리 것이라는 부류는 하나같이 별볼일 없는 장남감 취급을 당할 뿐이다.
거기에는 우리 것을 참칭하는 사기꾼들의 잘못도 있지만 보다 근본적으로
는 배움의 체계 자체가 너무나 남의 것 위주로 구성되어 있다는데 원인이
있다고 본다. 사회과학의 거의 전분야가 교과과정을 어떤 식으로 짜놓고
있는지를 살펴본다면 해답은 금방 얻을 수 있을 것이다. 간혹 우리 것을
연구하는 교수들이 전혀 없는 바는 아니지만, 그것이 얼마나 교육에 반영

되고 있는지는 대학에 있는 사람들은 다 안다.

어떤 잡지에 외국인 기자가 우리나라 잡지를 비판하는 글을 써놓았는데 거기 이르기를 대학 교수들이 쓰는 글들은 볼 것이 없는데도 이상하게 우리나라 잡지에는 교수들의 글이 많이 실리더라는 것이다. 나도 그런 교수 중의 한 사람이었던지라 가슴이 뜨끔했으나 생각해 보니 적절한 지적이었다. 하나마나한 얘기들을 객관성과 과학적 이론이라는 틀을 살려 쓴답시고 하다 보면 사실 일반인들을 만족시킬 수 있는 글이 나올 수가 없다.

땅에 대한 것도 역시 그러하여, 서양의 지리학 이론과 그 논리적 틀에 의하여 변형되고 소위 개발되어 근대화를 이룬 오늘의 우리 국토를, 역시 그 서양의 이론과 논리로 얘기하다 보면 해도 그만 안 해도 그만인 얘기 밖에는 나올 수가 없는 것이다. 간혹 왜곡되고 타락한 풍수가 아닌 정통의 풍수사상의 입장에서 오늘의 땅을 해석한 글을 내놓으면 일반의 관심은 오히려 괜찮은데, 교수들은 비난을 서슴지 않는다. 풍수는 논리도 없는 것이고 따라서 학문도 아니라는 식의 얘기들인데, 사실 그들은 제대로 된 풍수가 무엇인지도 모르면서 그러는 것이다. 도대체 이 땅이 누구의 땅인데, 그러는가. 내가 잘 모르기는 하지만 정치나 경제에서도 우리 것을 찾아보는 연구는 제대로 이루어지고 있지 못한 듯하다. 우리의 정치란, 우리의 경제란 실은 이렇게 되어야 하는 것이라는 우리 정치학, 우리 경제학의 확립이 필요한 것이 아닐까 하는 생각이 요즘 들어 부쩍 높아지고 있다.

왜군 앞잡이의 후손들. 의병의 후예들. 그 대비를 바라보는 계룡산 어느 계곡에서의 감회는 가슴 저린 바가 있었다.

최창조

서울대 지리학과 및 동 대학원 졸업.
서울대, 경북대, 전남대 강사 역임.
국토개발연구원주임연구원 역임.
전북대 · 청주대 지리교육과, 서울대 지리학과 교수 역임.
저서 『한국의 풍수사상』, 『한국의 풍수지리』, 『한국의 자생 풍수』 1 · 2 등.
역서 『서양인이 본 생활풍수』, 『청오경 · 금낭경』 등.

땅의 논리 인간의 논리

1판 1쇄 펴냄 · 1992년 8월 30일
1판 8쇄 펴냄 · 1995년 5월 20일
신장판 1쇄 펴냄 · 2000년 4월 25일
신장판 3쇄 펴냄 · 2006년 11월 6일

지은이 • 최창조
편집인 • 장은수
발행인 • 박근섭
펴낸곳 • (주) 민음사

출판등록 • 1966. 5. 19. 제16-490호
서울시 강남구 신사동 506 강남출판문화센터 5층 (135-887)
대표전화 515-2000 • 팩시밀리 515-2007

www.minumsa.com

값 12,000원